W0011263

KHALID AL-MAALY
ZWISCHEN ZAUBER UND ZEICHEN

KHALID AL-MAALY (HRSG.)

Zwischen Zauber und Zeichen

Moderne arabische Lyrik von 1945 bis heute

DAS ARABISCHE BUCH

Aus dem Arabischen von Khalid Al-Maaly,
Heribert Becker und Suleman Taufiq

Die Übersetznugen wurden mit Mitteln des Auswärtigen Amtes
unterstützt durch die Gesellschaft zur Förderung der Literatur
aus Afrika, Asien und Lateinamerika e. V.

Sonderausgabe für

der andere Literaturklub

**Postfach 10 01 16
D-60001 Frankfurt/Main**

**Erklärung von Bern
Postfach
CH-8031 Zürich**

Die Deutsche Bibliothek - CIP-Einheitsaufnahme

Zwischen Zauber und Zeichen: moderne arabische Lyrik von 1945
bis heute. Khalid Al-Maaly (Hg.). -
Berlin: Verl. das Arab. Buch, 2000
ISBN 3-86093-242-X

1. Auflage 2000

E-mail: info@ das-arabische-buch.com
WWW: www.das-arabische-buch.com

Vorbemerkung

Moderne arabische Poesie:
zwischen Zauber und Zeichen

Die hier vorgelegte Anthologie ist der Versuch, eine
Auswahl zeitgenössischer arabischsprachiger Lyrik
vorzustellen, eine Auswahl von Dichtern, die nach dem
Zweiten Weltkrieg den literarischen Modernisierungs-
prozeß eingeleitet und fortgesetzt haben. Der Band enthält
die wichtigsten Lyrikerinnen und Lyriker des arabischen
Sprachraums mit ihren repräsentativen Texten. Obwohl in
ihm eigentlich alle arabischsprachigen Regionen vertreten
sein sollten, konnte ich aus einigen Ländern wie Maure-
tanien und Somalia leider keinen einzigen Dichter
aufnehmen. Bei anderen Ländern wie Irak, Libanon und
Syrien mußten aus Platzgründen etliche Namen wegfallen,
die ich an sich gern berücksichtigt hätte.

Bei der Auswahl der Autoren habe ich mich auf meine
Erfahrung als Lyriklektor und Lyrikübersetzer, als Lyriker
und Mitarbeiter mehrerer Zeitschriften gestützt, in denen
der Poesie viel Platz eingeräumt wird. Auf diese Weise
konnte ich mir in den vergangenen Jahren einen guten
Überblick über die moderne arabische Lyrik verschaffen,
wo immer sie hervorgebracht wird. Darüber hinaus habe
ich den Rat arabischer Dichter eingeholt, die ich zu diesem
Zweck aufsuchte, etwa in Marokko, in Bahrain, in
Tunsesien, im Libanon, in Ägypten, in Jordanien und im
Oman. Ich habe dabei Autoren konsultiert, deren Wissen
und unterschiedlichen Geschmack ich schätze, bei-

spielsweise Sargon Boulus, Saʿadi Yussuf, Adonis, Mohammed Bennis und Saif ar-Rahbi. Ferner habe ich mich bemüht, auch Lyriker*innen* den ihren gebührenden Platz einzuräumen, so daß diese Gedichtauswahl wie nebenbei einen Spiegel ihrer literarischen Arbeit darstellt. Daß ich mich bei der Auswahl der Autor/innen bemüht habe, nicht allein meinem persönlichen Geschmack, sondern objektiven Kriterien zu folgen, versteht sich von selbst.

Die Arbeit an der vorliegenden Anthologie hat bereits vor mehr als zehn Jahren begonnen. Eine Reihe der hier abgedruckten Übersetzungen sind in Erstfassungen schon in Zeitschriften wie ,,Akzente", ,,Neue Rundschau", ,,Die Horen", ,,Lettre International" usw. publiziert worden. Andere sind in Buchveröffentlichungen einzelner Lyriker in der zweisprachigen Reihe ,,Arabische Lyrik" erschienen, die ich im Verlag Das Arabische Buch herausgebe. In dieser Reihe sind bislang folgende Bände herausgekommen: Badr Shakir as-Sayyab: ,,Die Regenhymne und andere Gedichte"; Mahmud Darwisch: ,,Weniger Rosen"; Unsi al-Hadj: ,,Der Wolf und die Liebe, die Liebe und die Anderen''; Sargon Boulus: ,,Zeugen am Ufer", und Abdul-Wahhab al-Bayyati: ,,Aischas Garten".

Die bis heute vorgelegten Anthologien arabischsprachiger Poesie wie etwa Annemarie Schimmels ,,Zeitgenössische arabische Lyrik", die von Salma Khadra Jayyusi edierte Reihe ,,Modern Arabic Poetry", Luc Norins und Edouard Tarabays ,,Anthologie de la littérature arabe contemporaine", René Khawams ,,La Poésie arabe", Abdul Kader al-Janabis ,,Le Poème arabe moderne" sind entweder nicht mehr aktuell oder spiegeln nicht das breite Gesamtspektrum der zeitgenössischen arabischen Poesie wider. In arabischer Sprache liegen zwar Anthologien vor, jedoch nur für einzelne Länder - eine umfassende, aktuelle Sammlung fehlt auch dort. Mithin handelt es sich bei dem hier vorgelegten Band um eine übergreifende Auswahl, in der exakt hundert Dichterinnen und Dichter vertreten sind.

Der Vorgang des Übersetzens erwies sich für viele Gedichte als harter - zu harter - Prüfstein. Es gibt Texte, die ich zunächst für meine Auswahl vorgesehen hatte und auch gern in ihr veröffentlicht hätte. Bei der Prozedur des Übersetzens jedoch zeigte sich, daß ich auf sie verzichten mußte. Der arabische Lyriker neigt in seinen Texten leider allzu oft zu Ungenauigkeit und rhetorischem Wortgeklingel, das zusammenhanglos und ohne wirkliche Aussagekraft ist. Zuweilen hat man den Eindruck, der Autor schriebe nur, weil er der Versuchung des Schreibens nicht zu widerstehen vermag. Vielen Lyrikern fehlt es zudem an handwerklichen Grundkenntnissen in der Kunst, lyrische Texte zu verfassen. Das gilt vor allem für Dichter, die in den 60er Jahren und danach hervorgetreten sind. Eine nicht unwesentliche Rolle mag dabei die Tatsache spielen, daß es in der arabischen Welt keine Verlage gibt, wie wir sie in Europa kennen. Lektoren werden nicht beschäftigt, und arbeitet ein Verlag dennoch mit ihnen, so überwiegend deshalb, damit sie etwaige grammatische Fehler korrigieren oder prüfen, ob die Auflagen der Zensur beachtet worden sind.

Trotz dieser Schwierigkeiten bin ich nicht auf kurze Gedichte oder solche ausgewichen, die bereits in andere Sprachen, ins Französische oder Englische etwa, übertragen wurden. Und ich habe keine einfachen, anspruchslosen Texte ausgewählt, wie dies gewisse „Experten" heute zu tun pflegen. Vielmehr habe ich mich für dasjenige Gedicht entschieden, von dem ich meinte, daß es, unabhängig von seiner Länge oder „Schwierigkeit", die Dichterin oder den Dichter am besten repräsentiert. Nur in Ausnahmefällen, die jeweils gekennzeichnet sind, wurde gekürzt, und dies dann, wenn die Lyrikerin oder der Lyriker nur lange Gedichte vorgelegt hat oder wenn keines ihrer kürzeren Gedichte mich überzeugte. Ich hoffe, auf diese Weise einen Querschnitt bieten zu können, der die zeitgenössische arabischsprachige Lyrik in ihrer ganzen Vielfalt reflektiert.

Die Geburtsstunde der modernen arabischsprachigen Lyrik läßt sich an zwei Ereignissen aus der Biographie eines Dichters und einer Dichterin festmachen. Bei ersterem handelt es sich um Badr Shakir as-Sayyab, der aus einem Dorf im Süd-Irak stammt und der kurz nach dem Zweiten Weltkrieg am Teachers' Training College in Bagdad englische Literaturgeschichte studierte. Am 29. 1.1946 schrieb er ein Gedicht mit dem Titel „War es Liebe?" Darin versuchte er - vermutlich unter dem Eindruck seiner Lektüre englischer Lyrik -, Reim und Metrum neu einzusetzen. Zwar behielt er das überkommene Metrum bei, arbeitete aber mit einer variablen Zahl von Versfüßen - ganz im Gegensatz zu dem, was zu dieser Zeit üblich war. Auch den Reim behandelte er auf andere Art und Weise, indem er ihn nicht in allen, sondern nur in einigen Versen sich wiederholen ließ. Damit begegnete er der in der damaligen arabischen Lyrik verbreiteten Starrheit und Monotonie. Das erwähnte Gedicht erschien in as-Sayyabs erstem Gedichtband, „Azhar Dhabila", dessen erste Auflage 1947 in Kairo herauskam. Im Dezember des gleichen Jahres traf das Buch in der irakischen Hauptstadt ein.
    Bei der genannten Dichterin handelt es sich um die in Bagdad geborene Nazik al-Mala'ika. Auch sie studierte am

Teachers' Training College, und sie war mit as-Sayyab persönlich bekannt. Auf dem Gebiet der westlichen Poesie freilich war die Studentin der arabischen Literaturgeschichte weniger bewandert als dieser. Das Gedicht „Die Cholera", das das Datum des 27.10.1947 trägt, schrieb sie, ohne as-Sayyabs Text zu kennen oder sich gar mit ihm abgesprochen zu haben. Sie arbeitete in dem Gedicht, das nach dem Ausbruch einer Choleraepidemie in Ägypten entstand und sich auf diese bezieht, mit der gleichen Methode wie as-Sayyab. Im Dezember 1947 wurde das Poem in einer libanesischen Zeitschrift publiziert.

Diese beiden Texte markieren symbolisch den Beginn einer grundlegenden formalen, aber auch inhaltlichen Wandlung innerhalb der arabischen Lyrik, deren Anfänge die Literaturhistoriker übrigens in die Zeit um 450 n. Chr. datiert haben. Neu war in ihr zudem, daß nun der *Gesamt*text eine Einheit darstellte, während das sogenannte klassische Gedicht durch die Einheit des Verses charakterisiert ist. Die neue Art der Poesie breitete sich von dem genannten Zeitpunkt an rasch aus. Dabei beschritt jeder Dichter der Generation as-Sayyabs und al-Mala'ikas seinen eigenen Weg.

Mit dem Hinweis auf die beiden biographischen Fakten soll nicht suggeriert werden, daß der 1946-47 unter dem Einfluß der westlichen Lyrik unternommene Versuch, anders als in traditioneller Weise zu schreiben, der erste in der arabischen Literatur war. Er war lediglich der erste, dem Erfolg beschieden war, ein Erfolg, der darauf basiert, daß die beiden genannten Dichter ihre Bemühungen, die erstarrte Tradition zu überwinden, konsequent fortsetzten und so einen wirklichen formalen und inhaltlichen Neubeginn durchzusetzen vermochten, der dann später unter dem Begriff „Free verse" bekannt wurde. Schon lange vor dem Ersten Weltkrieg hatte es ähnliche Versuche gegeben, etwa seitens der Verfasser und Übersetzer christlicher Kirchenlieder, die sogar bereits in den 50er Jahren des 19. Jahrhunderts veröffentlicht wurden. Man hat diese Art der Dichtung mit verschiedenen Namen belegt, deren bekanntester „asch-Shi'r al-Mursal" (Gelöste Poesie) lautet. Er ist das Äquivalent zu „Free verse", obgleich manche Gedichte das alte metrische Schema beibehielten, etwa die Anfang des 20. Jahrhunderts geschriebenen Texte des Libanesen Amin ar-Rihani, dessen Versuche mit dem „Free verse" auf seine Lektüre Walt Whitmans zurückgingen.

Daß man die gesamte arabischsprachige Lyrik, die nach dem Zweiten Weltkrieg in der Art as-Sayyabs geschrieben wurde, unter dem Begriff „Free verse" subsumiert, ist falsch. In der arabischen Literaturwissenschaft und -kritik ist diese Bezeichnung bis heute gebräuchlich, auch wenn die so qualifizierte Lyrik noch mit Metrum und Reim arbeitet, also durchaus nicht „free" ist. Lyrik, die sowohl auf Metrum als auch auf Reim verzichtet, wurde Prosagedicht genannt, was jedoch ebenfalls unzutreffend ist - das erste Mißverständnis zog das zweite nach sich. Das „Prosagedicht" ist vergleichsweise spät durch Autoren wie Taufiq Sayigh, der 1954 seinen Gedichtband „Thalathun Qasida" publizierte, sowie durch Mohammed Maghut und Unsi al-Hadj entstanden.

Die Wandlungen, die die arabischsprachige Lyrik durchgemacht hat, und die Akzeptanz, die ihr vonseiten der Dichter zuteil wurde, wurzeln in den Entwicklungen, welche die arabischen Länder nach dem Ersten Weltkrieg erlebten, und in ihren direkten Berührungen mit der westlichen Kultur. Das gilt vor allem für den Bereich der

Poesie. Die neue Weltsicht und Lebensweise verlangten nach neuen, modernen literarischen Formen. Die starren, monotonen Schemata, die von den Autoren früherer Generationen überliefert waren, genügten nicht mehr. Wohl hatte es schon unter dem Einfluß der Romantik, des Realismus und des Symbolismus in Europa gewisse innovative Entwicklungen gegeben. So begannen bestimmte Lyriker, Gedichte zu schreiben, die nicht mehr, wie bis zu diesem Zeitpunkt gang und gabe, aus zwei Halbversen bestanden, doch sie hielten sich dabei immer noch an das „Gebot" des einheitlichen Endreims. Auch diese Dichtung war unzeitgemäß und entsprach nicht den Erfordernissen des modernen Lebens.

Sehr oft bestimmen die sozialen und politischen Interessen der arabischen Dichterinnen und Dichter ihre Texte, zum Beispiel das Interesse an nationalarabischen Themen, an gesellschaftlichen Fragen, am Kommunismus oder am Palästinaproblem. Diese politisch-soziale Färbung, die vielfach eine „engagierte" Literatur hervorgebracht hat, ist das besondere Merkmal der sogenannten Avantgardedichter nach 1945 und derjenigen, die unmittelbar nach ihnen hervorgetreten sind. Die seit 1953 erscheinende Zeitschrift „al-Adab" bot sich den nationalistischen Strömungen als Forum an und war auch wesentlich an der Verbreitung des Existentialismus in der arabischen Welt beteiligt. „Al-Adab" verstand Lyrik in erster Linie vom Politischen her und lehnte die Publikation von Gedichten ab, die auf das Metrum verzichteten. 1957 aber wurde in Beirut die Zeitschrift „Shi'r" gegründet. Sie hat in der Entwicklung der Lyrik im arabischen Raum eine essentielle Rolle gespielt. Für die Herausgeber von "Shi'r" war das Gedicht ein autonomes Kunstwerk und nicht Mittel zum

Zweck, schon gar nicht zum politischen Zweck. Das Periodikum bot seinen Lesern Übersetzungen zahlreicher bedeutender westlicher Lyriker, unter ihnen William Blake, T.S. Eliot, Robert Frost, Ezra Pound, Saint-John Perse, Pierre Jean Jouve, André Breton, Paul Eluard, Jacques Prévert, Henri Michaux, Yves Bonnefoy, Octavio Paz, S. Merwin und Allen Ginsberg. (Nur selten übrigens brachte sie Übersetzungen aus dem Deutschen.) Gegründet wurde „Shi'r" von dem libanesischen Dichter Yussuf al-Khal, der durch sein Blatt und durch andere Publikationen, aber auch durch den ebenfalls „Shi'r" genannten Literaturpreis eine wichtige Rolle in der Entwicklung der modernen arabischen Lyrik gespielt hat. Al-Khal hatte in den Vereinigten Staaten gelebt, wo er sich mit der amerikanischen und übrigen westlichen Lyrik vertraut machte. In der Redaktion der Zeitschrift waren zeitweise führende Dichter wie Adonis, Unsi al-Hadj, Shauqi Abi Shakra und Sargon Boulus tätig, und die meisten wichtigen Lyriker jener Zeit publizierten in „Shi'r". 1964 mußte sie aber ihr Erscheinen einstellen, kam 1967 erneut heraus, bevor 1970 die endgültige Schließung erfolgte.

Von Gewicht war in den den 60er Jahren auch die Zeitschrift „Hiwar", die ebenfalls in Beirut herauskam. Ihr Gründer war der palästinensische Dichter Taufiq Sayigh, finanziert wurde sie von einer „Organisation für freie Kultur". Obwohl „Hiwar" eine allgemeine Kulturzeitschrift war, spielte sie speziell in bezug auf die Lyrik eine herausragende Rolle, schon aufgrund des moralischen Ansehens ihres Chefredakteurs. Das Blatt wurde eingestellt, als die - Sayigh nicht bekannte - Verbindung der genannten Organisation zum CIA bekannt wurde. Ein weiteres erwähnenswertes Periodikum war die von Adonis herausgegebene Zeitschrift „Mawaqif", die als neue Plattform für die damalige arabische Lyrikwelle gedacht war. Doch das Blatt beschäftigte sich nicht nur mit Lyrik, sondern bot ein Gemisch aus Kultur und Politik und war in dieser Form ein Spiegel der Reaktionen auf die arabische Niederlage gegen Israel im Jahre 1967. Jedenfalls konnte sie „Shi'r" nicht das Wasser reichen. „Mawaqif" gab recht präzise die damals herrschende politische Stimmung wieder, die vor allem von linken und nationalistischen Bewegungen geprägt wurde. Dementsprechend finden sich in ihr auch die politischen Widersprüche der unterschiedlichen Lager wieder. Als das Erscheinen der Zeitschrift eingestellt wurde, vermißte sie niemand.

Ungeachtet seines unleugbaren Interesses an sozialen und politischen Fragen verfügt der arabische Dichter auf allen gesellschafilichen Ebenen nur über sehr wenig Einfluß. Von dieser Seite her läßt er sich nicht einmal mit seinen Kollegen in Ländern wie der Türkei oder dem Iran vergleichen. Einige Lyriker -Nizar Qabbani oder Mahmud Darwisch etwa - sind im gesamten arabischen Raum überaus populär, bekannt jedoch ist der arabische Dichter im allgemeinen für seinen Wankelmut und seine Unbeständigkeit. Manchmal muß man sogar von krassem Opportunismus sprechen, von Widersprüchlichkeit, Mangel an Glaubwürdigkeit oder gar Käuflichkeit - dann nämlich, wenn der Dichter die Dichtung an die politische oder religiöse Macht verkauft und damit verrät. Die genannten Eigenschaften sind - leider! - charakteristisch für die gesamte arabische Kultur, wenngleich es natürlich bewundernswerte Gegenbeispiele gibt. Im übrigen aber ist der Dichter, der Intellektuelle nur ein Spiegelbild der herrschenden, allzu oft von der Intoleranz und Blutrünstigkeit der politischen oder religiösen Macht bestimmten Verhältnisse. Das einfachste Beispiel ist der syrische Dichter Adonis. Er lebt in Paris und stützt sich bei seinen Studien zur arabischen Lyrik und zum arabischen Kulturerbe auch auf westliche Geister. Er versteht sich als Querdenker und als Erneuerer der arabischen Kultur. 1979 jedoch war er rasch mit einem Gedicht bei der Hand, in dem er enthusiastisch die „Islamische Revolution" im Iran begrüßte und die Stadt Qum, das Zentrum Khomeinis und der Mullahs, pries. Bemerkenswerterweise schrieb er den Text in jener klassischen Form, in der man Lobgedichte auf seinen Herrscher verfaßt. Das erinnert ein wenig an die abstoßenden, meist ebenfalls in abgelegte Gewänder gekleideten Lobeshymnen, die jahrzehntelang von westlichen Autoren kommunistischen Glaubens auf Stalin gesungen wurden. Adonis verkündete den Tod des Westens (und schon seine Sprache verriet, auf welches Niveau er hier abgesunken war):

...Ich werde singen für Qum, damit es sich in meiner
Ekstase verwandelt
in stürmendes Feuer, welches den Golf umkreist [...]
Das Volk des Iran schreibt an den Westen:
Dein Gesicht, du Westen, stürzt zusammen
Dein Gesicht, du Westen, ist abgestorben...

Adonis ist keineswegs das einzige Beispiel für dieses arabische Grundübel, aber wohl das bekannteste.

In zeitlicher und intellektueller Parallele zur Beat Generation in den USA und zur Studentenbewegung dort und in Europa entstand in den 60er Jahren in der arabischen Welt eine neue literarische Strömung. Ihre Vertreter hatten eine ganz andere Auffassung von Poesie als ihre Vorgänger. Der wichtigste von ihnen ist Sargon Boulus, dessen Werke

- Gedichte und erzählerische Prosa - heute einen besonderen Platz in der arabischsprachigen Literatur einnehmen. Sie heben sich ab, nicht nur aufgrund ihrer dichterischen Eigenart, sondern weil dieser Dichter als freier Mensch fernab der arabischen Verhältnisse lebt. Dabei ist es ihm gelungen, die Welten, denen er den Rücken gekehrt hat, auf anderer Ebene neu zu entdecken. Boulus ist aus der Tradition, aus dem neuen Traditionalismus, den die arabische Avantgardegeneration begründet hat, herausgetreten. Das liegt unter anderem wohl an seiner frühen und anhaltenden Lektüre englischer und amerikanischer Dichtung in ihrer Originalsprache. Intensiv hat er sich bemüht, den Unterschied zwischen Poesie und Nicht-Poesie im herkömmlichen Schreiben herauszufinden, um so das Gedicht aus der Welt der Rhetorik und des Formalismus, die lediglich etablierte Einsichten und vorgefertigte Ideen in „lyrische" Sprache kleiden, in die Welt der wirklichen Poesie hinüberzutragen.

Boulus hat diese Absicht schon früh zum Ausdruck gebracht: In einem 1964 veröffentlichten Interview unterscheidet er zwischen seinem Verständnis, also dem von der Generation der 60er Jahre durchgesetzten Verständnis von Poesie und der traditionellen Auffassung. Ihm wurde folgende Frage gestellt: „Manche definieren Poesie als eine Folge von Wörtern, die an ein Metrum gebunden sind. Bedeutet das, daß alle Wörter, die sich an ein Metrum halten, Poesie sind?" „Ich glaube immer daran", erwiderte Boulus, „daß die Poesie, die ich schreibe, Dasein ist, daß ich schreibend lebe... rieche, schmecke, daß ich töte und getötet werde. Dieses Dasein ist sehr vielschichtig, es spricht mit tausend Stimmen, die mich durchdringen... und tausend Köpfe erheben sich innerhalb meines Horizonts. Es würgt mich, bringt mich zum Stillstand. Es fesselt mir die Füße, und manchmal beruhigt es mich mit hoffnungslosen Dingen. Das alles ist meine Poesie. Und wenn ich auf es schaue, als dichtes Dasein, verflucht oder gesegnet, dann schreibe ich dichte Poesie, verflucht oder gesegnet. Ich schreibe die Widersprüche meiner Existenz, andernfalls wäre ich ein Fälscher und eine lächerliche Figur - kurzum, sonst wäre das Ganze eine jämmerliche Angelegenheit. Und das ist es immer bei den törichten Dichtern. Sie legen im voraus fest, wie sie das Dasein behandeln wollen, wobei sie beim Schreiben seinen Rahmen verlassen. Sie sind wie Betrüger. So ist für sie das Schreiben von Poesie ein Fabrizieren von Reimen. Und das ist die Fälschung an sich: daß wir schon im voraus über unser Dasein befunden haben, obwohl es ein ständiges Überschreiten ist, ein Sich-Entscheiden, das nicht einmal in diesem Augenblick, bei diesem Wort feststeht. Wirkliche Poesie, das ist Dasein." Überflüssig zu erwähnen, daß die vorliegende Anthologie dieser Auffassung von Poesie verpflichtet ist.

Sargon Boulus und seine Generation haben auf der Landkarte der arabischsprachigen Lyrik deutliche Spuren hinterlassen und vor allem jüngere Autoren beeinflußt. Durch sie - Boulus, Fadhil al-Azzawi und die, die nach ihnen kamen - hat sich die Lyrik von der Macht des Metrums und der Rhetorik befreit. Die neueren Gedichte variieren zwischen dem rhythmischen Gedicht, dem *Free Verse* und dem ,,Prosagedicht", wobei die beiden letztgenannten Formen heute die verbreitetsten sind.

Für die irakischen Lyriker war die Zeitschrift ,,al-Kalima", die 1967 in Bagdad gegründet wurde, von besonderer Bedeutung. Sie bot den Schriftstellern der 60er Generation ein Publikationsforum für ihre literarischen Versuche. Bereits 1974 wurde das Blatt verboten. Einer der bedeutendsten Lyriker, die in ihm veröffentlicht haben, ist Fadhil al-Azzawi. Er gab später die Zeitschrift „Shi'r 69" heraus, die in den literarischen Kreisen des Irak wie eine Bombe einschlug. Sie rief dazu auf, sich mit der Weltlyrik zu beschäftigen, fernab des bis dahin herrschenden traditionellen Diktats, das festlegte, was man zu wissen hatte und was nicht. Die Zeitschrift machte sich das Poesieverständnis der 60er Generation zu eigen. Nach der Auffassung von „Shi'r 69" ist Lyrik nicht diese Aneinanderreihung rhythmisierter Wörter, sondern - so al-Azzawi, der die poetologische Grundsatzerklärung der Zeitschrift verfaßt hat - dies: „Das Gedicht beginnt mit der grundlegenden und sehr wichtigen Voraussetzung, daß die Welt nicht vollkommen ist und ebenso wenig die Wesen und die Dinge in ihr. Und weil alles ein ständiges Stirb und Werde ist, ist es nicht möglich, innerhalb von Zeit und Raum nach einer festen Wahrheit zu suchen." Doch mit diesem Antifideismus und Antidogmatismus war „Shi'r 69" nur eine kurze Existenz (ein Jahr mit vier Heften und einem fünften, das beschlagnahmt wurde) beschieden; seit dieser Zeit erstickten die politischen Zustände im Irak jede freie literarische Tätigkeit.

Die Publikation literarischer Zeitschriften hat sich nicht auf den Irak und Libanon beschränkt. Es gab eine ganze Reihe weiterer Versuche in dieser Richtung, deren Wirkung freilich begrenzt blieb, zum Beispiel „Galerie 68", das 1968 in Ägypten herauskam, in erster Linie aber an Prosaliteratur interessiert war. Ferner „Anfas", 1966 zweisprachig (französisch-arabisch) in Marokko ediert und 1972 verboten; ihr Herausgeber, Abdelatif Laabi, verschwand für viele Jahre im Gefängnis. In Kairo kam 1977 „Ida'a" heraus, 1979 „Kitabat" in Form von unregelmäßig erscheinenden Büchern, um auf diese Weise die Zensur zu umgehen. Die interessanteste ägyptische Zeitschrift war jedoch „Kitaba sauda'", die sich bemühte, eine Vielzahl von Auszügen aus bis dahin unbeachtet gebliebenen Werken vorwiegend frankophoner ägyptischer Avantgardeschriftsteller vorzustellen. Aber nur eine einzige Nummer von ihr kam auf den Markt. Eine Fortsetzung ihrer Aktivtät versuchte die 1991 publizierte Zeitschrift „al-Kitaba al-Ukhra". Doch die wohl interessanteste und wichtigste unter allen diesen Kultur- und Lyrikzeitschriften inner- und außerhalb der arabischen Welt war - in aller Bescheidenheit sei's gesagt - die von 1990 bis '93 von Abdul Kader al-Janabi und mir herausgegebene „Faradis", von der sieben Nummern erschienen sind und die eben wegen ihres kompromißlosen Beharrens auf Qualität in praktisch allen arabischsprachigen Ländern verboten und konfisziert wurde.

In den letzten paar Jahren sind viele Bemühungen unternommen worden, neue Literatur- und Lyrikzeitschriften herauszubringen. Keine von ihnen hat eine nennenswerte Wirkung erzielt, und jede hielt sich nur kurze Zeit über Wasser, sei es innerhalb der arabischen Welt oder außerhalb, wo heute zahlreiche arabische Schriftsteller leben- zu leben *gezwungen* sind, weil die politischen Zustände in den meisten Ländern, in denen sie beheimatet sind, die Stimme der Poesie nicht dulden. Denn diese Stimme ist frei, Poesie ist *Freiheit schlechthin*, oder sie ist gar nicht. Im Gewand der arabischen Sprache aber vermag sie sich allzu oft nur im Exil - eines der Hauptthemen der arabischen Schriftsteller, wie die folgende Textauswahl zeigt - zu artikulieren. Wo die institutionalisierte Unfreiheit, der

Haß auf jede Form des Andersdenkens und der blutige Staatsterror herrschen, muß die freie Stimme der Poesie verstummen, und der Dichter, der dennoch zu sprechen wagt, riskiert Kerker, Folter - im Irak neuerdings das Herausschneiden seiner Zunge - und Tod.

Ich darf an dieser Stelle allen Freundinnen und Freunden danken, ohne deren Hilfe und wertvolle Hinweise die vorliegende Publikation in dieser Form nicht hätte - erscheinen können. Besonders hervorheben möchte ich Mona Naggar, Heribert Becker, Richard Müller (der die Endkorrektur besorgt hat), Hans Schiler vom Verlag Das Arabische Buch, Suleman Taufiq, Stefan Linster, Peter Ripken und die Gesellschaft zur Förderung der Literatur aus Afrika, Asien und Lateinamerika e.V., ohne deren Unterstützung dieses Buch nicht zustande gekommen wäre. Gleichwohl bin ich der einzige, der für etwaige Fehler in dieser Anthologie die Verantwortung trägt, sowohl was die Auswahl der Autoren und Texte als auch die Übersetzung betifft.

Köln, Juli 2000   Khalid al-Maaly

Für Taufiq Sayigh

den Dichter, der 1971 in Berkeley/Kalifornien einem Herzinfarkt erlag. Auf seinem Schreibtisch hinterließ er als Manuskript ein unvollendetes Projekt mit dem Titel: „Eine Auswahl moderner arabischer Poesie". Das Buch sollte in englischer Übersetzung erscheinen. Vielleicht ist der hier vorgelegte Versuch ein Schritt in die Richtung von Sayighs Vorhaben.

Yussuf al-Khal *(Libanon)*

Al-Khal, Jahrgang 1917, wanderte in den 40er Jahren in die USA aus. In New York arbeitete er seit 1948 für einen UN-Informationsdienst und als Herausgeber mehrerer arabischsprachiger Zeitschriften. 1955 kehrte er nach Beirut zurück und unterrichtete an der dortigen Amerikanischen Universität arabische Literaturgeschichte. Sein Hauptinteresse galt fortan jedoch seiner literarischen und publizistischen Tätigkeit. Al-Khal war der Gründer der Zeitschrift „Shi'r" (1957), die eine bedeutende Rolle in der Entwicklung der modernen arabischen Lyrik gespielt hat und durch die der „Free Verse" entscheidende Anstöße erhielt. Das Blatt bot den Experimentierfreudigsten unter den arabischen Dichtern eine Publikationsmöglichkeit. Inhaltlich bezieht al-Khal seine Themen häufig aus seinem christlichen Hintergrund. Er starb 1987 in Beirut.

Der verlassene Brunnen

Schon lange kannte ich meinen lieben Nachbarn
      Ibrahim
kannte ihn als Brunnen, der überfloß vor Wasser.
Doch die übrigen Menschen
gingen an dem Brunnen vorbei.
Nein, sie tranken nicht aus ihm, und sie warfen auch
      nichts hinein
warfen keinen Stein hinein.

„Könnt' ich doch wieder die Stirne hissen
am Mast des Lichts"
schreibt Ibrahim auf einem Stückchen Papier
das gefärbt ist von seinem vergossenen Blut. „Würde

der Bach ändern den Lauf, und würden Zweige
　　　Knospen treiben
Im Herbst oder Früchte reifen
und Pflanzen sprießen im Stein?"

„Könnte ich
könnte ich sterben, dann wieder leben
würde der Himmel dann sein Gesicht öffnen
und die Adler nicht die Karawanen der Opfer
zerreißen? Würden lachen die Fabriken, würde
　　　lachen der Rauch?
Würde der Lärm auf den Feldern, auf der großen
　　　Straße verstummen?
Würde der Arme das Brot seines Tages im Schweiß
　　　seines Angesichts essen
im Schweiß seines Angesichts und nicht mit den
　　　Tränen des Erniedrigten?"

„Könnt' ich doch wieder die Stirne hissen
am Mast des Lichts
Würde mir ewiges Leben zuteil
würde Ulysses dann wiederkehren?
Und der Verlorene Sohn und das Lamm?
Und der Sünder, der mit Blindheit geschlagen ist
um den Weg zu sehen?"

Als der Feind mit der Kanone des Verderbens zielte
und die Soldaten in einem Hagel von Kugeln und
　　　Verderben vorwärtsstürmten
rief man ihnen zu: „Weicht zurück! Weicht zurück!
In dem Unterstand hinter euch seid ihr vor den
　　　Kugeln sicher und vor dem Verderben."

Doch Ibrahim ging weiter
er ging weiter voran
und seine schmale Brust füllte die Weite.
„Weicht zurück! Weicht zurück!
In dem Unterstand hinter euch seid ihr vor den
       Kugeln sicher und vor dem Verderben!"
Doch Ibrahim ging weiter
als hörte er das Echo nicht.

Und man sagte: Das ist Wahnsinn.
Vielleicht war es Wahnsinn.
Doch ich kannte meinen lieben Nachbarn
schon lange, seit den Tagen der Kindheit
kannte ihn als Brunnen, der überfloß vor Wasser.
Doch die übrigen Menschen
gingen an dem Brunnen vorbei
nein, sie tranken nicht aus ihm, und sie warfen auch
nichts hinein
warfen keinen Stein hinein.

Memento mori

Er war lebendig. Gestern schlug, die
       Morgendämmerung ihm die Augen auf
er ging davon und trug ein Herz, das dem Licht und
       der Wärme zulachte
einen Arm hebend, ging er davon er stapfte mit beiden
       Füßen auf die Erde
er schlug dem Wind auf die Backen, er lief.
Man sagte, er sei ein strömender Fluß, man sagte
       er sei Stille
durch die die Vision sich erhitzte.

Oder man sagte, er sei etwas und die Welt sei nichts
    ohne ihn. Wird er gehen?
So geht er, und nichts bleibt zurück außer ihm.

Oh mein Gott, legte nicht, als er starb
das Gute für ihn Fürsprache ein?
Legte nicht das Streben nach Erhabenem
Fürsprache für ihn ein?
Wie oft haben die Dornen ihm die Hände zerrissen
und der Weg bereitete ihm Mühe.
Und wieviel hat er gebaut, wieviel wieder zerstört
wie oft hat er gegen das Feld aufbegehrt
    wenn es geizte
gegen die Quelle, wenn sie versiegte
gegen den Falken, wenn seine Flügel brachen.
Und wie heftig verlangte es ihn nach Handeln!
Da baute er eine Pyramide
oder holte Gott herab auf die Erde.
Mein Gott, legte, als er starb, die Illusion, die er hatte
    nicht Fürsprache für ihn ein?
Und nun, da er tot ist, leben da seine Wünsche weiter?
Hält die Djinnbraut Zwiesprache mit ihm?
Röten sich im Tal die grünen Früchte?
Weiß der Stern, daß die Magier des Ostens und des
    Westens zu ihm kommen?
Mein Gott, verschließe vor dem Geheimnis das Herz
und laß mich mit meinen Augen
mit meinem Bewußtsein die Erinnerung
sammeln und sie zusammenlegen.

„Mein Leben taugte zu nichts mehr.
Wird mein Tod zu etwas taugen?"
Denn im Tode haben wir ihn erkannt
und wir hatten ihn vorher nicht erkannt

und das Etwas hat Anspruch darauf
        erkannt zu werden
wie die Liebe, die man uns entgegenbringt
oder das Gute, das wir erwarten.
Haben wir ihn erkannt?
Wir erkennen uns selbst in ihm:
eine Welt, vom Vergessen verschlossen:
kein Aufprall eines Kiesels, kein Echo
eine Welt, worin die Wunde der Sünden gestorben ist.

Und wie oft hat er gebetet:
„Gott, strecke mir die Ufer meiner Rettung entgegen.
Ich gehe hier auf der Erde umher
und meine Füße sind Eisen, und Eisen liegt
        auf meinem Weg.
Laß mich ein wenig übers Wasser wandeln
Bald wird das Viertel menschenleer sein
und mein Schatten sich strecken
Siehe, da ist der Wind, der mich entkleidet
meinen Leib entkleidet, meine Seele entflammt.
Meine Schreie sind in der Fremde heiser geworden,
ach, die Fremde ist meine Sache nicht
nein, und die Rückkehr aus ihr, ist meine Sache nicht.
Und ratlos ist meine Hand, und meine Kinder
steh'n barfuß um meine Schüssel
Gott, strecke mir die Ufer meiner Rettung entgegen."

So betete er.

Die Erde war Winter.
Die Wogen des Meeres prallten vor Schwäche
zurück von der Küste
Es herrschten Hunger und Eiseskälte
Wölfe tummelten sich auf den Weiden

Ach, das Entsetzen im Viertel war groß.
Bigbigabig...
Big... biga... big
Und die Schleusen waren geschlossen, und die Mauer
        sank in sich zusammen
Und das Gesicht der Sonne war gefälscht
Ist's die Erde, die sich dreht?
Big... biga... big
Big...
Bigbiga... big!
War der, der da starb, ein Gott?

Tod

Heute ist mein Freund gestorben
seine Augen waren zwei Sterne
ich hab' über seinem Gesicht geweint
mit mir weinte der ganze Ort.

Das Viertel war ein Bild der Schwärze:
kein Mund
auf Mund
kein Gesicht, keine Zunge
eine Flasche lag auf dem Gehsteig hier
und hier waren zwei Hände
für den, der mit dem Echo zurückgekehrt ist
die Zeit war ihm enteilt.

Heute ist mein Freund gestorben
seine Augen waren zwei Sterne.

Die Reue

Bei meiner Begegnung mit den Reumütigen
auf dem Berg des Schweigens hob ich den Kopf
(meine Arme waren an einen Felsen gefesselt):
Wann, mein Vater, wirst du den Kelch an mir
      vorübergehen lassen
wann werde ich den Weg hinab zu meinen Brüdern
gehen: Dann werde ich ihnen meine Brauen
      hinhalten
und über meine Zweifel lachen
und werde weinen
und träumen, ich stützte den Kopf auf.
Wann, mein Vater, wirst du den Kelch an mir
      vorübergehen lassen?
Mit dem Schweigen kam etwas auf
ist es ein Flügelschlagen im Dunkeln
oder die ihre Augen aufschlagende
      Morgendämmerung?
Ich sehe ein Gespenst
mein Gott, und höre Tritte
wie das Trappeln ihrer Schritte:
Ich erinnere mich, oh Geliebte, an einen Duft
an meinen Füßen und an Haare
und ich erinnere mich, wie mir das Herz aufging
und ich einen Toten wieder zum Leben erweckte
und wie ich durch deine Liebe mich hingab
da wurde ich zum Symbol und zur Verheißung
und ich erinnere mich, wie ich deinetwegen meinen
      Nachbarn liebte
so daß ich die Terrasse meines Hauses erhöhte
und da bin ich, ein Lebender...
da bin ich, ein Lebender
(meine Arme sind an einen Felsen gefesselt

und die Sehnsucht nach meinen Brüdern ist groß).
Die Morgendämmerung hat meine Wunden
     verbunden.
Mein Segel ist frei, und mein Tag ist altehrwürdig
     wie mein Gestern
Wann, oh Vater
Wann, oh Vater, wirst du den Kelch an mir
     vorübergehen lassen?

Fadwa Tuqan *(Palästina)*

1917 in Nablus geboren. Gilt als eine der der bedeutendsten palästinensischen Dichterinnen. Ihre oft romantischen Texte bestechen durch die Glaubwürdigkeit der in ihnen ausgedrückten Gefühle. Mit ihrer Autobiographie, in der die Liebe und das weibliche Begehren offen zur Sprache kommen, erregte sie in der arabischen Welt großes Aufsehen.

Pubertät

Oh meine Palme, mich lieben zwei
beide wie die Blumen des Aprils
beide süßer als Zucker.

Mein kleines Herz, es schwankt
zwischen ihnen, wen liebe ich mehr?
Oh meine Palme, wer von ihnen ist schöner?
Sag' es meinem Herzen, es weiß nicht weiter.

Beim ersten Tanz
zwischen Schatten und Musik
tuschelte der erste mit mir.
Er sagte, was er sagte.

Die Flügel meines schweren Herzens
flatterten vor Phantasie, vor Träumen und Visionen.
Ich wußte nicht, was ich sagen
oder was ich tun sollte.

Beim zweiten Tanz
stellte der zweite sich mir in den Weg.
Zwei Arme umschlossen meine Taille.

Zwei Flüsse von Liebe und Zärtlichkeit.
Er sagte, was er sagte.

Die Flügel meines schweren Herzens
flatterten vor Phantasie, vor Träumen und Visionen.

Ich wußte nicht, was ich sagen
oder was ich tun sollte.

Ich bin ratlos!
Mich lieben zwei
beide wie die Blumen des Aprils
beide süßer als Zucker. Wen liebe ich mehr?
Oh meine Palme, wer von ihnen ist schöner?
Sag' es meinem Herzen, es weiß nicht weiter.

Die teuren Fesseln

Ich bin eingeengt, eingeengt von den Fesseln
        meiner Liebe.
Ich laufe davon und mit mir mein Zorn.
Ich versuche, diese Fesseln zu zerreißen.
Meine Phantasie kommt in Gang.
Sie erfindet mir eine Geschichte von Treulosigkeit
damit ich meine Trennung von dir rechtfertigen kann
und dich weit von mir fortstoße
Vielleicht falle ich meiner Freiheit in die Arme
und ich löse uns voneinander ab.
Doch ich hab' das Gefühl
jenseits des Daseins ausgesetzt worden zu sein
wenn wir uns trennen.
Mein Herz wird schwerer, meine Seele schrumpft
und wird erschöpft und verstümmelt.

Und ich hasse meine Familie
und ich hasse mich selbst.
Das Leben zeigt sich als das, was es ist
und wird zu einer kamellosen
schattenlosen Steppe.
Meine Liebe fragt nach dir.
Mein Herz fragt nach dir
und schreit voller Qual:
"Warum bist du von Sinnen und hast dich
          von mir entfernt?
Warum nur? Warum?

Kommt er vielleicht wieder zurück?

Und wenn du zurückkehrst
kehrt auch das Dasein zurück
es breitet zwei offene Arme für mich aus.
Mein Herz wird nachsichtig
verzeihend, edelmütig
und hat Mitleid wie das Herz der Geläuterten.
Es wird leicht und singt wie ein glücklicher Vogel
der sein Nest im Paradies gebaut hat
Und meine verstümmelte Seele, Geliebter
erhält ihre verlorenen Teile zurück.
Rings um mich her wird das Leben
fruchtbar, prachtvoll und farbig.
Ich lief davon und mit mir die Freude.
Ich umarmte mein Sklavendasein bei dir.
Ich umarmte diese Fesseln von Herzen.

Du bist mein Geliebter durch unser Versprechen
mit dem Lachen deiner Augen
mit dem Lachen deines Grübchens.
Engen die Fesseln meiner Liebe mich ein

und ich bin zornig auf dich
dann gib mir meine Freiheit nicht wieder
denn mein Herz ist das Herz einer Frau
des Orients, das bis zum Verlöschen liebt
und an seine Liebe in Fesseln glaubt.

Augenblick

Mein Wunsch... schweig, sei still
sage mir nicht, was war oder wird sein
erzähle mir nicht vom Gestern, verliere dich nicht
        im Morgen
dieser Augenblick gehört mir
er hat weder Vorher noch Nachher
die Grenze der Zeit hat für mich
keine Bedeutung mehr
Das Gestern ist entschwunden
in Echo und Schatten
und weithin erstreckt sich
das unbekannte Morgen
niemand kann es erkunden
und vielleicht ist es nichts andres
als das, was die Hand meiner und deiner Träume
        gemalt hat
vielleicht nichts andres als das, was wir in diesem
        Augenblick erhoffen
nichts andres als eine Blume
die sich gerade vor uns entfaltet hat
ohne Frucht, ohne Wurzel
eine Blume von vergänglicher Pracht Schönheit?
laß uns sie festhalten
bevor es zu spät ist
Geliebter!

Khalil Hawi *(Libanon)*

1919 in einem Dorf im Libanon-Gebirge geboren. Studierte an der Amerikanischen Universität von Beirut (AUB). Seine Dichtung ist von einem tiefen Pessimismus geprägt. Nach dem Einmarsch der israelischen Armee in den Libanon 1982 soll Hawi Selbstmord begangen haben.

Der Seefahrer und der Derwisch

Er zog mit Odysseus im Unbekannten umher; und mit Faust opferte er seine Seele, um dafür Erkenntnis einzuhandeln; dann gelangte er dazu, die Hoffnung auf Wissen in dieser Zeit aufzugeben. Mit Huxley verkannte er das Wissen, da setzte er die Segel, den Ufern des Ganges zu, Born des Sufismus...! Hier sah er nur toten Lehm und dort nur heißen Lehm. Lehm, nichts als Lehm.

Nachdem er die Seekrankheit überstanden hatte
Und das trügerische Licht über den Dunkelheiten
      des Weges
Die Weite des Unbekannten, die sich aus
      Unbekanntem entfaltet
Aus dem allumfassenden Tod
Der dem Ertrunkenen blaue Leichentücher hinbreitet
In der Leere am Horizont gähnen die Höhlenmäuler
Von lodernder Feuersbrunst umgeben
Nachdem ihn der Wind überlistet hatte
Warf er ihn dem uralten Orient hin.

Er strandete an Gestaden, von denen
      die Geschichtenerzähler berichten:
Verschlafene Taverne, Legenden, Gebet

Und Dattelpalmen mit trägen Schatten und leisem
    Rascheln
Feuchter Ort, der das Fühlen lähmt
In seinen fiebrigen Nerven, die Erinnerung
Und das weite, hallende Echo
Und die Lockungen ferner Häfen abtötet.

Hülfe ihm doch die Enthaltsamkeit der nackten
    Derwische
Das rotierende Gemurmel hat sie schwindlig gemacht
Und so gehen sie durchs Leben
Kreis um Kreis
Um einen alten Derwisch herum
Dessen Füße wurzeln im Schlamm, und so steht
    er still
Aufsaugend, was die verdorrte Erde absondert
Unkraut wuchert in den Falten seiner Haut:
In Ewigkeiten gealtertes Moos und dreistes Efeu.

Fernab von seinem Gefühl, wird er nicht erwachen
Sein Anteil an der Erntezeit, die ihren Widerhall
    in den Adern findet
Sind Flicken, elegant
Auf seine alte erschlaffte Haut genäht.

- Wohlan, erzähle von Schätzen, die deine Augen
Auf das tiefe Unsichtbare starren ließen.

- Kauernd an meinem Platz seit abertausend Jahren
Kauernd am uralten Ufer des Ganges
Die Wege der Erde, wie weit sie sich auch
    voneinander entfernen
Alle Wege enden an meiner Tür
Und in meiner Hütte ruht das Zwillingspaar:

Gott und die uralte Zeit.
...Und ich sehe, was seh' ich?
Tod und Asche und Feuersbrunst...!
Sie befielen das westliche Ufer
Schau, du wirst sie sehen... oder erträgst du sie nicht?

...Jener Ghul*, wenn er geifert
Dann geifert fiebernd der Lehm, dann fiebern
      die Häfen
Und siehe, die Erde ist schwanger, sie krümmt
      sich und erleidet
Von Zeit zu Zeit einen Anfall in Lehm
Anfall, der Athen war und dann Rom...!
Die Glut des Fiebers röchelt in der Brust
      eines Sterblichen
Läßt dort, wo sie war, etwas Ausschlag zurück
Und Asche, Abfall der Zeit.

Dieser leidende Ghul
Ich seh' ihn nicht anders denn als ein für Sekunden
      geborenes Kind
Und als alte, graubehaarte Hand, die ihm
      aus seinen Nerven
Leichentücher zupft. Der Tod, er naht
Und du siehst mich
Kauernd an meinem Platz seit abertausend Jahren
Kauernd am uralten Ufer des Ganges.

Und in meiner Hütte ruht das Zwillingspaar:
Gott und die uralte Zeit.

Hat die Wahrheit der Visionen dir aufgebürdet
Was du nicht zu tragen vermagst?

- Laß mich! Die Wegweiser sind in meinen Augen
      gestorben
Laß mich fortgeh'n zu dem, was ich nicht weiß
Die fernen Häfen werden mich nicht locken
Einige von ihnen sind fiebriger Lehm
Einige sind toter Lehm.
Ach, wie oft schon wurde ich in fiebrigem Lehm
      verbrannt
Ach, wie oft schon starb ich mit totem Lehm
Die fernen Häfen werden mich nicht locken
Überlaß mich dem Meer, dem Wind, einem Tod
Der dem Ertrunkenen blaue Leichentücher hinbreitet
Seereisender, die Wegweiser sind in seinen Augen
      gestorben
In seinen Augen starb jenes Licht, es starb
Ihn werden weder Heldentaten noch die Demut
     des Gebetes retten.

*Wüstendämon, der in immer anderer Gestalt erscheint und auch
Leichen verzehrt

Nazik al-Mala'ika *(Irak)*

Als Tochter einer wohlhabenden, hochgebildeten Familie 1923 in Bagdad geboren. Studierte am Teachers Training College ihrer Heimatstadt und später in den USA. Gilt seit dem Erscheinen ihres zweiten Gedichtbands, „Shadhaya wa Ramad" (1949), in dessen Vorwort sie als erste die Prinzipien der neuen Dichtungsart erläutert, als Pionierin der Free-Verse-Bewegung. In ihren späteren theoretischen Schriften zur neuen Poesie neigt sie jedoch dazu, die Innovationen einzuschränken und zu reglementieren, weshalb sie von den jüngeren Dichtern heftig angegriffen wurde. Nazik al-Mala'ika lehrte als Dozentin für arabische Literaturgeschichte in Bagdad, Basra und Kuwait und lebt heute zurückgezogen in Kairo.

Der Zug fuhr vorbei

Die Nacht mit ihrer ins Weite sich dehnenden Stille
Die nichts unterbrach, nur das blöde Gurren
Einer verwirrten Taube und das Bellen eines Hundes
        der die fernen Sterne anheulte
Und die törichte Stunde verschlang das Morgen
Und dort in einigen Gegenden
Fuhr der Zug vorbei
Seine Räder sponnen Hoffnung, wegen der ich
        den Tag erwartete...
Der Zug fuhr vorbei
Entschwand weit fort in der Stille
Hinter den fernen Hügeln
In mir blieb nichts als ein schwaches Echo zurück
Und ich sah hinauf zu den träumenden Sternen
Stellte die Waggons mir vor und die lange Reihe
Der Übernächtigten und der Erschöpften

Stellte mir die lastende Nacht vor
In Augen, des Anblicks der Reisenden überdrüssig
Im fahlen Licht der Zugbeleuchtung
Überdrüssig des Starrens in stumme Finsternis
Ich sah vor mir die bittere Langeweile
In verdrossenen Seelen, die das Pfeifen zermürbte
Sie und die Koffer, wartend
Sie und die Koffer unter Schichten von Staub
Schliefen minutenweise, dann weckte der Zug
      sie wieder auf
Ein Reisender starrte gähnend
Verschlafen und träge hinaus in die Ödnis
Dann wieder sah er in die Gesichter der andern
Die Gesichter der Fremden, die ein Zug
      zusammengeführt
Er schlief schon fast, da vernahm er zerstreut
Eine Stimme, die murmelte kalt:
„Die Zeiger der Uhr bewegen sich nicht!
Wieviel Zeit ist verstrichen von diesem Abend?
Wann ist die Ankunft?"
Gleichgültig schlug dreimal die Uhr
Da unterbrach das Pfeifen des Zuges die Stimme
Die Laterne des Fahrdienstleiters erschien
Und über dem Abend das Licht eines Bahnhofs
Nun verlangsamte sich der erschöpfte Zug.
...Und ein junger Mann, ganz in sich versunken
Mochte nicht schlafen, er seufzte unablässig
Übernächtigt sah er hinauf zu den Sternen
In seinen Augen war etwas Kaltes, die Lautlosigkeit
Hatte es in ihre Winkel graviert... auf seinem Gesicht
      eine seltsame Farbe
Die Hitze der Träume hatte Spuren in es gegraben
Seine Lippen waren leicht geöffnet
Auf eine Art Traum, der die dürre Nacht

Mit einem Rauschen von Flügeln bedeckte
    die Melodien bargen
Seine Augen waren beinahe geschlossen
So als fürchteten sie, daß Strahlen hinter
    die Lider flöhen
Oder als fürchteten sie etwas unerträglich
    Abscheuliches
Dieser traurig verdrossene junge Mann
Versuchte vergeblich, in den anderen
Nicht nur das alte Rätsel zu sehen
Und die große Geschichte, deren Helden und Akten
Das Dasein überdrüssig war. Unablässig betrachtete
    er kalt
Ihre alte öde Wiederholung
Dieser junge Mann...
und die Schritte des Fahrdienstleiters gingen vorüber
Hinter der Scheibe erschien ein finst'res Gesicht
Das Gesicht des Fahrdienstleiters
Die Laterne schwankte in seiner Hand
Er sah die müden Gesichter
Die im Zuge sitzenden Schläfer
Und die musternden Augen
Hatten unter jedem Lid einen Schrei im Namen
    des Tages
Und die Schritte des wachenden Beamten verloren
sich hinter der reglosen Dunkelheit.

Der Zug fuhr vorbei und verlor sich inmitten
    der Einöden weiter?
Ich blieb allein zurück und fragte die zerstreute Nacht
Nach meinem Dichter, und wann er
    zurückkehren würde
Und wann der Zug ihn brächte

Vielleicht war der Fahrdienstleiter an ihm
      vorbeigegangen
Und hatte so getan, als sähe er ihn so wenig
      wie die andern
Und war weitergegangen.
Er und die Laterne hatten die Reisenden kontrolliert
Und doch hielt ich immer noch wartend Ausschau
Und wünschte, der Zug möge endlich kommen.

Die Schlange

Wohin geh' ich? Müde des Wegs
Und überdrüssig der Weiden.
Stets ist der heimliche, lästige Feind
Meinen Spuren gefolgt, wohin nur entfliehen?
Schmale Wege und Pfade, die die Lieder davontragen
Und alle seltsamen Horizonte
Pfade des Lebens
Korridore in schwärzestem Dunkel
Winkel des dürren Tages
Dort überall bin ich gewesen, und mein heimlicher
      hartnäckiger Feind
War beharrlich wie Berge aus Eis
Im hohen Norden.
Beharrlich wie die Beharrlichkeit der Sterne
In Augen, die vom Schlaf gemieden wurden
Und die die Hände der Sorgen
Mit den Wunden der Schlaflosigkeit bewarfen.
Beharrlich wie die Beharrlichkeit der Zeit
In der Stunde des Wartens.
Immer, wenn meine Schritte sich mühten zu fliehen
Erklomm der Feind die Gipfel
Und brachte mir, was die Strapazen des Tages

An Ketten der Erinnerung zertrümmert hatten...
ich werde nicht zu entkommen suchen
Aus meinen Ketten, was für ein Entkommen denn?
Und meines furchtbaren Feindes Pupillen
Speien Herbst
Auf eine Seele, die Frühling will.
Und hinter dünnem Nebel erscheint
Jene gräßliche Schlange
Jener Ghul. Wie mich befreien
Von den Schatten seiner Hände auf meiner kalten
　　　Stirn?
Wo finde ich Zuflucht, schütten doch
　　　seine haßerfüllten Wimpern
Ein unerträgliches, totes Morgen auf meinen Weg?
　　　　　•

Wohin geh' ich? Und welche Wegbiegung
Schägt die Tür zu vor meinem verdächtigen Feind?
Er ist taub für Bitten
Lacht spöttisch über mein furchtsames Schweigen.
Er ist gefühllos für Tränen.
Wohin... wohin nur soll ich entschwinden?
Meine ständige monotone Flucht
Hört nicht mehr
Auf den Ruf meines Schreckens. Denn wozu schreit
　　　der Ruf?
Ist da eine Zuflucht, nah
Oder fern?... Ich werde weitergehen. Und wenn es
　　　bis hinter den Himmel
Oder hinter die Grenzen des Hoffens wäre.
Dann, eines Abends
Hört' ich die Stimme:
　　　„Geh, denn dies ist ein gewundener Weg
Der hinausgeht über die Grenzen des Raums.
Du wirst auf ihm keinen Laut vom Zischen der

Schlange vernehmen.
Er ist das uralte Labyrinth.
Vielleicht hat es in längst vergangenen Zeiten
Eine Hand für einen Prinzen erbaut von seltsamer
      Wesensart.
Dann starb der Prinz... er überließ den Weg
Den Händen der Verlorenheit."
Ich hörte die Stimme, die die Orte erfüllt
Dann ging ich, ich würde vielleicht
Aus den Finsternissen meines ewigen, dreisten
      Alptraums erwachen
Vielleicht würde mein Feind vom Weg abirren
Wie angenehm wär' es zu gehen, hinter mir keine
      ersterbenden Schritte
Sich rekelnd mit ihren dumpfen Echos
In den Biegungen meines langen Wegs.
Er würde nicht kommen
Er würde nicht kommen, selbst wenn ihm
      das Unmögliche glückte.
Er würde nie kommen
Mein unschuldig Herz, es würde ihn nicht sehen
Wie er von neuem die Winde entfesselt
Um mir den Weg zu verstellen
In der Stille des Morgens
Nein, er würde nicht kommen
Er würde nicht kommen.
Und ich höre ein haßerfülltes Gelächter.
Er kommt. Oh Verlust meines zerbrochenen Flehens
In der Finsternis des blinden Labyrinthes.
Ich fühle die dämonische Hand
Sie drückt mit ihren erstarrten Fingern
Kälte und Schrecken in meine arglose Ruhe.
Er kommt... wozu da noch fortgehen?
Ich nehme Abschied von meinem kurzen Traum

Und kehre mit seinem kalten Kadaver zurück.
Das Leben geht weiter und immer weiter.
Mein heimlicher, hartnäckiger Feind
Lauert hinter jeder neuen Biegung des Weges
In den pechschwarzen Nächten des Leids
Hinter jedem Morgengrauen.
Ich sehe ihn auf mich herunterblicken
       mit meiner Erwartung
Mit meinem fernen Gestern
Mit dem Schein des Mondes
Im weiten All.
Wo, wo ist ein Entrinnen
Vor meinem hartnäckigen Feind?
Denn er ist wie das Schicksal
Zeitlos, verborgen, ewig
Zeitlos und ewig.

Ich

Die Nacht fragt, wer ich sei.
    Ich bin ihr ruh'loses, tiefes, schwarzes
        Geheimnis.
    Ich bin ihr rebellierendes Schweigen.
    Ich habe mein Innerstes mit Stille verstellt
    Mein Herz in Zweifel gehüllt
    Und bin, traurig vor mich hinblickend,
        hier geblieben.
    Und die Jahrhunderte fragen mich
          Wer ich sei.

Und der Wind fragt, wer ich sei.
    Ich bin seine ratlose Seele, die Zeit hat mich
        verleugnet.

Wie er bin ich nirgendwo.
Wir eilen endlos immer weiter.
Rastlos ziehen wir immer weiter.
Und wenn wir die Biegung des Weges
   erreichen
Glauben wir, dies sei das Ende des Leidens.
    Dann aber: Leere!

Und die Zeit fragt, wer ich sei.
  Ich bin wie sie, eine Riesin, Jahrhunderte leg'
    zurück
  Kehre wieder, lasse sie auferstehen.
  Ich schöpfe die ferne Vergangenheit
  Aus der Lockung des sorglosen Hoffens.
  Dann begrab' ich sie wieder
  Um mir ein neues Gestern zu formen
    Dessen Morgen Eis ist.

Und das Selbst fragt, wer ich sei.
  Ich bin ratlos wie es und starre ins Dunkel.
  Nichts schenkt mir Frieden.
  Ich stelle unaufhörlich Fragen, und stets
  Verbirgt ein Trugbild die Antwort.
  Stets wähne ich diese nahe
  Doch wenn ich zu ihr gelange, schmilzt sie
    dahin
    Erlischt und entschwindet.

Die Ankunft

Ich werde meine Seele lieben, im Beben ihrer
   Schatten leben Jahrhunderte
Erfüllt von den Farben der Phantasie.

Dort in der Seele Windungen hab' ich die Schönheit
      gefunden
Und Welten, strahlend wie Sterne und mit
      berauschenden Düften.
Und dort - wieviele Farben sanken auf den Grund
      der Kelche der Erinnerungen
Wieviele Geschichten schliefen und verbargen ihr
      Geheimnis hinter dem Fühlen.
Wieviele blitzende Träume von Liebe, die eine Weile
      lebte und dann starb.
Wieviele Melodien eines Sommers, als der Abend
Drückend und schläfrig war in manchen Dörfern.
Ich sang sie und schaute gelöst
Auf den Schatten der Palmen in fruchtbarer Erde.

•

Ich werde meine Seele lieben, in der Klarheit ihrer
      Schatten find' ich zur Klarheit.
Das Fernsein von der Heimat zog sich dahin
      und die Hügel färbten sich mit dem Blute des
      Sonnenuntergangs
Selbst der Tag begab sich in die Betten des Abends.
Nichts blieb außer uns und den Schornsteinen
      die in der Ferne seufzten
Und der Schwermut der neuen Nacht.

•

Und da kamen wir an. Hier lebten die Schönheit
Die Wärme, die liebliche Sonne, die Stille
Die Weite und eine Welt, die Jahrhunderte birgt
Ein Meer von Farben, von der Phantasie erschaffen
Und auf seiner Weite Tausende wogender Schatten.

•

Oh Schweigen meiner Seele, ich kehrte, ich kehrte
Zu dir zurück nach Jahren des nächtlichen Reisens.
Überdrüssig waren die Meere meines Reisens.

Der Tag beklagte sich
Über die Bürde der Sehnsucht, die meine
      Traumgesichte ihm aufluden.
Nichts außer dir bot mir Beistand
Im Dunkel der in die Irre führenden Nacht.
So öffne mir die letzte Tür
Laß mich ein... mich und meinen Schatten...

Nizar Qabbani *(Syrien)*

Nizar Qabbani wurde 1923 in Damaskus geboren und starb 1998 in London. Dort studierte er Jura und arbeitete anschließend jahrelang im diplomatischen Dienst. Wegen der Schlichtheit seiner Sprache und weil er ganz alltägliche Themen behandelt, zählt Qabbani zu den populärsten zeitgenössischen Lyrikern der arabischen Welt. Die genannten Eigenarten manifestierten sich bereits in seinem ersten Gedichtband, „Qalat li as-Samra'" (1944). Zahlreiche Texte Qabbanis wurden von prominenten arabischen Sängern als Chansons gesungen. Die hier abgedruckten Gedichte zählen zu den bekanntesten.

Ein gutes Beispiel für Nizar Qabbanis Popularität in breiten Schichten der arabischen Bevölkerung ist ein Band mit seinen gesammelten Gedichten, den ich im arabischen Antiquariat in Köln erworben habe. Darin hat der ehemalige arabische Besitzer des Buchs am Rand vieler Gedichte die Namen von mehreren seiner angeblichen Geliebten notiert. Offenbar adaptierte er die Texte und schickte sie je nach Gelegenheit dieser oder jener Frau oder trug sie ihr vor. Von daher hat Badr Shakir as-Sayyab nicht ganz unrecht, wenn er Qabbanis Gedichte mit Schokolade vergleicht, die zwar süßlich schmeckt, wenn man sie im Mund hat, dann aber rasch dahin schmilzt und ihre Wirkung verliert.

Was sage ich ihm?

Was sage ich ihm, wenn er zu mir kommt
und fragt, ob ich ihn hasse oder liebe?
Was sage ich, wenn seine Finger die Nacht
aus meinen Haaren streichen und sie hüten?
Wie gestatte ich's ihm, seinen Stuhl heranzurücken
und daß seine Hände auf meinen Hüften ruhen?

Morgen, wenn er kommt, geb' ich ihm seine Briefe
zurück und wir füttern das Feuer mit dem Schönsten
     das wir uns schrieben.
Oh meine Geliebte! Bin ich wirklich seine Geliebte?
Kann ich nach der Trennung seinen Absichten
     trauen?
Ist meine Affäre mit ihm nicht schon vor Jahren
     geendet?
Ist die Erinn'rung an ihn nicht wie Sonnenstrahlen
     erstorben?
Haben wir nicht schon vor langer Zeit die Gläser der
     Liebe zerbrochen?
Wie könnten wir um Gläser weinen, die wir
     zerschlagen haben?
Oh Gott, mich martern seine kleinen
     übriggebliebenen Spuren
wie kann ich mich retten, oh Gott, vor diesen Dingen?
Hier seine Zeitung, in einer Ecke liegengelassen
dort ein Buch, das wir gemeinsam gelesen haben
Auf den Sesseln verstreut die Asche seiner Zigaretten
und in den Winkeln Spuren seiner Überbleibsel
Was starre ich in den Spiegel, ihn fragend
nach dem Kleid, in dem ich ihm begegnet bin.
Soll ich behaupten, daß ich ihn hasse? Wie könnte ich
jemanden hassen, der unter meinen Lidern wohnt?
Und wie könnte ich vor ihm fliehen? Er ist mein
     Schicksal
hat denn der Fluß die Macht, sein Bett zu verlassen?
Ich liebe ihn! Ich weiß nicht, was ich an ihm liebe
selbst seine Makel sind nicht länger Makel
Die Liebe hienieden ist Teil unsrer Vorstellungskraft
hätten wir sie nicht vorgefunden, so hätten wir sie
     erfunden.

Was soll ich ihm sagen, wenn er kommt und wissen
       will
ob ich ihn liebe? Ich, ich liebe ihn tausendfach.

Unterwasserbotschaft

Wenn du mein Freund bist
so hilf mir, von dir wegzukommen
oder wenn du mein Geliebter bist
so hilf mir, von dir geheilt zu werden
Hätt' ich gewußt...
daß die Liebe derart gefahrvoll ist...
ich hätte nicht geliebt.
Hätt' ich gewußt...
daß das Meer derart tief ist...
ich wäre nicht übers Meer gefahren.
Hätt' ich mein Ende gewußt...
ich hätte nicht angefangen.
Ich hab' mich nach dir verzehrt
lehre mich, mich nicht zu verzehren
lehre mich
meine Liebe zu dir
mit Stumpf und Stiel herauszureißen, lehre mich
wie die Träne im Auge stirbt, lehre mich
wie das Herz erstirbt
und wie sich die Sehnsüchte selber töten.
                              *

Bist du ein Prophet
so befrei' mich von diesem Zauber
von diesem Unglauben
Meine Liebe zu dir ist wie Unglaube
reinige mich davon

Bist du stark
so zieh' mich aus diesem Meer
denn schwimmen kann ich nicht...

Die blauen Wellen in deinen Augen
ziehen mich in die Tiefe hinab
die blaue...
die blaue...
nichts als die Farbe Blau
und ich hab' in der Liebe keine Erfahrung
und besitze kein Boot.
Wenn ich dir lieb und teuer bin
so nimm mich an der Hand
denn ich bin verliebt
vom Kopf bis zu meinen Füßen
ich atme unter Wasser
ich ertrinke
ertrinke
ertrinke.

Die Kaffeesatzleserin

Sie setzte sich, und Angst stand ihr in den Augen
sie sah auf meine umgestülpte Kaffeetasse
und sagte: Mein Sohn, sei nicht traurig
dein Schicksal ist die Liebe
Mein Sohn, ein Märtyrer ist...
wer in der Religion des Geliebten stirbt...
Deine Kaffeetasse ist eine Welt voller Schrecken
und dein Leben ist Aufbruch und Kriege
Du wirst viel, so viel lieben
und viel, so viel sterben

alle Frauen der Welt wirst du lieben
und zurückkehren wie der besiegte König.

In deinem Leben ist eine Frau, mein Sohn
ihre Augen... der Herr sei gepriesen!
Ihr Mund ist wie Trauben geformt
ihr Lachen ist Musik und Blumen
Doch dein Himmel ist regnerisch
und dein Weg ist versperrt... versperrt.

*

Denn deines Herzens Geliebte, mein Sohn
sie schläft in einem verzauberten Schloß
und das Schloß ist zu groß, mein Sohn
es wird von Hunden bewacht und Soldaten
und deines Herzens Prinzessin... sie schläft darin
ein jeder, der ihr Gemach betritt, ist verloren
ein jeder, der anhält um ihre Hand
der dem Zaun ihres Gartens naht, ist verloren
ein jeder, der ihr die Zöpfe zu lösen versucht
ist verloren, mein Sohn... verloren.

*

Ich habe schon viel gewahrsagt und in den Sternen
        gelesen
doch noch nie aus einer Tasse wie deiner geweissagt
Ich habe noch niemals, mein Sohn
so traurige Dinge geseh'n wie die deinen.
Es ist dir beschieden, in der Liebe stets
auf Messers Schneide zu wandeln
und einsam wie die Muscheln zu bleiben
traurig wie die Trauerweiden
Es ist dir beschieden, auf dem Meer der Liebe
ohne Segel zu navigieren und millionenmal zu lieben
und zurückzukehren wie der entthronte König.

Glaubt er etwa?

Glaubt er etwa, ich wäre ein Spielzeug in seinen
      Händen?
Ich denke gar nicht daran, zu ihm zurückzukehren.
Heute kam er, als sei nichts geschehen
mit der Unschuld der Kinder in seinen Augen
Um mir zu sagen, ich sei seines Weges
Gefährtin und die einzige Liebe für ihn.
Er brachte mir Blumen mit... wie hätt' ich ihn
      abweisen sollen
und meine Jugend ist ihm auf seine Lippen gemalt!
Ich entsinne mich nicht mehr, wie ich siedenden
      Blutes
Zuflucht in seinen Armen suchte.
Ich lehnte den Kopf an ihn, als wär' ich
ein Kind, das man seinen Eltern zurückgebracht hat
Auch meine Kleider, die ich seither beiseite gelegt
freu'n sich auf ihn und tanzen auf seinen Füßen.
Ich hab' ihm verziehn und gefragt, wie's ihm
      ergangen sei
hab' stundenlang an seiner Schulter geweint.
Unbewußt hab' ich ihm meine Hand überlassen,
      damit sie
in seiner hohlen Hand schlummere wie ein Vogel
Und im Nu hab' ich all meinen Haß vergessen
wer sagte denn, ich hätte ihn gehaßt?
Wie oft hab' ich gesagt, daß ich niemals zu ihm
      zurückkehren würde
und doch bin ich zurückgekehrt... wie schön, zu ihm
      zurückzukehren.

Taufiq Sayigh *(Palästina)*

Wurde 1923 in einem Dorf im syrischen Houran-Gebirge als Kind einer palästinensich-protestantischen Familie geboren. Studierte 1937-41 am arabischen Kolleg in Jeruaselm, dann bis 1945 an der Amerikanischen Universität in Beirut. Es folgten weiterführende Studien in Harvard und Cambridge. Danach lehrte Sayigh an verschiedenen arabischen und westlichen Universiäten arabische Sprache und Literatur. 1971 erlitt er in Berkeley in einem Fahrstuhl einen tödlichen Herzinfarkt. Sayigh gründete und leitete die Kulturzeitschrift „Hiwar". Er veröffentlichte mehrere Essay- und Gedichtbände sowie Übersetzungen moderner amerikanischer Lyrik in Anthologieform.

Aus der Tiefe schrie ich zu dir, oh Tod

Komm näher, komm näher
du junges, weißes Fohlen
Komm näher
du starkes, kokettes Fohlen
Komm näher und wiehere:
Melodie und Gesang ist dein Wiehern
Ich vernahm sie neun Monate vor dem Werfen
und ich hörte, wie man im Bett um meinetwillen
       trillernd jauchzte
und ich vernahm sie im Getöse der Tanzenden
       in den Hochzeitsnächten
und ich hörte sie in der Kirche, lauter als den Chor
und ich hörte sie von den Lippen meiner Geliebten
als uns zwei Laken umhüllten.

Komm näher
und wenn ich auf deinen samtweichen Rücken
      springe
dann stampf' auf den Boden und schrei zum Himmel
      hinauf
wirb'le Staub auf, trample aufs Dasein und lauf'
lauf', lauf', lauf'
klettere auf Berge, durchquere Wasserläufe
lauf' mit dem Wind um die Wette, mit den Vögeln
mit dem Licht und mit den Verheißungen der
      Liebenden
lauf', wohin immer du willst
und halte nicht an, wenn die Ampel auf Rot springt
und frage nicht nach dem Wege, lauf'
tausend Sporen seufzen in deine Weichen:
lauf', lauf', lauf'...

Ein paar Fragen, an das Einhorn zu stellen
(Auszüge)

Ein Tier und eine Frau:
in ihrer Phantasie sind sie Gott und Göttin.
Sie umschlang den Körper, von dem sie glaubte
      er kenne kein Ermatten
und er stürzte sich reglos in ihren Schoß, von dem er
glaubte, er sein kein Leib
ein Fehltritt, gegen den sie aufbegehrte
und der die Liebe Haß werden ließ und Verachtung
ein Fehltritt, der die Liebe Liebe bleiben ließ
und er hatte die Folgen zu tragen.
[...]
Und tieftraurig nahm sie dein Horn in beide Hände
und du schlossest ruhig die Augen

und fest stand das Lächeln auf deinen Lippen
und sie brüllte, wie niemals die Löwen gebrüllt
die in den Weg sich dir stellten
und dich nicht hinderten, ihr weiter nachzustellen
und du sahst mit geschlossenen Augen
die zielenden Pfeile und die Helme
sie fielen dir von selbst vor die Füße
und du sahst die verlogene Geliebte an
die rettende Mörderin
das weiche Kissen
das von der Öffnung einer Grube glitt
die bodenlos war.

Taufiq Sayighs Mu'allaqa
(Auszug)

[...]
Lang und dunkel ist mein Weg zu dir
du bestimmtest mein Gehen auf ihm
verlängere ihn nicht, lösch' die hohen Sterne
       nicht aus.
Laß ihn sich nicht zu Seitenwegen verzweigen, die
       meine Füße anziehen und meiner spotten
mach' ihn nicht unwegsam, dreh' die Steine auf ihm
       nicht um
daß sie wilde Tiere werden mit zahllosen Köpfen
       deren Augen blitzen, aber nicht strahlen.
Laß mich nicht mehr straucheln, während du mich
       aus den Augenwinkeln betrachtest.
Laß mich am Boden mich wälzen, stöhnen
und Gebete murmeln, deren Schluß ich
       vergessen habe
so finde ich das Dach niedriger, als es mir vorkam

noch heil, doch voller Risse
und ich erhebe die Hand, das Herz und den Mund:
„Steh' mir bei, steh' mir bei."

Ich weiß, ich weiß
du, der du fern von hier kauerst
(der Säbel in deinen Händen ist wie eine Kerze
und ein Lufthauch kann sein Feuer löschen)
der Schleier, der dein Licht von mir abhält
(du spanntest ihn auf, schlossest die Löcher in ihm
verstärktest ihn mit Zement und Eisen)
Er wird in einer Nacht, voll von Geheimnissen
und heftigem Mitleid, herunterstürzen
von dir, von mir
nicht beweint
wie etwas Jungfräuliches, die uns beide abgelenkt hat
von seinen Läusen und Gerüchen.

„Steh' mir bei, steh' mir bei."

Maria mein, Maria mein
ihr seid seine Augen.
Ihr seid erloschen
und da dunkelte er und ging verloren.
Und anstelle der Krücke zog er einen Feuersäbel.

„Steh' mir bei, steh' mir bei."

Doch heute bin ich gelähmt.
Doch heute ist er blind.

Abdul-Wahhab al-Bayyati *(Irak)*

Geboren 1926 in Bagdad. Absolvent des Teachers Training College in Bagdad und neben as-Sayyab und al-Mala'ika einer der frühesten Vertreter der Free-Verse-Bewegung. Spätestens seit dem Gedichtband „Abarik Muhashama" (1954) verstand sich al-Bayyati als sozialistischer Schriftsteller. Seine politische Einstellung zwang ihn zur Emigration in die Ostblockstaaten. Nach dem Sturz der Monarchie 1958 war er in Moskau im diplomatischen Dienst und als Dozent tätig. Es folgten längere Aufenthalte in Wien, in Spanien und anderswo. Zuletzt lebte al-Bayyati in Jordanien. Er starb 1999 in Damaskus, wo er auch beigesetzt wurde.

Das Buch von Armut und Revolution
Für Asma'

1
Aus der Tiefe rufe ich zu dir
vertrocknet ist meine Zunge, verbrannt
auf deinem Mund sind meine Schmetterlinge
Ist dieser Schnee aus der Kälte deiner Nächte?
Ist diese Armut aus der Güte deiner Hände?
Am Tor der Nacht
wetteifert der Schatten der Armut mit meinem
      Schatten
und sie hockt hungrig und nackt auf dem Feld
sie folgt mir zum Fluß
Ist dieser stumme Stein aus meinem Grab?
Ist diese auf den Plätzen gekreuzigte Zeit aus meinem
      Leben?
Bist du's, meine Armut
gesichts- und heimatlos?

Bist du's, meine Zeit?
Dein Gesicht hat den Spiegel zerkratzt
dein Gewissen ist unter den Schuhen der Huren
      gestorben
deine armen Eltern haben dich
an die Toten unter den Lebenden verkauft
Wer verkauft schon etwas an Tote?
Und wer bricht das Schweigen?
Und wer von uns wird der Mutige
seiner Zeit sein, um zu wiederholen, was wir sagten
und wer wird dem Wind zuflüstern
was darauf schließen läßt
daß wir noch leben?
Ist dieser tote Mond ein Mensch
dort überm Mast der Dämmerung, über einer
      Gartenmauer
Bestiehlst du mich
Läßt du mich im Stich?
Ach, heimatlos und ohne Leichentücher
waren wir als Kinder, und es war...
Wäre die Armut ein Mensch
ich brächte sie um und tränke von ihrem Blut
Ach, wäre die Armut ein Mensch.

2
Ich habe den vorüberfahrenden Schiffen
den ziehenden Pelikanen
einer Nacht, die trotz der Sterne regnerisch war
Herbstblättern, Augen
allem, was war und was sein wird
dem Feuer, den Zweigen
der menschenleeren Straße
den Wassertropfen, den Brücken
dem zerborstenen Stern

den alternden Erinnerungen
allen Uhren in dunklen Häusern
dem Wort
dem Pinsel des Malers
dem Schatten und den Farben
dem Meer und dem Kapitän
zugerufen, daß wir brennen
damit aus uns
Funken schlagen, die den Schrei der Revolutionäre
      erhellen
und den Hahn wieder auferwecken, der auf der Mauer
      verendet ist.

3
Erbarmungslos verfolgte er mich
versperrte mir mit Finsternis
die Straßen jener Städte, die sternenlos schlafen
er sah mich an durch mein Glas hindurch
und saß auf dem Stuhl
seine Zeitung verdeckte halb seinen nackten Leib
seine kalte Zigarette
seine Krallen waren in mein Innerstes gegraben
schwarzes Eis und Regenasche
bist du es hinter der Fensterscheibe des Nachtcafés
      im Regen?
Augenlos wie das Schicksal
eilen deine Schritte mir nach
Verfolgst du mich bis vor mein Haus
bist du es, mein Nachbar?
Als wären die Straßen der Städte
Fäden von dir, mein Leichentuch
so setzt du mir nach
hängst mich
ans Fensterkreuz eines Krankenhauses

und von Exil zu Exil
versperrst du mir mit Finsternis
die Straßen jener Städte, die sternenlos schlafen
Ist denn kein Erbarmen in deinem Herzen aus Stein?

4
Ein Fremder war ich daheim und auch im Exil
meine Wunden, die heilen
werden morgen einen Mund aufmachen
um mir Fragen zu stellen
und mich ans Fensterkreuz eines Krankenhauses
        zu kreuzigen
Ach
fern bist du, mein Land
durchs Fenster eines Zuges seh' ich dich
schlummern wie einen Traum
deine Dattelpalmen im Morgennebel
haben mich geweckt
Bist du's, mein Schicksal?
Du ziehst die Wagen und die Toten hinter dir her
und stellst uns auf dem Weg eine Falle und stiehlst
        das Lächeln
und tauchst diese Wälder in Dunkelheit
nestlose Vögel
und du schlägst mit der Schaufel
ans Tor des Morgengrauens
um in den Hotels jener Städte, die mitsamt ihrem
        Frühling sterben
mein Grab zu schaufeln
um meinen Lohn dem Kellner zu geben
der von dir ausgebeutet wird
Meine Armut, du bist reich
die Diebe werden dich bestehlen, ohne daß du
        es merkt.

5
- Hörst du das Krähen des Hahns?
- Ist das die Revolution?
- Du bist ein Engel mit einer Blume auf der Stirn
sprach er zu seinem Nachbarn und miaute wie
        eine Katze
- Als wäre die Nacht eine Gitarre
doch der Sänger schweigt, und sein Himmel ist stumm
        und zerbrochen
und mein Nachbar stößt den Stuhl um
und ertränkt seine Augen lachend in meinem Glas
- Ich verkaufe dir für zwei Groschen den Kopf
        der Venus
und auf Kredit meine Bilder und die Lumpen jenes
        Derwischs dort
- Ich verkaufe dir diese Kerze
steckst du sie an, so tragen dich Flügel aus Wollust
        auf eine Burg hinauf
in der es dem Menschen nie langweilig wird
in der er keinerlei Mühsal verspürt und nicht altert
er verbringt sein Leben in ihrer immerwährenden
        Nacht ohne zu träumen
von Vogelgezwitscher
vom Keimen der Blumen
- Doch Winde werden die Kerze löschen
dann wird diese Burg versinken
- Mein Nachbar wird sich selbst verbrennen
und bleiben wird lichtlos jener lastende Berg
Ach
spricht dieser Fels?
Und wird er morgen den Mund aufmachen
und wird Tropfen um Tropfen das Wasser aus
        ihm rinnen
und über ihm eine Blume sprießen

und werden mich die Nächte des Schweigens ins Café
    führen?
Ein Vagabund ohne Zufluchtsort
läuft er, auf seinen Stock gestützt
durch die Straßen jener Städte, die sternenlos
    schlafen
und verschwindet im Dunkel.

6
Ich sage euch, ich kehre zurück
doch ich bin verbrannt in fernen Hafenstädten
mir wurde schwindlig, mein Fuß ist gestrauchelt
ich bin in die Falle getappt
meine Auszeichnungen und meine Liebesbeweise
sind mir gestohlen worden
und so ist das Gedicht meine einzige Waffe geblieben
in den Städten der Welt, in meinen Häusern allüberall
damit stach ich den Dieben die Augen aus und auch
    den dummen Fröschen
- Wer kauft denn schon ein Gedicht
im Tausch gegen diesen im See des Himmels
auf den hohen Gipfeln versunkenen Mond
im Tausch gegen diesen grünen Regen, diese
    einzigartige Blume?
- Und wer kauft den Dichter frei
aus seiner Gefangenschaft, aus der Finsternis unserer
    Zeit
aus der Sorge ums Schicksal?
- Mein Schicksal ist die Poesie, du gedungener Mörder
- Wer wäscht den Staub von den Fensterscheiben
    dieses schäbigen Hotels?
- Du bist in die Falle getappt
du Zeuge, schwöre ihnen
und wische mit dem Tuch die Sterne ab

es gibt keine Alternative zur Welt
und es führt kein Weg zur Revolution
es sei denn, du schleifst diesen lastenden Berg
- Du bist in die Falle getappt
du solltest auf dem Kopfe gehen und heute nacht
        mit beiden Händen Beifall klatschen
das Fest heute nacht, es wird nicht eitel Freude sein
        und schon gar nicht eine Totenfeier
- Du bist in die Falle gegangen
schreibe uns ein Gedicht
über die Sterne und laß es glücklich enden
- Ich sage euch, ich kehre zurück
doch ich bin verbrannt in fernen Hafenstädten
das Gedicht war meine einzige Waffe
damit stach ich den Dieben die Augen aus und auch
        den dummen Fröschen!

Reisender ohne Gepäck

Ich bin von nirgendwo
gesichts- und geschichtslos, von nirgendwo
unterm Himmel, und im Heulen des Windes höre ich
        sie nach mir rufen: Komm!
Gesichts- und geschichtslos höre ich sie durch die
Täler hindurch nach mir rufen: Komm!
Männer stapfen durch den Morast der Geschichte
zahllos wie Sand
die Erde besteht noch, und mit den Männern
spielt die Sinnlosigkeit des Schattens
der Morast der Geschichte, die traurige Erde und
        die Männer
durch die Täler hindurch

und vielleicht sind Tausende von Nächten an mir
      vorübergezogen
und ich hörte sie im Wind durch die Täler hindurch
- vergebens - nach mir rufen: Komm!
Durch die Täler hindurch.
Ich und die Jahrtausende
ich gähne, gelangweilt und traurig
von nirgendwo
unterm Himmel
ohne Hoffnung stirbt in meinem Inneren meine Seele
Ich und die Jahrtausende
ich gähne, gelangweilt und traurig
Ich werde sein! Sinnlos, ich werde immer einer
      von nirgendwo bleiben
bin gesichts- und geschichtslos, von nirgendwo
Das Licht prallt gegen mich und von weitem der Lärm
      der Stadt
Der Atem des Lebens ebnet diesem wieder den Weg
      neuer Überdruß
stärker als der beharrliche Tod
neuer Überdruß
und ich gehe ziellos umher, und Jahrtausende...
Auf den Reisenden wartet nichts, nur seine traurige
      Gegenwart
Schlamm und Lehm
und Augen von Tausenden von Heuschrecken und
      von Jahren
es taucht die Stadtmauer auf, welchen Nutzen erhoff'
      ich
von einer Welt, die noch immer besteht
mit ihrem häßlichen Gestern
die noch lebt und nicht sagt: Wohlan
Sie lebt von Leichen mit parfümierten Stirnen
der Atem des Lebens

der Atem des Lebens ebnet diesem wieder den Weg
neuer Überdruß
stärker als der beharrliche Tod
unterm Himmel
ohne Hoffnung
stirbt in meinem Inneren meine Seele
wie eine Spinne
meine Seele stirbt
und auf der Mauer
saugt mir das Licht des Tages
die Jahre aus und spuckt sie aus als Blut, das Licht
     des Tages
der für mich nie eingetreten ist
Die Türe wurde geschlossen! Dieser Tag
ist für mich nie eingetreten
Ich werde sein! Sinnlos, ich werde immer
einer von nirgendwo bleiben
gesichts- und geschichtslos, von nirgendwo.

Der kommt und der nicht kommt

Aischa' ist tot, doch ich sehe sie noch im Dunkel
     umhergeh'n
Sie harrt des Kavaliers, der aus Syrien kommen wird
- Oh du blinde Fliege
verstelle mir und Aischa' nicht das Licht, du Greisin
- Der Wein aus jener Taverne ist gepanscht
du hast dich gratis betrunken
und die Würmer sind dir auf deine triste, umdüsterte
     Stirn gekrochen
und die Augen sind ausgetrocknet
- Mein Herr, nur der Einzige, der Immerwährende
     und diese Sterne dort werden bleiben

Alles ist falsch und nur Wind
- Aischa' ist tot, doch ich seh' sie noch so, wie ich
        dich sehe
sprach sie und gab mir die Hand: Ich liebe dich
und es lächelte der Engel
Magst du regnen, oh Wolke
wo immer du willst, denn morgen wird Nissabur
        grünen
Aischa' wird wiederkommen zu mir aus ihrem
        verlassenen Grab
wird meine Wangen liebkosen und Steine
        und Knochen benetzen
- Der kommt und der nicht kommt, ich sehe ihn
        zu mir kommen und sehe ihn nicht
Seine Hände haben mir Zeichen gegeben
vom Todesgestade, das anfängt, wo das Leben beginnt
Wer hat an dieser Mauer geweint?
Hunde aus der Vision eines verzauberten Zauberers
die in der Dunkelheit bellen
oder einer mit abgestorbenen Wurzeln
die im Innern der Erde ihrer Auferstehung
        entgegensehen?
- Wer hat an dieser Mauer geweint?
Der Wind vielleicht, der dem, der kommt und der
        nicht kommt, vorauseilen wird.
Vielleicht wird ein Dichter geboren werden, oder es
        wird einer sterben.

Sterben im Herbst

Deine Augen schweifen in der Herbstnacht hinaus in
      die Weite
was verbirgt sich da hinter dem roten Hügel außer
      Eichen
und weinenden Wolken, einem Schornstein und einer
      Taverne
an deren Fenster haben aus irgendeinem Grunde
      zwei Vögel
ein Nest aus Blut und Rauch gebaut
und du bist wie der liegende Traum, verwelkt mit
      blutendem Herzen

                   * * *

Du Schweigender, sprich, während der Wind
      in der Dunkelheit heult
sprich, und sei es nur eine Silbe! Was hat das Sprechen
      für einen Sinn?
Wenn der Kellner eingenickt war und es tobte
      der Wein
und es erklang das Totengeläut
im Abgrund der uralten Ewigkeit, da schliefst
      du lächelnd
und auf deiner Stirn, oh Gefährte der Morgenröte, war
      eine Dämm'rung aus Frieden.

                   * * *

Du Schweigender, sprich, während der Wind die
bleichen, frierenden Eichen peitscht
und dein Freund, der Stieglitz, die Waffen streckt
vom frischen Blut der Wunden gefärbt, mit
      abgeschnittenen Flügeln
sprich, und sei es nur eine Silbe!
Vielleicht leuchtet dann Wein im Glas

und vielleicht hat der Verkünder des Todes Mitleid,
wenn er
diese Wunden heilen sieht, doch es heilt nicht die
Sehnsucht nach dem Morgen in deinen Augen.

* * *

Die Sonne scheint, und der Herbst auf den Hügeln
sammelt die Säume der Wolken
und die Strähnen der Eichen liegen verstreut auf der
Erde
und da tönt der Gesang einer Lerche, so als wäre sie
eine Gitarre im Herzen des Waldes
als wäre sie durch tausend Türen gegangen
durch die Herbstnacht, und Jugendlichkeit
kehrt zurück auf die Erde.

Boland al-Haidari *(Irak)*

Wurde 1926 in Bagdad geboren. Besuchte nur bis zur mitt-leren Reife die Schule. Rebellierte zunächst gegen sein soziales Umfeld, bekleidete dann aber etliche Ämter in Kunst und Kultur. Al-Haidari, der 1998 in London gestorben ist, wird unter den vier Autoren genannt, mit denen die moderne arabische Poesie nach dem Zweiten Weltkrieg ihren Anfang nahm.

Der Postbote

Postbote
was willst du hier...?
Ich lebe fernab der Welt
du hast dich sicher geirrt...
denn da ist nichts Neues
das die Welt diesem Ausgestoßenen schicken könnte

Sie ist noch
wie sie war
sie träumt
oder trägt zu Grabe
oder ruft in Erinnerung
und die Menschen haben immer noch ihre Feste
und ein Begräbnis, das ein Fest mit dem andern
            verbindet
ihre Augen wühlen in ihren Köpfen
nach einem weiteren Knochen für einen neuen
            Hunger
und für China ist von seiner Großen Mauer
noch eine verlöschende Legende übrig
und eine Zeit, die sie wiederbringt

und noch immer hat die Welt ihren Sisyphus
und einen Felsen
der nicht weiß, was er will!

Postbote
du hast dich sicher gerirrt...
Da ist nichts Neues
und geh' auf demselben Weg zurück
der dich so oft hierher geführt hat
und wir haben es gar nicht gewollt!

Die achte Reise

Lösch' deine beiden Lichter... und laß uns ertrinken
        Leuchtturmwächter
denn das Träumen in deinem blauen Labyrinth
hat den Seemann erschöpft
da wünschte er sich, die Geschichte
des Seemanns möge zu Ende gehen
die Geschichte des Umherstreifens auf den Meeren
die Geschichte der Perlen
der Korallen
und der Muscheln
und er wünschte sich zu ertrinken
drum lösche für ihn die Lichter
lösche sie und sei unbesorgt
überlaß ihn der Strömung
er bringt den Tiefen, was es im Traum an Tiefen gibt
er bringt den Perlen, den Korallen
und den Muscheln
all die Geschichten von Dürre
von einer Welt, die ohne Herz existiert
von einem Sünder

der in der Reue nach einer Sünde sucht
Leuchtturmwärter

Überlaß ihn der Strömung
er bringt den Tiefen, was er an Tiefen
in seinen Händen
in seinen Augen hat
er bringt den Meeren
und ihren unbetretbaren Labyrinthen
die Bitterkeit, auf den Meeren verirrt zu sein
die Bitterkeit der Langmütigen
drum laß ihn
sei unbesorgt.

Er sagte etwas zu uns

Gestern
ist er hier vorbeigekommen
er sagte etwas und ging hier vorbei
da keimte in unserem Dorf
eine Morgendämmerung auf
Wünsche reiften
unsre Reben erwachten
um sich üppig zu neigen
in Liebe
in Schatten
und in Früchten
Gestern
ist er hier vorbeigekommen
er sagte etwas und ging hier vorbei
In seinem Blick
ein Versprechen
und ein Donner

in seinem Lächeln
und in seiner Faust
eine Wunde und Schmerzen, um
eine Feuersbrunst zu entfachen
für die Erde
für die Geschichte
für die Welt... für uns

Gestern
ist er hier vorbeigekommen
er sagte etwas etwas und ging hier vorbei
an den Füßen
seine Ketten
in seinen Augen
sein Kampf
in seinem Herzen sein Hoffen
und was er besitzt, gehört den Menschen
wie Früchte der Welt

Und eines Morgens
wenn in unserm Dorf die Kinder tollen
und eines Morgens
wenn in unsern Häusern die Lichter angehen
werden aus unserem Leben
tausend Hände sich recken
tausend Münder tönen
Gruß an einen, der gestern
vorbeikam
der hier vorbeiging
er hinterließ uns etwas und ging vorbei.

Einsamkeit

1

Das Telefon läutet... und läutet...
- Wer bist du?
- Und du?
- Du hast dich verwählt
... und der Hörer stirbt in meiner Hand

2

... Und das Telefon läutet
läutet... läutet... und läutet
- Wer bist du?
- Ich bin du
- Du hast dich verwählt, denn wir sind zwei
und stammen aus zwei farblosen Ecken der Welt
und ich weiß nicht, wer du bist
du hast dich verwählt
... und das Schweigen vertrocknet
und der ungeduldige Tod im Hörer
stöhnt... stöhnt
Wer sind wir... wer sind wir.. Wer sind w...?

3

... Und das Telefon läutet
... läutet... läutet... läutet... läutet
- Wer bist du?
- Ich bin du
- Du hast dich verwählt... und verwählt...
        und nochmals verwählt
- Nein, ich bin nicht du
- Und ich weiß nicht, wer sind w...
sind wir zwei
eine Generation... oder zwei

zwischen denen die Zeit sich erstreckt
- Ich verstehe nicht, was du meinst
- Ich schon... ich werde mich weiter am Hörer streiten
Ich werde weiterhin da sein, weil ich
nach einer Stimme von mir suche
gefangen im Schweigen des Hörers
im Tod des Hörers.

4
- Du hast dich verwählt... verwählt und
            nochmals verw...
... und beide Stimmen sterben im Hörer.

5
Und das Telefon läutet
... läutet... läutet... läutet... läutet... läutet
Generationen gehen zugrunde in meinem Ohr
. . . .
Nichts von mir und nichts von dir
wer sind wir... wer sind wir...

Zwei Stimmen, sterbend auf Schnee, der versteckt ist
            im Hörer.

Badr Shakir as-Sayyab *(Irak)*

Geboren 1926 in dem südirakischen Dorf Djaikur. Studium am Teachers Training College in Bagdad. Angesehenster Vertreter der Free-Verse-Bewegung, die mit den klassischen Regeln der Prosodie brach, und wie al-Mala'ika einer ihrer Begründer. As-Sayyab wurde stark von der Dichtung T.S. Eliots und Edith Sitwells beeinflußt. Er arbeitete als Lehrer, wurde jedoch wegen seines politischen Engagements für die Kommunisten während seiner Studienzeit mehrmals aus dem Staatsdienst entlassen. 1953 Flucht nach Kuwait und ein-jähriges Exil. Mitarbeit an der 1957 gegründeten Lite-raturzeitschrift „Shi'r". As-Sayyabs Bekanntheit als Lyriker und seine schwankende politische Haltung ließen ihn immer wieder in die Mühlen der Tagespolitik geraten. Seit Ende der 50er Jahre litt er an fortschreitenden Lähmungserschei-nungen. Er starb am 24.12.1964 in Kuwait.

Die Regenhymne

Deine Augen sind zwei Palmenhaine im Morgenrot
Zwei Balkone, von denen der Mond sich entfernt
Wenn deine Augen lächeln, belaubt sich der Wein
Und Monden gleich tanzen die Lichter im Fluß
Sanft kräuselt ihn das Ruder im Morgenrot
Als pulsierten die Sterne in der Tiefe deiner Augen...

Sie tauchen in Nebel aus transparenter Trauer
Wie das Meer, über welches der Abend seine Hände
      breitet
Mit seiner Winterwärme und dem Zittern
      des Herbstes
Mit Tod, mit Geburt, mit Dunkel, mit Licht
In meiner Seele erwacht ein bebendes Schluchzen

Und ein wilder Taumel, der den Himmel umschlingt
Wie der Taumel des Kindes, wenn es Angst vor dem
        Mond hat!
Als tränken die Bögen der Wolkenmasse die Wolken
Und lösten sich Tropfen für Tropfen in Regen auf...
Unter den Weinlauben kichern die Kinder
Und das Schweigen der Sperlinge auf den Bäumen...
Sacht tröpfelt die Regenhymne auf...
Regen...
Regen...
Regen...
Der Abend gähnt und immer noch
Vergießen die Wolken ihre schweren Tränen
Als ob ein Kind vor dem Einschlafen stammelte
Seine Mutter - als es vor einem Jahr erwachte, fand es
        sie nicht
Und als es fragte, sagte man ihm:
„Übermorgen kommt sie zurück..." -
Werde ganz sicher wiederkommen
Obwohl die Spielkameraden flüstern
Sie schlafe den Schlaf der Toten dort drüben am Hang
Und schlucke Staub und trinke Regen
Als ob ein trauriger Fischer die Netze einholte
Als ob er Wasser und Schicksal verfluchte
Und dort, wo der Mond versinkt, streut er
        seinen Gesang
Regen...
Regen...
Weißt du nicht, welche Trauer der Regen bringt?
Wie die Rohre schluchzen, wenn er niederprasselt?
Wie der Einsame sich in ihm verloren fühlt!
Endlos - wie das vergossene Blut, wie die Hungernden
Wie die Liebe, die Kinder, die Toten - so ist der Regen!
Deine Augen geleiten mich durch den Regen

Und Blitze streichen mit Sternen und Muscheln
Über die Wogen des Golfs an die Küsten Iraks
Als ob sie aufzucken wollten
So spannte die Nacht ein Laken aus Blut über sie
Ich schreie den Golf an: „Oh Golf
Du Spender von Perlen, Muscheln und Verderben"
Schluchzend tönt das Echo zurück:
„Oh Golf
Du Spender von Muscheln und Verderben..."

Fast höre ich, wie der Irak den Donner verwahrt
Und Blitze aufhebt in den Bergen und Ebenen
Damit die Winde
Im Tal keine Spur von Thamud* übriglassen
Wenn die Männer ihr Siegel erbrechen
Fast höre ich, wie die Palmen den Regen trinken
Höre die Dörfer ächzen, und die Auswanderer
Die mit Ruder und Segel gegen Stürme und Donner
        des Golfes kämpfen
Höre ich singen:
„Regen...
Regen...
Regen...
Und im Irak herrscht Hunger
Die Erntezeit streut den Ertrag
Als Futter den Raben und Heuschrecken hin
Und die Handmühlen mahlen Stroh und Steine
Von Menschen umstanden, drehen sie sich auf den
Feldern
Regen...
Regen...
Regen...
Und wieviele Tränen haben wir in der Nacht
        vor der Abfahrt vergossen

Und wir haben - aus Angst vor Tadel - den Regen
vorgeschoben...
Regen...
Regen...
Seit unsern Kindheitstagen
Pflegt der Himmel sich winters mit Wolken
zu überzieh'n
Und der Regen strömte
Doch jedes Jahr - wenn die Erde ergrünte -
Hungerten wir
Kein Jahr verging im Irak ohne Hunger
Regen...
Regen...
Regen...
Jeder Tropfen Regen birgt als Keim
Das Rot und das Gelb der Blumen
Jede Träne der Hungernden und der Nackten
Jeder vergossene Tropfen vom Blut der Sklaven
Ist ein Lächeln in Erwartung eines neuen Mundes
Oder eine Brust, die sich rötet am Mund des Säuglings
In der jungen Welt des Morgen, der Spenderin
des Lebens!
Regen...
Regen...
Regen...
Grün sein wird der Irak vor Regen..."

Ich schreie den Golf an: „Oh Golf
Du Spender von Perlen, Muscheln und Verderben"
Schluchzend tönt das Echo zurück:
„Oh Golf
Du Spender von Muscheln und Verderben"
Der Golf, er streut seine vielen Gaben
Auf den Sand: bittere salzige Gischt, Muscheln

Und die Reste des Skeletts eines elend Ertrunkenen
Der war einer der Auswanderer, die das Verderben
    tranken
Vom Grunde und aus den Tiefen des Golfs
Im Irak aber schlürfen tausend Schlangen den Nektar
    einer Blume
Die der Euphrat nährt mit Tau
Und ich höre das Echo
Tönen am Golf:
„Regen...
Regen...
Regen...
Jeder Tropfen Regen birgt als Keim
Das Rot und das Gelb der Blumen
Jede Träne der Hungernden und der Nackten
Jeder vergossene Tropfen vom Blut der Sklaven
Ist ein Lächeln in Erwartung eines neuen Mundes
Eine Brust, die sich rötet am Mund des Säuglings
In der jungen Welt des Morgen, der Spenderin
    des Lebens."

Und der Regen strömt...

*ausgestorbener arabischer Stamm

Stadt ohne Regen

Ein flammenloses Feuer läßt die Nacht unsrer Stadt
    nicht schlafen.
Ihre Straßen und Häuser fiebern, dann weicht
    das Fieber
Und der Sonnenuntergang färbt die Stadt mit allen
    Wolken, die auf ihr lasten.

Wenig später will gerade ein Funke auffliegen, da
erheben sich ihre Toten:
„Tammuz* erwacht unterm Weinlaubendach
aus seinem irdischen Schlaf...
Er erwacht, kehrt zurück ins grüne Babylon, um es zu
beschützen."
Und wenig später sollen gerade Babylons Trommeln
geschlagen werden, da übertönt sie
Das Pfeifen des Winds in den Türmen und das
Wimmern der Kranken.
Und in Ischtars* Gemächern
Bleibt leer das Opferbecken, ohne Feuer
Und die Anrufung steigt empor, als schrieen
die Kehlen
Aller Schilfrohre der Sümpfe:
„Hechelnd vor Erschöpfung
Kehrt die Göttin des Blutes zurück, Babylons Brot,
die Sonne des März.
Und wir, Fremdlingen gleich, irren von Haus zu Haus
Bittend um ihre Gaben.
Wir hungern... was für ein Leid!... Ischtars Hände
sind leer
Ihre Augen unerbittlich
Und kalt wie Gold.
Wir haben Jahr für Jahr damit verbracht
Nach donnernden, blitzenden Wolken, die nicht
regnen, Ausschau zu halten
Und der Wind glich einem Orkan, doch er zog nicht
wie ein Orkan vorbei
Und ließ nicht nach - wir fürchten ihn beim
Schlafengehen und beim Erwachen
Oh unsre erbarmungslos blickenden Götter
Eure steinernen Augen, wir spüren, wie sie
im Dunkeln rollen

Um uns zu steinigen, ohne Haß
Sie drehen sich, als ob sie langsame Mühlsteine
    wären, die unsre Lider zermalmen...
Bis wir uns an sie gewöhnt haben
Sind eure steinernen Augen wie die Ziegel
    der Mauern
Die wir errichtet haben mit unsern Händen und
    allem, was Hände nicht schaffen können.
Unsre Jungfrau'n, traurig, gedankenverloren, stehen
    um Ischtar
Aus deren Antlitz allmählich das Wasser weicht.
Und Zweig für Zweig verdorrt der Weinstock.
Zwischen Licht und Dunkel ist unser schleppender
    Tod
Weh ihm, dem Löwen, dessen zahnloses Maul
    wir ertragen!
Brennt das Feuer des Blitzes oder die Fackel des
    Tempels in seinen Augen?
Sind in ihnen zwei Räuchergefäße, für Ischtar
    entzündet?
Sind sie zwei Fenster aus dem Reich dieser schwarzen
    Welt?
Aus dieser Welt, in die er, der Tod, alljährlich
    seine brennende Wunde trägt
Die Wunde der sich drehenden Welt, von dort
Kommt alljährlich sein Erlöser und Retter mit Blumen
    und Regen -
Verwunden uns seine Hände, damit wir durch sie
    erwachen?
Doch die Jahre gingen ins Land, wir haben sie oft
    gezählt!
Kein Regen... nicht ein Tropfen
Keine Blume... nicht eine Blüte

Keine Früchte - als wären die kahlen Palmen
        Götzenbilder, von uns errichtet
Um unter ihnen dahinzusiechen und zu sterben.
Unser Herr, er hat uns verlassen. Ach, du sein Grab
Ist denn kein Krug in deiner lehmigen Erde?
Findet sich in ihm kein Tropfen vom Blut des Gottes
        oder ein Samenkorn?
Seine Gärtchen, die wir gestern geplündert haben,
        als uns der Hunger quälte:
Wir haben aus den Ameisenbauten, aus ihren
        Vorratskammern
Hirse und Hafer gestohlen und die Spreu gesät.
So brachten wir unser Dankopfer dar, doch er hat es
        uns nicht vergolten!"

Und Babylons Kinder brachen auf und trugen Körbe
        mit Feigenkakteen
Und Früchte aus Ton als Opfergaben für Ischtar
Das Zucken des Blitzes entfachte
Mit einem der Schatten des Wassers, des Grüns und
        des Feuers
Ihre kleinen runden Gesichter, die Regen erflehten
Damit bald - noch während sie strahlten - ein Meer
        von Blüten aufleuchte
Und es flatterte ihr kleiner Bittgesang
So als würden tausend Falter über den Horizont
        gestreut:
„Die Gräber unsrer Brüder rufen nach uns
Und unsre Hände suchen dich
Denn Angst erfüllt unsre Herzen, und die Märzwinde
Schaukeln unsere Wiegen, da fürchten wir uns.
Und die Stimmen rufen uns zu sich.
Hungrig und zitternd sind wir im Finstern

Und suchen nach einer Hand in der Nacht,
        die uns nährt, die uns zudeckt
Wir schließen mit ihrem nackten Arm unsere
        schweifenden Augen
Und suchen, Ischtar, im Dunkel nach dir, nach zwei
        Brüsten, nach einer Brustwarze dort
Oh du, deren Brust der weite Himmel, deren Busen
        die Wolke ist
Du hast unser Schluchzen gehört, hast gesehen
        wie wir starben... so gib uns zu trinken!
Wir sterben, und du - welch ein Unglück - bist
        gnadenlos hart.
Oh ihr, unsre Väter, wer kauft uns frei, wer gibt uns
        das Leben zurück?
Und wer wird sterben: sein Fleisch uns als Speise
        auftischen?"
Und der Himmel blitzte, als erblühte
Eine Feuerlilie hoch über Babylon, und unser Tal
        wurde hell
Und eine Flamme stieß in die Tiefe unserer Erde
        hinab und entkleidete sie
Mitsamt allen Keimen und Wurzeln, mitsamt allen
        Toten.
Und hinter dem, was Babylon rings um sein Fieber
Und seinen dürstenden Boden an Säulen und Mauern
        errichtet hatte
Regneten sich die Wolken aus... und wären nicht
        diese Mauern gewesen, so hätten sie
        die Stadt getränkt!
Und andächtig lauschend zwischen Donner
        und Donner
Hörten wir unter den sich verströmenden Wolken
        das Rauschen der Palmen nicht

Nicht das Flüstern des Windes in den nassen hohen
    Bäumen
Sondern hörten das Platschen von Füßen und Händen
Und das Kichern und das „Ach" eines kleinen
    Mädchens, dessen rechte Hand
Nach dem Mond griff, der flatterte wie
    ein Schmetterling, oder nach einem Stern...
Nach einer Spende der Wolke
Nach dem Gekräusel des Wassers, dem eine Brise
    einen Tropfen einflüstert
Damit wir wissen, daß Babylon von seinen
    Sünden reingewaschen wird!

*babylonischer Gott der Unterwelt und der Fruchtbarkeit
** weibliche babylonische Hauptgöttin

Der Fluß und der Tod

1
Buwaib...
Buwaib...
Glocken eines Turmes, auf den Grund des Meers
    gesunken
Das Wasser in den Krügen, das Abendrot zwischen
    den Bäumen
Und Glocken aus Regen rinnen aus Krügen
Wimmernd schmilzt ihr Kristall
„Buwaib... oh Buwaib!"
Und tiefschwarz braut sich in meinem Blut
Die Sehnsucht nach dir, oh Buwaib, zusammen
Oh mein Fluß, traurig wie der Regen
Ich wär' gern im Dunkel umhergelaufen Hätte gern
die Fäuste geballt, die eines Jahres Verlangen

In jedem Finger tragen, so als trüge ich Opfergaben zu
        dir Weizen und Blumen
Ich hätte gern von der Höhe der Hügel herab
Zugeseh'n, wie der Mond
Zwischen deinen Ufern watet, Schatten sät
Und die Körbe mit Wasser
Fischen und Seerosen füllt
Ich wäre gern in dir gewatet, dem Mond nacheifernd
Hätte gerne am Grund dem Klickern deiner Kiesel
        gelauscht
Als seien sie tausend Vögeln in Bäumen
Bist du ein Wald aus Tränen, oder bist du ein Fluß?
Und die wachenden Fische, schlafen sie in der
        Morgendämm'rung?
Und diese Sterne, warten sie immer noch
Und füttern Tausende von Nadeln mit Seide?
Und du, Buwaib...
Ich wäre gern in dich gesunken, hätte gern Muscheln
        gesammelt
Und aus ihnen ein Haus gebaut
Worin das Flimmern von Mond und Sternen
Das Grün des Wassers und das der Bäume erhellt
Ich wäre gerne in dir mit der Ebbe ins Meer gegangen
Denn der Tod ist eine seltsame Welt, verlockend für
        die Kleinen
Und die Geheimtür zu ihm war in dir, oh Buwaib...

2
Buwaib... oh Buwaib
Zwanzig Jahren sind nun vergangen, ein jedes wie
        eine Ewigkeit
Und heute, wenn es dunkelt
Und ich schlaflos auf meinem Lager liege
Schärfe ich meine Sinne: ein Baum im Morgengrauen

Mit nervigen Zweigen, Vögeln und Früchten -
Ich fühle das Blut und die Tränen
Die trauernde Welt vergießt sie wie Regen:
In meinen Adern lassen Totenglocken ihr Geläut
      erzittern
Und tiefschwarz braut sich in meinem Blut
Die Sehnsucht nach dem plötzlichen Eis einer Kugel
      zusammen
Das die Tiefen meiner Brust aufreißt, so wie die Hölle
      die Knochen versengt
Ich wäre gern losgegangen, um den Kämpfenden
      beizusteh'n
Hätte gerne die Fäuste geballt, gern auf das Schicksal
      eingeschlagen
Ich wäre gerne bis auf den Grund meines Blutes
      gesunken
Um mit den Menschen zusammen die Bürde zu tragen
Und das Leben wieder aufzuwecken
Dann wäre mein Tod ein Sieg!

Christus nach der Kreuzigung

Nachdem sie mich vom Kreuz genommen hatten,
      hörte ich die Winde
Wie sie in einer langen Klage durch die Palmen
      wehten
Und Schritte, die sich entfernten
Also haben mich die Wunde und das Kreuz nicht
      getötet
An das ich den ganzen Abend genagelt war
Ich lauschte: Das Heulen lief über die Ebene hin
Zwischen mir und der Stadt, wie ein Tau
Das das Schiff hält, während es sinkt

Die Klage war wie ein Faden aus Licht
Zwischen Frühe und Finsternis am traurigen
　　　Winterhimmel.
Mit diesen Gefühlen sank die Stadt in Schlaf.

Wenn Maulbeere und Orange blühen
Wenn Djaikur sich ausdehnt bis an die Grenzen
　　　der Phantasie
Wenn es grün wird vom Gras
Das seine Düfte besingt und die Sonnen,
　　　die es säugten mit ihrem strahlenden Glanz
Wenn selbst Djaikurs Finsternis ergrünt
Berührt Wärme mein Herz, und mein Blut
　　　fließt in Djaikurs Erde
Mein Herz ist die Sonne, wenn die Sonne Licht pumpt
Mein Herz ist die Erde, sie pumpt Weizen
Blumen und klares Wasser
Mein Herz ist das Wasser, mein Herz ist die Ähre
Deren Tod ist Auferstehung: Sie lebt, indem sie
　　　verzehrt wird
In dem Teig, der sich ründet
Wie eine geformte kleine Brust, wie die Brust
　　　des Lebens
Ich starb ich den Feuertod:
Das Dunkel meines Lehms verbrennend, und so blieb
　　　nur Gott
Ich war Anfang, und am Anfang war der Arme
Ich starb, auf daß in meinem Namen das Brot verzehrt
　　　wird, auf daß man mich sät zur rechten Zeit
Wieviele Leben werde ich leben: denn in jedem
　　　Saatloch
Bin ich Zukunft, bin Keim

Bin ein Geschlecht von Menschen, in jedem Herz ist
        mein Blut
Ein Tropfen davon oder der Teil eines Tropfens.

So kam ich zurück, und Judas erbleichte, als er mich
        sah...
Denn ich war sein Geheimnis
Als hätte sich vor mir ein Schatten geschwärzt und als
        wäre in ihm die Statue eines Gedankens
Gefroren und als wär' ihr die Seele geraubt.
Er fürchtete, daß sie den Tod im Wasser seiner Augen
        verriete...
(Seine Augen waren ein Fels
Er verbarg darin vor den Menschen sein Grab.)
Er fürchtete ihre Wärme, das Unausdenkliche, und
        verriet sie.
„Bist du es? Oder ist es mein Schatten, weiß geworden
  und zu Licht zerstoben?
Kommst du aus dem Reich der Toten? Denn der Tod
ist etwas, das einem nur einmal widerfährt
So sagten unsre Väter, so lehrten sie uns. War das die
        Unwahrheit?"
So dachte er, als er mich sah, und verriet es mit einem
        Blick.

Füße, die laufen, Füße, Füße
Das Grab stürzt fast ein vom Getrappel der Schritte
Sind sie gekommen? Wer sonst?
Füße, Füße, Füße...
Ich hab' mir einen Stein auf die Brust gewälzt
Haben sie mich nicht gestern gekreuzigt? Hier bin ich
        in meinem Grab
Mögen sie kommen, ich liege in meinem Grab.
Wer weiß schon, daß ich... ? Wer weiß schon?

Und Judas' Gefährten, wer wird glauben, was sie
      sagen?
Füße... Füße.

Da lieg' ich nun nackt in meinem dunklen Grab
Gestern, eingerollt, war ich noch wie eine Ahnung,
      wie eine Knospe
Unter meinem Leichentuch aus Schnee
Blühten die Blutblumen
Ich war wie der Schatten zwischen Nacht und Tag
Dann zersprengte ich meine Seele zu Schätzen
      und legte sie frei wie Früchte.
Als ich meine Tasche zu einer Windel und meinen
      Ärmel zu einem Laken zerschnitt
Als ich eines Tages mit meinem Fleisch die Knochen
      der Kleinen wärmte
Als ich meine Wunde entblößte und die anderen
      Wunden verband
Da barst die Mauer zwischen mir und Gott.

Die Soldaten fielen auch über meine Wunden
      und Herzschläge her
Sie fielen her über alles, was nicht tot war, selbst auf
      dem Friedhof
So wie ein Schwarm von hungrigen Vögeln
      in einem verlassenen Dorf
Über eine Früchte tragende Dattelpalme herfällt - so
      fielen sie über mich her.
Die Augen der Gewehre verschlingen meinen Weg
Weit offen träumt ihr Feuer von meiner Kreuzigung
Doch selbst wenn sie aus Eisen und Feuer wären, die
      Augen meines Volkes sind
Aus himmlischen Lichtern, aus Erinnerung und Liebe

Und tragen meine Last, dann betaut sich mein Kreuz
Wie klein ist doch jener Tod, mein Tod, und wie groß!

Als sie mich angenagelt hatten und mein Blick auf die
      Stadt fiel
Erkannte ich die Ebene, die Stadtmauer und den
      Friedhof kaum:
So weit das Auge reichte, war da etwas wie blühender
      Wald
Allenthalben standen Kreuze und trauernde Mütter.
Gelobt sei der Herr!
Das waren die Geburtsweh'n der Stadt.

Lamia Abbas Imara *(Irak)*

Geboren 1927 in Bagdad. Studierte arabische Literatur-geschichte am Teachers Training College in Bagdad. War 1958 an der Gründung des irakischen Schrifstellerverbandes beteiligt. Arbeitete als Lehrerin und bei der irakischen UNESCO-Vertretung in Paris. Lebt heute in den USA.

Deine hohle Hand

Ist das deine hohle Hand
oder sind es die Regengötter?

Oder sind es duftende Blumen
von den Mondinseln?

Al-Tieb*

Mein Dorf ist lautere Sehnsucht und Frieden.
Mein Großvater lebte dort und übergab mir die Stadt.
Mein Dorf blieb traurig, eine tönerne Schrifttafel
in einem fernen Museum und ein Zierde.

Seit Ewigkeiten hab' ich es nicht mehr besucht
Nach Ewigkeiten
ist mein Sohn als Soldat dorthin gegangen
er fand nur Zelte vor.

*kleines Dorf im Irak

Das Reisespiel

Ich verreiste...
Und dann?
Ich nächtigte in großen Hotels
ich lief mit den Touristen über die Märkte
und durch die vielen Museen.
Ich saß in Straßencafés
Und dann?
Ich roch den Duft des Meeres.
Ich lief über den Sand.
Ich war elegant gekleidet
und Frauen und Männer drehten sich nach mir um.

Ich lief wie die Touristen in der Sonne umher.
Ich trug am Band des Schlüssels die Nummer meines
        Zimmers.
Dann kam ich zurück... Und dann?

Eine Nummer bin ich
in dem großen Hotel
an das Band des Schlüssels gehängt.
Allein bin ich in meinem bitteren Schweigen
kein Unterschied ist zwischen Abend und Morgen.

Ich hab' ein gefährliches Spiel geliebt, sein Name
        ist Reisen.
Zuerst hab' ich's auf Landkarten und Bildern gespielt.
Ich bin seiner überdrüssig...
Es hat mich enttäuscht
es hat keinen Reiz mehr.
Ich habe den Spaßan Abschied und Wiedersehen
        verloren.
Und da bin ich nun

hab' keinen Platz auf der Erde
bin ohne Schatten
wie ein am weiten Himmel verlorener Stern.

Die entlegenen Wünsche

Ich liebe dich, du weißt es, und ich weiß es
wir träumen von den entlegenen Wünschen.
Ich weiß es
du weißt nicht
daß du rasch endest
mit dem Ende des Gedichts.

Die Gebote

Jedes „Nein" wird zu „Ja"
per Gesetz.
„Du sollst nicht lügen!"
Lüge... Halte fest an der Lüge, schreibe sie auf.
Ihr werden Glieder und Augen wachsen.

"Du sollst nicht stehlen!"
Stiehl mit Geschick
und gib vom Gestohlenen öffentlich ein wenig
als Almosen für die Armen.

„Du sollst nicht ehebrechen!"
Heirate, laß dich scheiden und heirate wieder...
Hüte dich vor Geschlechtskrankheiten
deine Ausrede ist: Verführung durch den Teufel
und die menschliche Schwäche.

„Du sollst nicht töten!"
Töte, doch ohne Zeugen
oder führ' Krieg
denn Töten an den Stätten des Ruhms heißt Ewigkeit.

„Du sollst kein falsches Zeugnis ablegen!"
Doch, sei ein falscher Zeuge!

„Du sollst nicht plündern!"
Plündere, raube und töte, solange
es Advokaten gibt.
„Entschuldigung, das ist Unrecht
wir verteidigen mit dem Gesetz das Recht."
„Das Recht!
Wo ist da Recht, wo jeder Rechtsstreit
        zwei Anwälte hat?
Die Münze hat zwei Seiten
so auch das Recht
und die Freiheit."

Aus dem Arabischen von Suleman Taufiq

Shauqi Bagdadi *(Syrien)*

Geboren 1928 in Banyas. Studium an der Universität Damas-
kus. Arbeitete dann als Gymnasiallehrer und bei der Gewerk-
schaft. Stand seinerzeit der Kommunistischen Partei nahe.
Außer Lyrik hat Bagdadi Kurzgeschichten veröffentlicht.

Ein Mann ohne Ohren

Die Arbeiter lauschten der Rede
zum Nationalfeiertag
sie glühten.
Der Widder stand auf
er tanzte seinen Tanz
die Menge war aufgebracht.
Dann stand der Sufi auf
er erschauderte
und rief: Das ist euer Paradies.
Die Flüsse flossen ihm über die Füße
und kühlten sie ab.

Es gab einige unter ihnen, die zögerten.
Am Strand
erschienen dann
auf dem Schauplatz andere Farben
für Männer ohne Ohren
aber... mit Augen.

Beim Festmahl der Freiheit

Die Tribüne ist hoch und breit
und der Redner füllt sie
mit Tellern voll gegrilltem Fleisch
und gebratenen Fischen
mit Wasser- und Honigmelonen
mit frisch gepflückten Feigen
und mit reifen Pfirsichen auch.
„Wie lautet das heutige Thema?"
Und er beginnt höchst appetitlich:
„Sehr geehrte Herren
der erste Teller handelt vom Verlust der Freiheit
von der Notwendigkeit zu essen
und die Fesseln der Freiheit mit den Zähnen
          zu zerreißen.
Denn die Freiheit
ist einem Obstgarten ähnlich
und nicht einem Bad
im Grunde ähnelt sie einem Feld
bepflanzt mit nationalen Süßigkeiten.
Denn die Freiheit
          denn die Freiheit..."
Und die Menge der Zuhörer krempelt die Ärmel auf
          sehnige Arme entblößend?
um sich fürs Sterben zu rüsten
fürs Festmahl der Freiheit.

Der Morgen

Ich machte die Haustür auf.
Ruhig stand ich da
und sog die Frische des Morgens ein.

Ich schob die Türe hinter mir zu
und ging los, sorglos wie ein Student.

Unterwegs entbot ich allen Bekannten
einen Freundesgruß.
Ich fragte nach der Gesundheit der Kinder und
dem wertem Befinden des Landes.
Ich pfiff ein bekanntes Liedchen.
Dann bat ich einen Händler:
Gib uns eine Zeitung.
Und ich begann, ihren Inhalt zu lesen
als wäre es ein Gedicht.

Während alle hurtig vorüberliefen, dachte ich nach
und obwohl ihr Tag voll und sehr angespannt war
grüßten und lächelten sie.
Ich dachte, daß die Menschen doch lieb
          und freundlich seien
und daß ich an diesem Morgen der Glücklichste sei.

Aus dem Arabischen von Suleman Taufiq

'Ali al-Djundi *(Syrien)*

Geboren 1928 in Salamiya. Studium der Philosophie an der Universität Damaskus. War dann als Lehrer und Journalist, u.a. beim syrischen und libanesischen Rundfunk, tätig.

Ein Begräbnistanz

Das Licht, die Musik, die obszönen Farben und
    der Tabakgeruch.
Ich bin allein, allein, allein!
Das Lachen, der Tanz, das Randalieren, das Flüstern
    das Murmeln.
Ich bin allein, ausgestoßen aus meinem Schweigen...
    ich betrete den Keller des Lichts!
Ich reiße das Fremde aus einem Schuhabsatz, aus
    dem Haar einer jungen Frau
und die Finsternis aus der Einsamkeit eines Glases
das man allein in der Dunkelheit stehenließ
aus einem Zigarettenstummel
aus einer Sambakblüte, die im Dunkeln verwelkt
aus einem nachlässig über einen Stuhl geworfenen
    Pelzmantel.
Ich sehe dein Gesicht neben der Lampe, die in einer
    verschämten Ecke hängt.
Es bedroht mich. Dann sehe ich, wie es der Tod wie
    ein Heiligenschein umgibt.
Deine Augen lächeln mir zu, die Musik übertönt
    deine Stimme
ich sehe die Bewegungen deiner trockenen Lippen
    und zucke zusammen.
Versengt von Angst und Sehnsucht, strecke ich meine
    Hand nach dir aus.

Und breche auf!
Hinter mir die Musik, das Lachen, das Tanzen, das
        Licht, das Flüstern
vor meinen müden Augen erscheint deine Stirn
        listige Farben
das Lachen, die Musik, das Fingertupfen auf der
        Trommel
das Randalieren, der träge Tabakrauch
das Tanzen, das Murmeln, das Murren
        das Randalieren.
Ich bin allein, dein Gesicht, deine Augen und meine
        Traurigkeit
ich bin allein, Zimbeln brüllen, dein Flüstern, deine
        Augen, deine Stirn
ich bin allein, verstoßen aus meinem Schweigen.
Musik, Zigeuner, mir dröhnt der Kopf vom Getrappel
        von Füßen
vom Winken von Händen, von Getöse und Zorn.
Die Sehnsucht läuft um mich herum, vor mir
        hinter mir.
Oh, ich bin allein, allein. Dämonen zirpen
die Musik, die Füße, die Farben, das fiebrige Flüstern
        der Tabak
der Wein, dein Gesicht. Deine Stimme hebt sich.
Die Sorge, das Licht, der Sambak schläft.
Der Zigarettenstummel ist ausgegangen.
Der Boden des Glases ist traurig. Mein Glas, es zieht
        sich zurück!
Ich bin allein, allein, ich ertrag' es, ich gehe, ich pralle
        auf eine Brust
ein Augenlid beißt mich, eine Hand fängt mich auf
ich laufe in der Tiefe des Ortes, an dem ich bin.
Ich ziehe mich zurück.
Deine Stimme, Flüstern, die Musik, Tanz, Lachen

Farben flimmern, der Sturm der Farben singt
      er tanzt.
Ich sitze am Grund der Einsamkeit, ich trage
meinen Kopf zwischen den Händen,
ich wehre mich gegen meine Angst, im Gedränge
      werde ich fortgerissen.
Die Hängelampe widersetzt sich mir, sie lacht
      über meine Besorgnis.
Die Lampe mit ihren geröteten Augen peinigt mich
      ihre Lider blinzeln.
Die Lampe hängt herab, baumelt, baumelt, dann
      brennt sie und geht aus.
Und ich bin allein, allein.
Ich bin von Sinnen, die Dinge drehen sich, die Musik
      verstummt
die Fußtritte sind traurig, der Sturm der Farben
      flaut ab
der Sambak erwacht, der Zigarettenstummel wird
      ausgedrückt.
Und ich bin allein, das Schweigen kommt zu mir
      zurück, die Traurigkeit, die Müdigkeit
ich öffne meine müden Lider, schrecke zusammen.
In diesem Gedränge sehe ich nicht dein Gesicht, dein
      Flüstern verläßt mich
der Lärm verstummt...
Die Müdigkeit kommt!!

Meine Stimme... überraschte mich

Ich schaute im Schlaf eine Zeit
ohne Menschen und Blumen und...
nur Schmetterlinge, Schmetterlinge und zwei Vögel
aus dem Marmor meines Herzens.

Ohne Stimme, außer der einer Flöte, die von der Liebe
in der Einsamkeit sang.
Und da plötzlich überraschte mich seine Stimme
Er befahl mir, die al-Fatiha* zu lesen!
Ich befolgte nicht seinen Befehl.
Erbarmungslos schrie er: Schreib'!
Ich schrieb nicht und las nicht und...
Er entfernte sich weit.
Er trat weit zurück...
Er rief: Lies oder...
Ich sagte: Oder...
Ich sitze allein hier
ein Prinz der Blüten
ein Scheich der Schmetterlinge
ein Freund der Vögel
bin ohne Familie, ohne Sippe
ein Herr aus dem erloschenen Feuer.
Da war der Traum zu Ende.
Ich erwachte, Vormittag war's
und rings um mich her all das, was mich umbringt,
ehe der Abend kommt.
Doch ich spielte weiter
mit meinen Träumen und Traurigkeiten.
Ich errichtete meiner Liebe ein Denkmal
auf den Hügeln der Lust
ich zog mit Sommerregen
eine Mauer um es herum
damit ich nicht fremd war, wenn ich ihm nahte
und wenn ich mich von ihm entfernte, doch
das Tröpfeln des Wassers fiel auf es.
Ich grub ihm voll Eifer
einen Tunnel unter meiner Sippe
vielleicht
würde ich dabei einen Schatz ausgraben

103

ein Kristallglas oder ein Spiel
aus handgeschriebenen Seiten zur Geschichte
oder aus den Strahlen der Sonne
oder vielleicht...?!

Nochmals trat ich aus meinem Schlaf.
Ich gelangte in ein bitter schmeckendes Land
seine Bewohner krochen am Boden umher.
Da war keine Sonne, die auf sie herunterbrannte
auch keine Kälte, und doch zitterten sie!
Die Hälfte von ihnen schlief
die andere war tot...
Sie verabscheuten mein Aussehen
sie leugneten, daß ich Verwandte bei ihnen hatte.
Ich schrie laut, sehr laut:
Hört mich an und begreift...
Sie staunten über meine Worte.
Sie krochen weit von mir fort
geräuschlos und ohne Zeichen zu geben.
Ich schrie in meiner Verdrossenheit:
He...
doch meine Stimme ließ mich erwachen.
Da schwieg ich!

*Name der ersten Sure des Korans

Die Nacht

Ohne Abschied verließ mich der Abend
und meine schwarze Erde, ein törichtes kleines
   Mädchen für jedermann
seine Träne hing trotzig am Augenlid, ihr Segel war
   schlaff.

Am Ende des Weges eine Geschichte, festgehalten
von einer Feder und betitelt: Der Verlust.

Oh Abende „unseres Alten Bundes"
uns zerrissen die Zäune der Wolken die Kleider.
Wenn über unsrer Erde die Sternschnuppen strahlten
regnete es aus den Wolken gereimte Gedichte.
Oh Feuerstelle des Frühlings, oh Geschichte
        der Asche
oh Erinnerungen, deren Lippen Feuer und Schwärze
        verzehrten.

Das Schweigen ist bei uns durch keine Tür getreten
wo ist es, um - wie wir - vom Abend und vom Licht
und vom Trugbild Abschied zu nehmen.

Aus dem Arabischen von Suleman Taufiq

Adonis *(Syrien)*

Wurde 1930 in dem Dorf Kassabin bei Lattaquié geboren.
Studierte in Damaskus Philosophie und promovierte an der
Saint-Joseph-Universität in Beirut. Jahrelang war er dort und
an der Pariser Sorbonne Professor für arabische Literatur-
geschichte. Von Ende der 50er Jahre an verbreitete sich sein
Ruf als einer der bedeutendsten Lyriker der arabischen
Avantgarde. Seine Dichtungen und Essays wurden in mehrere
Sprachen übersetzt. Er lebt heute in Paris.

*Zaubersprüche gegen die Städte al-Ghazalis**

1 Körper des Kiesels
Das, was ich Geschichte und Anfang genannt
ist glatt, verschlossen, ohne Leben
wie der Körper des Kiesels
was uns Obhut gewährt
ist der Unterschlupf eines Skorpions
und das Wasser von Orontes und Euphrat
ist Tinte, und die Wüste der Schritte ist Sprache
oder Seiten Papier, wie auch immer, und die Burgen
sind eine festgebundene Sklavin
und eine öde Nacht, traum- und lichtlos.
Nein, ihr seid keine Kamillen
oder ein Strauß von den Blumen der Brüderlichkeit
und ihr seid weder Inspiration noch Prophezeiung
noch ein Stern, der an der Brücke wacht
und im Wasser des Flusses liest...

In euch ist kein Fragender
in euch ist kein Lesender
denn Statthalter seid ihr

die Brot machen aus dem Begräbnis des Opfers
und nicht jugendlich blühend seid ihr
wenn die Liebe ein Fest ist
...ihr seid ein Stück Leder, nur ein Stück Ziegenleder
wenn ihr euch auch vermehrt und einen Gatten
      euch mietet
und unter die Leute geht in einem Gewand
      aus roher Seide
und mit menschlichem Antlitz.
Und ich bin die Zeit und der Weg
ich wühle das Meer auf, mein Tod ist ein Schiff
und meine sterblichen Überreste sind
eine künftige Explosion oder ein Alphabet.

*Al-Ghazali, islamischer Jurist, Theologe, Ethiker und Mystiker. Er kritisierte die spekulative Dogmatik und die Philosophie. Wird für den Niedergang der Philosophie im islamischen Mittelalter verantwortlich gemacht.

2 Wohntet ihr
Wohntet ihr, wie ich sagte, in meiner Stimme
dann hättet ihr zu dem Weg gefunden
und seiner Treppe, und dann hättet ihr euch
mit dem Kleide derer bedeckt, die den geistigen Weg
      beschreiten
die die Sonnen und ihre Fernen trinken
und euer Durst, er wäre gelöscht
Wohntet ihr, wie ich sagte, in meiner Stimme
dann wärt ihr die Prophezeiung
und ihre regenbogenfarbenen Minarette
zwischen unseren papierenen Tagen
und dem Schnee der Ferne
Und dann hättet ihr zu dem Weg gefunden.

3 Die Regel

Damit sie ebenmäßig werden, damit sie werden
nimm ihre Hand von hier fort
nimm ihr Gesicht fort und erschaffe
einen Funken und gib ihren Gürtel frei
und die erstarrte Schulter
und finde ihre störrische Achse
binde sie nach links
und bewege den ruhenden Winkel
und wechs'le das Fundament und die Steine aus
und ändere die Regel.

Die Wogen

Wogen, ich hob meine Inseln auf ihre Schwellen
und ich ging, um meine Geschichte zu beginnen
ich zerstückelte sie
ich fügte sie wieder zusammen
und reinigte sie, und in meiner Sprache
erweckte die Weite des Todes mich wieder zum Leben
            und auf meinen Seiten
tat dies die Weite der Wunde
Wogen mit gebieterischen Bildern
Wogen, die sich mit dem Weg der Sonne verbrüdern
sie öffnen ihre Etappen in meiner Brust
Wogen lehren mich
daß die Fernen die Umlaufbahn des Traums
            und des Aufbruchs sind.

Das Zeichen

Ich habe das Feuer mit dem Eis gemischt-
Weder Brände noch Eis werden meine Wälder
verstehen.

Ich werde unbegreiflich bleiben, zahm
In Blumen und Steinen wohnen-
Entweichen
Forschen
Sehen
Wogen
Wie das Licht zwischen Zauber und Zeichen.

Mohammed al-Faituri *(Sudan)*

*Geboren 1936 im Sudan. Seine Familie ging nach Ägypten,
wo al-Faituri sein Universitätsstudium absolvierte. Bis 1977
arbeitete er dann für ägyptische, sudanesische und
libanesische Zeitungen. Anschließend ging er in den diploma-
tischen Dienst, zunächst als Kulturattaché. Gegenwärtig ist er
Bot-schafter Libyens in Kairo.*

Die Vision

Und jäh verfinsterten sich die Horizonte
und es dunkelte der Tag.
Die Bäume warfen die Blätter ab.
Die Gräten der Fische tanzten im Meer.
Und Gesichter begegneten Gesichtern.
Und Schicksale Schicksalen.
Und der Vater verleugnete seinen Sohn
und ging schluchzend vondannen
Da erwachte ich...
Bidpai* sprach zu König Dabschelim**:
Der Mensch ist immer das, wozu er sich entscheidet.

* Weiser aus einer lehrhaften, ursprünglich indischen Fabel-
sammlung.
** indischer König

Frage und Antwort

- Mit welchem Säbel besieg' ich die Tyrannei?
- Mit dem Säbel aller Schwachen, sagte Bidpai.

- Mit welchem Feuer verbrenn' ich
      die Leichentücher?
- Mit dem Feuer der Armut der Armen... und ihrer
      Erniedrigung,
sagte Bidpai.
- Wie erschaffe ich den Menschen?
- Du erschaffst ihn
indem du um seinetwillen aufrecht stirbst
sagte Bidpai.

Vergessene Schrift

Wisse, der Tod ist rechtens
und das Leben nicht.
Und der Mensch, er lebt, wie lange auch immer
nur um zu sterben.
Und jeder Schrei mündet in Schweigen
und die schönsten Gestirne sind die
die den Weg der Karawane erhellen
wenn Gras über unsre Erinnerungen wächst
und die Tragödie in den Häusern verröchelt.

Die Eule und der Pfau

Und zum Pfau sprach die Eule:
- Sähe ich nicht so häßlich aus
stolziertest du nicht umher, mit deinen schönen
      Federn geschmückt.
Da lächelte der Pfau und sprach:
- Du hast recht, weise Dame
der Stolz der Stolzen
setzt der Erniedrigung des Erniedrigten die Krone auf

und das Zuviel an Vielem
ist das Zuwenig an Wenigem.

Der Totengräber

...Und der Totengräber nagte an seinen Lippen
            vor Kummer und Langeweile
während seine Augen ins Innere der Erde blickten
- Wenn ich eines Tags sterben werde
wer wird dann meinen Leib beriechen
und wer wird mein Zeuge sein?
Morgen... wenn die Menschen sterben
und wenn der Rabe stirbt.

Weh mir, ich ihretwegen Verlorener
ich Unglückseliger, ich Letzter der Lebenden
            und der Toten.

Fuad Rifka *(Libanon)*

Geboren 1930 in Kafrun/Syrien. Studium im Libanon und in Deutschland. Lehrte später an libanesischen Universitäten, an der Amerikanischen Universität in Beirut und arbeitete in der Redaktion der berühmten Zeitschrift „Shi'ir". Hat Novalis, Hölderlin, Rilke und Trakl ins Arabische übersetzt. Umgekehrt wurden einige seiner Gedichte ins Deutsche übertragen.

21. März 1983

(1)
Es war einmal
in längst vergangener Zeit
ein Indianer,
der in einer warmen Hütte lebte.

Als er klein war,
spielte er mit Kindern
seines Stammes,
lief hinter dem Fluß her,
kletterte auf Bäume,
jagte die Hasen und das Wild.
Abends kam er müde zurück
und aß zu Abend;
vor dem Schlafengehen
erzählte ihm seine Mutter
von Gott,
der in allen Dingen ist.

Als er älter wurde,
verliebte er sich

in ein Indlanermädchen,
ihr Haar war so lang
wie eine Wolke am Himmel;
er heiratete sie
und am Hochzeitsabend
gab es Tanz, Feuer und Gesang
bis zum anderen Morgen.

Eines Tages ging der Indianer
auf die Jagd.
Es war Sommerszeit,
der Himmel war klar
und die Luft mild.
Als er tief in den Wald
vorgedrungen war,
sah er einen weißen Bären,
der ihn angriff.
Er spannte seinen Bogen
und richtete seinen Pfeil auf ihn.
Er traf den weißen Bären
zwischen den Augen,
ohne ihn zu töten.
Da versuchte er zu fliehen,
doch es gelang ihm nicht.
Die weißen Bären waren überall
und umzingelten ihn.
Da kletterte er
auf einen hohen Baum,
von oben warf er sich hinab
und starb.

(2)
In jener Zeit
gab es eine Indianerin,

die heiratete
und Witwe wurde.
Sie wurde
Wurzel des Lorbeers
und Wehen des Windes
über dem Meer.

2. September 1983

Auf der Matte
erinnert er sich:
vor langer Zeit
war er klein,
er betete und schlief;
am frühen Morgen
öffnete er seine Augen
und sah einen grünen Stern
wie einen Weinberg
im Hochsommer.

Neben dem Kamin sitzt er
und erinnert sich,
er schläft wie damals,
im Traum sieht er sich
neben der Mutter,
schlafen und beten ...

Seltsam, wie der Reisende
stets zum Anfang des Weges
zurückkehrt.

7. September 1983

Merkwüdig, dieser Holzsammler,
wie ein Fluß in der Wildnis
nicht wissend,
wo das Messer ist.

Der neue Job

Auf den alten Job
senkten sie die Schmerzen:
Diebe raubten sein Habe,
Orkane töteten seine Kinder,
in seine Haut setzte sich der Aussat,
Er sagte:

»Der Herr hat gegeben, der Herr hat genommen.«
Da gab ihn der Herr
das Vielfache dessen, was er genommen.

Und der neue Job?
Wer gibt ihm seine schwarzen Haare zurück,
wer bringt die Freunde zurück,
und abends:
wer bringt die Gläser zu den Gläsern,
und die Augen zu den Augen?

Staub des Todes

In meinen Augen
leuchtest du immer auf,
Gras des Meeres,

116

Rose des Körpers,
Sonne der Tiefen.
Ach, in meinem Gesicht
wird dein Atem immer vernehmbarer,
o Staub des Todes.

Salah 'Abd as-Sabur *(Ägypten)*

1931 in Zaqaziq geboren. Studierte an der Universität Kairo Literaturgeschichte. Lehrte dann selbst arabische Literaturgeschichte, arbeitete aber auch als Kulturredakteur für zahlreiche ägyptische Zeitungen und Zeitschriften. Eine Zeitlang war er Kulturattaché an der ägyptischen Botschaft in Indien. Später war er im ägyptischen Kulturministerium tätig. Außer Lyrik schrieb er Texte für das Theater und übersetzte u.a. Ibsen, T.S. Eliot und García Lorca ins Arabische. 'Abd as-Sabur starb 1981.

Die Menschen in meinem Land

Die Menschen in meinem Land sind räuberisch
    wie Falken
Ihr Gesang ist wie das Zittern des Winters in den
    Wipfeln der Bäume
Ihr Lachen knistert wie die Flamme im trockenen
    Holz
Ihre Schritte möchten in den Boden einsinken
Sie töten, sie stehlen, sie trinken, sie rülpsen
Doch sie sind Menschen
Und gutherzig, wenn sie zwei Handvoll Kleingeld
    besitzen
und sie glauben ans Schicksal.

Am Eingang meines Dorfs sitzt Onkel Mustafa
Er liebt al-Mustafa*
Er verbringt dort die Stunde zwischen Dämm'rung
    und Nacht
Stumm sitzen um ihn die Männer

Er erzählt ihnen eine Geschichte... aus dem Leben
        gegriffen
eine Geschichte, die in den Seelen die Trauer
        des Nichts weckt
und die die Männer zum Schluchzen bringt.
Sie senken den Kopf
und starren in die Stille
in den gähnenden Abgrund von Angst, von Leere
        und von Stille.
„Was ist der Zweck aller menschlichen Mühen, was
        ist das Ziel des Lebens?"
Oh Gott!
Die Sonne ist dein Antlitz und der Halbmond dein
        Scheitel
und diese unverrückbaren Berge sind dein nicht
        zu erschütternder Thron.
Dein Urteil ist Gesetz, oh Gott!
Herr Soundso baute, herrschte und errichtete Burgen
Vierzig Räume wurden mit gleißendem Gold gefüllt.
Und eines stillen Abends kam 'Izra'il** zu ihm
Zwischen zwei Fingern hielt er ein kleines Heft
Er streckte seinen Stab aus
mit dem Geheimnis der Worte „es werde" und
        „es ward".
Und man rollte die Seele von Soundso in die Hölle.
(Oh Gott
wie hart, wie düster du bist!)

Gestern hab' ich mein Dorf besucht... Onkel Mustafa
        war gestorben
Sie hatten ihn in die Erde gelegt.
Er hatte keine Burgen gebaut (seine Hütte war
        aus Lehm)

119

Hinter seinem gebrauchten Sarg gingen Männer
        im alten Baumwolljilbab wie er selbst.
Sie sprachen nicht von Gott noch von 'Izra'il, noch
        sagten sie das Wort „es ward".
Denn es war ein Hungerjahr.
Am Rande des Grabes stand mein Freund Khalil
Onkel Mustafas Enkel
Als er seine muskulösen Arme gen Himmel reckte
wogte Verachtung in seinen Augen
Denn es war ein Hungerjahr.

*Beiname des Propheten: der Ausgewählte
**der Todesengel

Das Tagebuch des barfüßigen Mystikers Bisr

„Abu Nasr Bisr ibn al-Haris studierte Hadit [die Wissenschaft
der islamischen Tradition], dann zog es ihn zur Mystik. Eines
Tags ging er auf den Markt, die Leute dort jagten ihm Angst
ein. Da zog er seine Sandalen aus, klemmte sie unter den Arm
und rannte in der Hitze los, so daß niemand ihn einholen
konnte. Das geschah im Jahre 227 H. [841 n. Chr.]."

1
Als wir uns dem, was das Schicksal wollte
nicht länger fügten
regnete es nicht mehr
Es grünte kein Baum
keine Frucht erglänzte
als wir uns nicht länger fügten
Als unser Lachen versiegt war
füllten sich unsere Augen quellend mit Tränen.
Als wir keine Ruhe mehr fanden

auf dem breiten Bett der Zufriedenheit
schlief auf den Kissen
ein verderbter, boshafter Satan
Er teilte das Lager mit mir und umschlang mich
und tat, als schmiegte er seine Hörner auf meine Hand
Als wir den Kern der Gewißheit verloren
verkrüppelten die Embryonen im Mutterleib.
Haare sprossen in den Augenhöhlen
und Stirn und Kinn waren miteinander verwachsen
Ein Geschlecht von Teufeln.
Ein Geschlecht von Teufeln!

2
Gib acht, daß du nichts hörst!
Gib acht, daß du nichts siehst!
Gib acht, daß du nichts anfaßt!
Gib acht, daß du nicht redest!
Halt...!
Halt dich fest an der starken Schnur des Schweigens!
Die Quelle des Sprechens ist tief
Doch schmal ist die Hand
Zwischen Mittel- , Zeigefinger und Daumen hindurch
rinnt die Sprache hinab in den Sand...

3
Da du nicht die Bedeutung der Begriffe verstehst
bekämpfst du mich mit Begriffen.
Der Begriff ist Stein.
Der Begriff ist Tod.
Wenn du Wörter aufeinandertürmst
und Sprache aus ihnen zeugst
wird die Welt ein verkrüppelter Säugling
Und du wünschst dir den Tod.
Ich bitte dich...

Schweig...
Schweig!

4

Eine Wahrheit bleibt, die schmerzt und quält das Herz
selbst wenn die Meere des Sprechens austrocknen
und niemals ein Gedanke auf ihnen segeln
und niemals ein Seefahrer die Segel des Argwohns
       hissen würde
Was wir finden, wollen wir nicht
was wir wollen, finden wir nicht
Wärst du zufrieden, mein Gast, wenn ich dich an
       meine Tafel bäte
und du fändest dort nichts als Aas?
Erhabener Gott, du hast uns beschenkt
mit diesem Leid, diesem Schmerz
Denn dein Auge hat uns nicht für gut befunden, als du
       auf uns herabsahst
Erhabener Gott, die Welt ist krank, und da ist
       keine Heilung
Will der Erhabene gerecht an uns handeln, so schicke
       er uns einen schnellen Tod
Erhabener Gott, nichts vermag diese Welt zu retten
denn wo ist der Tod? Wo ist der Tod? Wo ist der Tod?

5

Mein Scheich Bassam ad-Din sagt:
„Bisr... fasse dich in Geduld
unsre Welt ist schöner, als du glaubst
Denn du siehst sie von der Höhe deiner Versenkung
       herab
Da siehst du nur schwarze Ruinen."

Der Scheich und ich, wir gingen zum Markt
Der Schlangenmensch ringelte sich um den
        Kranichmenschen
und zwischen ihnen lief der Fuchsmensch umher.
Wie sonderbar...
Der Hals des Kranichmenschen steckte zwischen den
        Kiefern des Fuchsmenschen.
Da betrat der Hundsmensch den Markt
um dem Fuchsmenschen die Augen auszukratzen
und dem Schlangenmenschen den Kopf zu zertreten
Der Markt erbebte unter den Schritten
        des Panthermenschen
Er war gekommen, um dem Hundsmenschen den
        Bauch aufzuschlitzen
und dem Fuchsmenschen das Mark auszusaugen.
„Mein Scheich Bassam ad-Din
sagte mir: Wo ist der Mensch... der Mensch?"
Und mein Scheich Bassam ad-Din sagte:
„Fasse dich in Geduld... er wird schon kommen
Eines Tags wird er kommen auf diese Welt."
Mein guter Scheich!
Weißt du, in welchen Tagen wir leben?
Dieser verpestete Tag ist der achte Tag
der fünften Woche
des dreizehnten Monats
Doch der Mensch, der Mensch ist vor Jahren
        vorbeigekommen
Und er ist wieder gegangen, niemand hat ihn erkannt
Er hat sich in den steinigen Boden gegraben
hat sich mit Schmerzen zugedeckt
und geschlafen...

War es Liebe

War es Liebe... was da zwischen uns war
hatten wir sie
oder war's nur ein Traum...
vergaßen wir sie, als uns der Morgen einholte?
Oder fürchteten wir um unser Herz
und begruben sie im Boden der Angst?
Hätte sie gelebt, so hätten sich ihre Augen der Sonne
     geöffnet
wir hätten sie gehütet
und nicht allein gelassen
und in einer erbarmungslosen, entlegenen Wüste
     ausgesetzt.
In ihrem Herzen weinte ihr Atem
weil wir sie alleine ließen.
Oh, diese Liebe, die starb
kehrte der vergangene Tag doch zurück
ein Tag von dir, du Liebe
ein Tag, den wir erlebten...

Eröffnung

Verzeiht mir, Freunde, dieses Jahr
     tragen die Bäume keine Früchte.
Drum setze ich euch das schlechteste Essen vor.
Ich bin nicht geizig, nur sind meine Vorräte dürftig
meine Weizenfelder verdorrt.

Verzeiht mir, Freunde, das Licht ist gedämpft
     und spärlich.
Die einzige Kerze in meiner Manteltasche
hab' ich für euch angezündet...

Doch sie ist alt, es ist bekannt, daß ihre Flammen
   Tränen sind.

Verzeiht mir, Freunde, mein Herz ist schwer.
Woher soll ich da heitere Worte nehmen?

Mahmud al-Brikan *(Irak)*

Geboren Anfang der 30er Jahre in der Kleinstadt Zubair im Süd-Irak. Studierte in Bagdad Jura. Nach mehrjährigen Aufenthalten in Bagdad und Kuwait arbeitet er heute als Hochschullehrer in Basra. Wie al-Mala'ika und as-Sayyab gehört er zur ersten Generation der Free-Verse-Bewegung. Engagierte sich in den 50er Jahren wie die meisten Schriftsteller seiner Generation für den Kommunismus und gegen die irakische Monarchie. Bis zu deren Sturz im Jahre 1958 mußte er mehrmals ins Exil gehen. Da al-Brikan sich dem Literaturbetrieb verweigert, sind die meisten seiner Arbeiten in Zeitschriften und Anthologien verstreut.

Lied des stillen Schreckens

Weil der Winter kraftstrotzend ist
und der Herbst seine Schönheiten hat
weil das Gespräch und die Lieder
ein zeitloses Echo haben
weil das Feuer hinter seinem wilden Tanz
einen Leib aus Asche, eine Seele aus Rauch hat
weil das Wachen Weite besitzt und die Visionen
ein Rauschen mit beginnender Nacht, die kein
      Ort begrenzt
weil das Fallen Lösegeld hat, damit das Herz
      von der Hoffnungslosigkeit freigekauft wird
weil die Erniedrigung nicht anfällig ist
denn sie kreuzigt das Herz an die Zeit
weil das Weinen Grenzen hat und die Tränen
      zum Wasserstrahl werden können!
Weil bei Müdigkeit der Felsen zum Kissen zu werden
      vermag

weil etwas die Seele im Strudel des Lärms ertrinken
       läßt, wenn sie zu scheiden begehrt!
Weil es nach dem Tod keine Qualen mehr gibt
steht auf Revolte und Fremdsein
keine härtere, keine schlimmere Strafe als der Tod!
Weil wir alle eines Tages unter die Erde schlafen
       gehen
weil unser furchtbarer Hunger nicht mehr besiegt
       werden kann!
Weil wir noch das Unmögliche ertragen
in unsrer Verderbtheit und die Zweifel in den Schatten
       drängen
Weil wir unbedingt leben wollen
leben wir, und mehr nicht!
Das ist der Damm, der auf Sand gebaut ist.

Eine andere Stadt

Hinter der Stadt der hundert Gesichter
da liegt eine andere Stadt.

Hinter der Stadt, in der die Gebäude angestrahlt
       werden
in der Plätze und volle Läden sind
da liegt eine andere Stadt.

Da liegt die Stadt der Chimären und Echos
ruhig wälzt sie die Erinnerungen ihrer toten Männer.

Hinter der Stadt der Farben und Formen
und des Lärms und der Betriebsamkeit
da liegt eine andere Stadt.
Sie beäugt die Schritte des Fremden, der du bist.

In den historischen Winden

Als die Körper der Toten verschwanden
und die Szenerie sich klärte
nahm die Abscheulichkeit der Tragödie
unsres schwarzen Erbes Gestalt an.

Unser unseliges Vermächtnis ist der Hunger
        der Gräber
die Vergeblichkeit unserer Opfer
unser Vermächtnis besteht in allen Strafen
        aller Zeiten
für alles, was jemals war.

Den Hyänen und wilden Tieren
tret' ich mein Erbteil ab
kein Lobpreis für die Herrlichkeit. Untergang, nimm
meine Wahrheit und meinen Namen.

Die Stimme

Eine Stimme, die keiner Stimme gleicht
tönt von weither aus der Steppe
eine Stimme wie der Ruf eines zugrundegehenden
        Gottes
der seinen Fluch ausstößt
wie das Röcheln eines erlegten Wildes
wie das Heulen eines Windes
der nicht von dieser Welt ist.
Eine Stimme, die das Herz der Nacht durchsticht.
Anfangs
hörte sie
niemand.

Dann gewöhnten sie sich daran
daß sie übers Firmament ihrer Stadt hinwegfuhr
keiner beachtete sie
keiner fragte nach ihr
Und warum bist du allein
Dichter
wachst in der Nacht
der geheimnisvollen Stimme harrend?
Und warum
lassen die Gedanken sich nicht beiseiteschieben
Es werden Nöte kommen
und Katastrophen hereinbrechen.

Mohammed al-Maghut *(Syrien)*

Mohammed al-Maghut, 1934 geboren, arbeitete lange als Dramatiker für Rundfunk und Fernsehen. Bekannt wurde er mit seinen satirisch-pessimistischen Theaterstücken, mit denen er sich in der gesamten arabischen Welt einen Namen machte. Seit Anfang der 70er Jahre hat al-Maghut so gut wie keine Gedichte mehr veröffentlicht.

Für Badr Shakir as-Sayyab

Du mein Gefährte in Entbehrung und Gossenleben
meine Traurigkeit ist so lang wie die Pappeln
da ich nicht neben dir ruhe
vielleicht aber werd' ich mit einem Male
dein Gast sein
mit meinem weißen Leichentuch bekleidet
wie Marokkanerinnen

Stell' kein Öllicht auf dein Grab
ich werde es schon finden
wie der Säufer seine Flasche
und der Säugling seine Brust.
„Wenn du nachts deine Faust reckst
an diese oder jene Türe schlägst
und ein altes Heft bei dir trägst
mit einem Einband, zerrissen wie der Flügel
        eines Vogels
und du diesen oder jenen Satz zurückholst
in dein schwaches Gedächtnis
um ihn am Kamin deinen Freunden vorzutragen
dann wirst du aus der Tiefe der Nacht eine Stimme
        rufen hören:

Niemand daheim
niemand auf dem Weg
niemand auf der Welt
Und du wendest dich ab, gehst weiter
zwischen modrigem Schlamm und Türen
die so heftig zugeworfen werden
daß der Putz von den Wänden fällt
und du bist sicher, daß die Zukunft erfüllt sein wird
von Tausenden düsterer Nächte
und den Stimmen, die da rufen:
Niemand daheim
niemand auf dem Weg
niemand auf der Welt
Wirst du dann ein schwarzes Tuch
über die Verkehrsschilder stülpen
            und sie Mutter nennen
wirst du auf leere Zigarettenschachteln
Bäume und Flüsse malen und glückliche Kinder
und sie Heimat nennen?
Doch was für eine Heimat ist das
            die die Straßenkehrer
spät in der Nacht mit dem Müll beiseitefegen?"
Klamm're dich an deinen Tod, du Unachtsamer
verteidige ihn mit Steinen und Zähnen und Klauen
denn was willst du sehen?
Deine Bücher werden auf den Bürgersteigen verkauft
und deine Krücke ist in die Hände der Heimat geraten.

Du Elender in deinem Leben und Sterben
dein Grab, das langsam wie eine Schildkröte ist
wird niemals das Paradies erreichen
denn das Paradies ist nur für Sprinter
            und Radrennfahrer.

Die Angst des Briefträgers

Ihr Gefangenen allerorts
schickt mir alles, was ihr habt
an Schrecken, Geheul und Betrübnis

Ihr Fischer an allen Ufern
schickt mir alles, was ihr habt
an leeren Netzen und Seekrankheiten

Ihr Bauern auf allen Feldern
schickt mir alles, was ihr habt
an Blumen und zerschlissenen Lumpen
zerfetzten Brüsten
aufgeschlitzten Bäuchen
und ausgerissenen Fingernägeln
schickt es an meine Adresse... in irgendeinem Café
in irgendeiner Straße der Welt
Ich bereite ein „umfangreiches Dossier" vor
über das menschliche Leid
um es Gott vorzulegen
sobald die hungrigen Lippen
und die Brauen der Wartenden es unterzeichnet
        haben
doch ihr Elenden allerorts
ich fürchte sehr
Gott ist Analphabet.

Der Schatten und die Mittagsglut

Alle Felder der Welt
für zwei kleine Lippen
alle Straßen der Geschichte
für zwei nackte Füße.

Meine Geliebte
sie reisen, und wir warten
sie haben die Galgen
und wir die Hälse
sie haben die Perlen
und wir die Flecken und Warzen
sie haben die Nacht, die Dämm'rung, den Nachmittag
       und den Tag
und wir die Haut und die Knochen.

Wir pflanzen in der Mittagsglut, und sie speisen
       im Schatten
ihre Zähne sind weiß wie Reis
und unsere wüst wie die Wälder
ihr Oberkörper ist zart wie Seide
und der unsere staubig wie Hinrichtungsstätten
und dennoch sind wir die Könige der Welt:
ihre Häuser sind voller Aktenblätter
und unsere voller Herbstesblätter
in ihren Taschen sind die Adressen von Verrätern
       und Dieben
und in unsern die Adressen des Donners
       und der Flüsse
sie haben die Fenster
und wir den Wind
sie haben die Schiffe
und wir die Wellen

sie haben die Orden
und wir den Schlamm
sie haben die Mauern und die Terrassen
und wir die Stricke und die Dolche
und jetzt
Geliebte, komm, laß uns auf dem Gehsteig schlafen.

Die Tätowierung

Jetzt
um drei Uhr im zwanzigsten Jahrhundert
wo nichts
die Leichen von den Schuhen der Passanten
trennt außer dem Asphalt
werde ich mich wie alte Beduinen mitten auf
     die Straße setzen
und nicht eher wieder aufsteh'n
als bis die Gitter aller Kerker und die Akten
der Verdächtigen
dieser Welt
eingesammelt und mir vorgelegt werden
damit ich sie wie ein Kamel auf offener Straße
     zerkaue
bis sämtliche Knüppel der Polizisten
     und Demonstranten
aus ihren Händen fahren und „wieder" zu blühenden
     Zweigen werden
inmitten ihrer Wälder.
Ich lache im Dunkeln
ich weine im Dunkeln
ich schreibe im Dunkeln
bis ich nicht mehr zu unterscheiden vermag
zwischen meinen Fingern und dem Stift in ihnen

Immer, wenn an meine Türe geklopft wird
oder sich eine Gardine bewegt
verberge ich mit der Hand meine Seiten
wie bei der Razzia die Prostituierte.

Wer hat mir dies Erschrecken vererbt
dies Blut, aufgescheucht wie ein Berggepard?
Sobald ich unter der Türe ein amtliches Papier
oder durch den Türspalt hindurch einen Hut erblicke
erzittere ich bis ins Mark, und meine Tränen zittern
und mein aufgescheuchtes Blut spritzt auseinander
                  nach allen Seiten
so als wäre von Ader zu Ader eine ständige Truppe
                  der Ahnenpolizei
hinter ihm her

Oh meine Geliebte
vergebens gewinn' ich meinen Mut, meine Kraft
                  zurück
die Tragödie besteht nicht hierin
in der Peitsche, im Büro oder in den Sirenen
sie liegt dort
in der Wiege... im Mutterschoß
sicher war ich
in der Gebärmutter nicht mit der Nabelschnur
                  verbunden
sondern mit dem Henkerstrick.

Sa'adi Yussuf *(Irak)*

Geboren 1934 in Basra. Studierte arabische Literatur-geschichte in Bagdad. Sein politisches Engagement für die KP trieb ihn mehrmals ins Exil, zuletzt 1978. Heute lebt er als freier Schriftsteller und Publizist in Jordanien, Syrien und Großbritannien. Yussuf hat zahlreiche Lyrik- und Prosa-werke aus dem Englischen übersetzt, u.a. stammt von ihm die erste arabische Walt-Whitman-Übertragung. Er genießt in der gesamten arabischen Welt große Wertschätzung.

Die Durchquerung des Guadalquivir

Wir haben uns von den Dattelpalmen entfernt
da ist die Sonne der Dörfer, sie bietet
den Dattelpalmen einen roten Wald aus Federn
da sind unsre Hütten
- Palmenwedel, unter denen wir Schatten finden
          oder Brennstoff für unseren Haß -
Alle landen auf der Erde, Hütte für Hütte
und die Erde wirft sie ins Wasser...
Wir halten ihr das Haar unsrer Kinder hin:
das Haar unsrer Kinder, eine Zypresse
halt' sie fest
halt' uns fest damit...
Doch die Häuser sind auswischbar wie Kreide
wegzuwischen von der Erde
und aufzulösen in Wasser
und so sind wir zwischen den Messern und dem
Himmel allein
oh, unsre verkaufte, gekaufte Erde, immer wieder
          verkauft und gekauft

oh, du bist unter uns das Gesicht, das seine
          Geburtsdaten kennt:
Wir haben uns von den Dattelpalmen entfernt
da ist die Sonne der Dörfer, sie bietet den
          Dattelpalmen einen roten Wald aus Federn
da ist die Sonne der Dörfer, sie bietet
          den Dattelpalmen einen Wald
und da ist die Sonne der Dörfer
da ist sie...
da ist sie...
da...
sie...
Wasserplaneten am Himmel, der den Sommer
und die Schiffe amerikanischer Bauart kennt
*Im Mittelmeer schwimmen keine Haie
*Erinnerst du dich an die Häuser?
*An jene, die das Schiff verließen?
*Nein.
*An die Strandbar in Ur?
*Nein.
*An mein Häuschen in Samarkand?
**Nein.
Alle Häuser sind zugesperrt, da die Menschen
umherirrenden Gesichtern ihre Türen nicht öffnen
wir haben in Córdoba den Umayyaden-Balkon
          vergessen
und das Kind... Wenn wir reisen, vergessen wir
die Koffer, oder wir tun so, als vergäßen wir unsre
          Mühen
und das Buch mit den Gedichten
Du unmöglicher Ritter: unablässig dehnen sich
          die Distanzen
und in deinen Pupillen versinken die Küsten

sei nicht betrübt, die Funken sind in den Hufen
und steinig ist dieser Weg
*Doch wir haben uns von den Dattelpalmen entfernt...
*Die letzten Kolumbus-Fähnchen segeln
     aus Barcelona ab
*Und die letzten Burgen Granadas wurden
von Pferden aus dem Norden eingenommen
Die Distanzen werden für mich zur Fahne...
Mein Zuhause weit von hier, die Vögel bringen mir
keine Nachricht von da und auch unsre Nachrichten
     nicht nach dort
Flügel der langen Nächte, sei meine Heimat
und du, Buch, das nie gedruckt werden wird, sei in
     den Cafés der Liebenden eine Runde Tee
und auf den Lippen, die ich liebe
Anemonen und verstohlenes Beben...
sei Flügel der langen Nächte, sei mein Stern...
     der Pol hat
den Leitstern verloren... doch mein fernes Zuhause
wartet noch immer auf mich...
*Wohin gehst du, Ritter der Nacht?
*Mein Zuhaus ist weit von hier, meine Herrin...
*Ich warte schon seit drei Nächten auf dich...
     ich wußte
daß du kommen würdest... Sitzt du ab?
*Meine Herrin... sitze ich ab, so werd' ich getötet
*Getötet in meinem Haus?
*Ach, meine Herrin... müde bin ich... doch ich bin...
Lebe wohl
Lebe wohl

                * * *

Und ich verließ ihr Haus... eine Pinie stand vor seiner
     Türe in Córdoba

ich hörte den Herzschlag der Vögel, wenn sie
    im Schlafe atmeten
zwischen ihren Zweigen und den niedrigen Sternen
ich fühlte, daß die Vögel am Morgen sterben würden

* * *

Als ich ihm zurief: Ritter der Nacht!, ließ er ein wenig
    die Zügel schleifen
viele kamen an meiner Türe vorbei
doch habe ich keinen gesehen wie ihn... er war bleich
    und durstig
doch er wies meines Kruges Wasser zurück...
er machte nicht Rast wie andere Ritter aus Córdoba
um galant zu tändeln mit mir...
Er sagte etwas und ritt weiter...

* * *

Am Jaén-Tor in Córdoba
sah ihn der Morgentau in die einsam dastehende
    Moschee eintreten
am Ende der Nacht
lag der Tau wie Locken auf des Reisenden Stirn
und die Nacht war wie das Zufallen der Pferdeaugen
und Córdobas vor Blumen strotzende Fenster
harrten des königlichen Schritts
Córdobas Fenster warfen mit ihren Blumen und
deckten mit ihnen den ewigen Staub der Reise zu
Staub auf des Reisenden Kleidung und die bittere
    Müdigkeit
in den Bewegungen des Pferdehalses
und gleich darauf sahen wir, wie er aus der Türe
    unsrer Moschee trat
er schloß diese Tür, nagelte sie vor uns zu
mit verkniff'nem Gesicht
und sprang auf den Rücken des taumelnden Pferdes

zwischen den Zweigen des Morgens mit ihren frühen
      Vögeln
und inmitten der umhereilenden Frauen...
Und die Blumen des Reisenden fielen ab von ihm
und die umhereilenden Frauen verbargen sie
an den Brüsten der Mädchen.

Ich ging auf den Markt, ich war fremd dort
und müde, und die Händler scharten sich um mich
sie sagten zu mir: Wir kaufen dir diese Kleider ab
und sie streckten die Hände nach ihnen aus
Wir kaufen dir's ab, dies besudelte Kleid
doch es war eine Fahne, die mich bedeckte
      am Morgen nach der Niederlage.
Mein Pferd stand am Guadalquivir, und meine Fahne
war unter Felsen verwahrt im Granada der Burgen
Fragt nicht nach mir und nach ihr, denn wir sind
Granadas letzte Liebende, und der Ruf
      ist das Geheimnis
ich hatte dort einen Vertrauten und habe ihn
      immer noch
wiewohl die Stadt vom Schicksal hinweggefegt wurde
und das, was zwischen ihren Schlössern und ihrer
      Ebene verschwand
Ihrer Kompanien sind zwanzig, und der Halbmond ist
      der nächtliche Plauderer
„Wenn ich eine Fahne zurückließ, die als Wegweiser
      diente
tauchte eine Fahne wieder auf, hell flatternd
      in der Fata Morgana."
Er drückte mir die Hand und zog
eine Blume am Busen hervor, nahe dem Herzen
und die Blumen fielen ab von ihm
Ich biete allen Käufern meine Kleider

und meinen Säbel an
und die Augen meines Pferdes
Nackt stehe ich nunmehr unter euch
nehmt alles, was zu verkaufen ist
- Was habe ich schon verloren außer der Last eurer
        Ketten? -
Hängt die Scheide meines Säbels an die Wände
        eurer Säle
und meines Pferdes schöne Augen
und laßt meine Kleider Gegenstand eurer Gespräche
        sein
 - Was habe ich schon verloren außer der Last eurer
        Ketten? -
Und laßt mich allein
laßt mich sagen, was ich sagen will
sein, was ich sein will
laßt mich sterben oder leben als Stern
da war allein das Granada der Liebe nackt
das Granada der Liebe allein war nackt.

Einsamkeit

Eines Morgens sah ich sie beide
eilends nebeneinandergehn
leichter Mandelduft lag auf der Straße...
Waren sie Schwestern?
Mir fielen ein wenig die katzenartigen Schritte auf,
        durch Übung verfeinert...
Warum fühlte ich mich von den Mandeln verfolgt
und davon, daß ich etwas über zwei Schwestern
        wußte
die des Morgens eilends dahingehn?
Jeden Morgen...

wenn es zehn ist, packt die Unruhe mich...
Werden sie wieder vorübergehn?
Sie gehen vorüber...
Ich berühre den Mandelduft
und den Ballen der Katzenpfote
dann entschwinden sie zwischen den Bäumen
hinter der Straßenbiegung
im letzten Eckchen meines Fensters
Manchmal dreh'n sie sich um
und dann sehe ich einen Faden, der
das Fenster mit den Dingen verbindet.

Der Aprilstorch

So kam er also...
ohne Pauken und Trompeten
erreichte ruhig und bedächtig die Stadt.
Mit dem ersten Blick: die Wahl des Hauses
mit dem zweiten: der Zweig, der das Nest sein würde
mit dem dritten: das Nest...

Die Stadt aber
blieb auf der Erde
wußte nicht, weshalb er gekommen war
wird nicht versteh'n, was er tut
weiß nicht, wann ihn der Aufbruch ruft.

Von jener Eidechse
von dieser Nacht...

Nicht einmal das Meer steigt diese Nacht bis
      ans Fenster
Seine Stimmen steigen nicht einmal bis
      zu der hölzernen Kiste
die am Strand darauf wartet, geleert zu werden
Hör' ich die Stimme des Windes?
Oder die Stimme des Schreis in der vergilbten
      Zitronenblüte?
Ich sehe, wie die dastehenden Bäume
eine Frau erwarten, die ihre Schenkel grün
      gefärbt hat...
Wer wird kommen in dieser Nacht?
Wer wird dieser Einladung folgen?
Nein... komm nicht
komm nicht...
denn das durchs Fenster strömende Meer wird
      nicht kommen
und der unter meinen Nägeln versiegende Fluß wird
      nicht kommen
(sein Blut schlägt um
wie die Luft am Golf
die in einer Muschel gerinnt)
Und warum kommst du, Frau?
Und warum wart' ich auf die, die kommen?
In dieser Nacht
schick' ich dem Sandkrebs fünf Ansichtskarten
schick' ich der Schlange Mimosenblüten
schick' ich Zuhälter ins Paradies
schick' ich den Heiligen Präservative
und meine Söhne zu getöteten Meerjungfrauen
(Gib mir, oh Gott

was immer du erschaffen willst
gib mir den Sturm.)

Komme nicht in dieser Nacht
Ich werde sagen: „Ich liebe dich", doch komme nicht
oh mein Tadler, oh mein Tadler
oh mein Tadler, oh mein Tadler
In dieser Nacht
miete ich ihre Wohnung für ein paar Augenblicke
und reise von ihr fort
lasse unter meinem wollenen Kissen
eine Magnum
und sieben Kugeln zurück
lasse Leuchtpatronen zurück
und ein paar Tropfen Nachtschweiß
ich lasse in der Klinke der Wohnungstür einen Garten
        zurück
dann gehe ich nach Katmandu
in Katmandu sitze ich in Buddhistenkreisen
berühre unter den Zweigen des Feigenbaums
        ein erstes Licht
rauche sieben Zigaretten
und sage: Frau, vielleicht kommst du doch...
(Ich sage nicht: Ich werde mit ihm gehen.)

Ich werde nach Timbuktu gehen
besessen an den Lehmbauten lehnen
aus einer Kalebasse das Wasser von Engeln trinken
und sagen: Frau, vielleicht kommst du doch
(Soll ich bis zum Tod
weiter den Segeln folgen?)

Ich werde nach Bagdad gehen
ein wenig am Flusse sitzen

144

ein wenig in Bab Scheich* herumflanieren
und Bagdad wieder verlassen mit leichtem Proviant
. . . .
. . . .
(Das Ende des Sturms?
Der Anfang des Sturms?)

Ich werde nach Jerusalem gehen
und deine Namen eintragen
meine Namen
ich werde sie in die Steine der Mauer meißeln
den verschreckten Tauben eine Handvoll Weizen
        geben
und an mir selber vorübergehen
und sagen: Frau, vielleicht kommst doch...
Halleluja
hallelujah.

*Stadtviertel in Bagdad

Einmischung

Manchmal, wenn ich mich auf hoher See befinde
sehe ich Gras auf dem Meeresgrund
das Gottes Geschöpfe durchstreifen.
Warum greife ich mit den Händen nach dem Seegras
Sind die Pflanzen des Festlands ihrer überdrüssig?

Wie schläft das Kind?
(Palmfasern sind seine Matratze, ein Stern
        ist sein Kissen.)
Wie schläft das Kind

wenn es im Morgengrauen, das zwischen die Palmen
      gekrochen ist
zugeseh'n hat, wie ein Kamel geschlachtet wurde...
Wie schläft das Kind?

Die Nymphen lassen mich auf dem Felsen zurück
(Ich werde weiterrufen.)
Die Nymphen lassen mich zurück
(Ich werde weiter auf den Felsen starren.)
Die Nymphen lassen mich zurück
(Ich werde ein wenig schlafen, um auf einer Blume
      zu erwachen.)

Ich habe ein Land verlassen, das einst meine Mutter
      bewohnt hat
und bin mit den Wegen fortgegangen
ich besaß weder Nagel noch Flöte
ich zog in Leichenwagen umher
und schlief frohen Muts im Auge des Sturms
und jetzt...
nachdem ich in meinem Kopf eine Kiste voller
      Wunder zusammengetragen habe
bringen mich da die Wagen zurück
in ein Land, das einst meine Mutter bewohnt hat?

Zwischen Korallenzweigen
schnellen Leuchtfische hin und her
Sorge dich nicht, mein Sohn
die Zweige erfreuen dich nicht
und das Dunkel macht dich nicht traurig...
Ein Stückchen Koralle auf dem Balkon
und dornige Kletten an den Kleidern.

Die Bar am Fluß

Sie war die letzte Matrosenbar
eine Bar aus hartem Holz und blitzendem Metall
mit Blick auf die Seeschiffe im Fluß
mit Blick auf die Binnenschiffe auf hoher See
und sie war Basras letzte Bar
in einem Palast, den der Datteladel verlassen hatte
um zu den ersten Stammbäumen in der Wüste
      zurückzukehren.

Sie stand ganz allein da in ihrer Abgeschiedenheit
sie begnügte sich mit dem harten Holz und der
      offenen Tür des Palastes
begnügte sich mit ihren Gerüchen
ballte sich um den Glanz der Seele
um die indischen Bäume und die mißhandelte
      Architektur.

Sie war die letzte Matrosenbar
und der erste Zweig der Seele
wir lernten in ihr, die Namen der Häfen
      zu buchstabieren
traten auf die Kais hinaus
und erlernten eine Fähigkeit:
unter freiem Himmel zu zechen...

Der Niedergang des Hotels „Mesopotamien"

Die Wüste ist nicht weit entfernt von ihm
Wenn in seinen Zimmern die Dattelpalmen kreisen
wird es trüb wie das Wasser im nahen Fluß
und in den alten Rohren.

Seine drei Etagen sind aus Gips und gebrannten
      Ziegeln errichtet.
Seine dicken englischen Fensterscheiben gehn
      hinaus auf die Gartenbar und die Boote
und vielleicht ist der Weg dorthin kürzer, wenn man
      sich rechts hält
Vielleicht denkst du: Wie schön sind die Gärten.
Im Hotel „Mesopotamien"
haben wir zusammen gelebt, haben Glücksspiele
      gespielt
haben gelernt, den Alkohol, dies Gift, zu überlisten
In seinen Zimmern... haben wir uns eines Tages
      vermählt
und sind wiedergekommen, nachdem Jahre
      vergangen waren
kamen wieder und schleppten unsere Kinder mit, sie
      lernten seine Gärten kennen...
Wir waren erschöpft von dem, was wir hatten
      erdulden müssen.
Wir begriffen nicht, daß der Gips und die gebrannten
      Ziegel...
wir merkten nicht, daß überall Wasser floß...
      daß die Decke...
Ach... nachdem Jahre vergegangen waren
kamen wir wieder, schleppten unsere Kinder mit, die
      seine Gärten kennenlernten
und waren erschöpft von dem, was wir hatten
      erdulden müssen.

Mohammed Umran *(Syrien)*

Geboren 1934 in der Provinz Tartus. Studierte Pädagogik an der Universität Damaskus. Arbeitete dann als Lehrer in verschiedenen syrischen Städten. Zuletzt lebte er in Damaskus, wo er als Kulturredakteur für einige syrische Zeitungen und Zeitschriften tätig war. Umran starb 1996.

Das Gesicht

Ich zog meine alten Schuhe
und mein Gesicht aus
ich zog meine alten Kleider aus
und mein altes Fleisch
hier an meiner Türe erwacht ein Tag
und ein Gesicht taucht auf aus der Erde
weiße Spiegel erscheinen
und zwei Augen
eine Tür taucht auf aus dem Gras
eine herzliche Tür
sie umarmt mich -
„Wieso hast du dich mit einem Gesicht
aus Unfruchtbarkeit verbrüdert
einem kupferfarbenen Gesicht
bist in die Fremde gegangen
bist hinausgefahren aufs Glas?"

Stimme

Unser Brot ist bitter, und die Trauben unsrer
Reben hängen wie tote Hälse herab. Warum
besuchtest du uns?
Du fremder Vogel

du, der du aus dem Land der herzlichen Melancholien
     kommst
du bringst uns zwischen deinen Flügeln
das Aroma der alten Sonne
Du Tänzer im Tode des Gartens
wie sollen wir dich empfangen, wir
haben doch kein Haus?

Psalmen

Es gab keinen Spiegel in meinem Haus
Wie solltest du da deine langen schwarze Haare
     kämmen?
In einer windigen Nacht
zerbrach der Spiegel des Himmels
und im Spiegel der Erde stieg das Blut empor
wie solltest du da deine langen schwarzen Haare
     kämmen?
Meine Fenster hatten Glas, das zerbrach
Tränen durchstießen den Spiegel meines Herzens
wie solltest du da deine langen schwarzen Haare
     kämmen?

Baum der Schöpfung

Blaues Papier
er dachte sich eine Frau aus
und kolorierte ihre erdachten Bewegungen
er malte das Gesicht wie ein Schloß aus weißen
     Vögeln
und das Haar wie Mondlicht
dann malte er eine Weide

und nannte sie Augen
goldene Mädchen grasten auf ihr
dann malte er ihr Lachen wie Mandelblüten
und malte für die Stimme eine Reihe aus Bäumen
und er nannte ihre Hände Schwalben
für deren kurzen Schlaf
malte er zwei Ziegelsteine
dann malte er einen Abhang aus Schatten
dessen Merkmale nannte er Körper
und er streute Sterne über den Hang
dann malte er auf ihre Lippen
einen Pfad für die Schmetterlinge
und malte ihren Stuhl auf Blumen
er malte einen Weg
und für den späten Abend
einen Traumeingang in ihr Haus
dann trat er in ihren Traum
und umgürtete sie mit Meeren
und band sie an die Inseln
dann pflückte er für ihren Korb ein Stück Erde
und für das Bündel aus ihrem Tuch einen Himmel
und versteckte in ihrer Tasche Städte
      aus Weintrauben
und er schmückte ihr Handgelenk mit Reifen
aus indischen Kügelchen
oder mit Perlen aus dem Arabischen Meer
und er hängte ihr als Amulette zwei Ohrringe an
und um den Hals zwei Ketten aus Zigeunermuscheln
dann ließen ihre Fußreifen sich vernehmen
und die wichtigsten Bücher fielen ein in ihr Klirren
wie blaues Papier
der Traum erschlaffte ihm unter der Hand
und schlief vor Müdigkeit ein
wie blaues Papier

Abends war er gekommen, um eine Frau
        zu erschaffen
und morgens ging er wieder.

Ahmed 'Abdalmu'ti Hidjazi *(Ägypten)*

Geboren 1935 in Minufia. Studium in Ägypten und Frank-
reich. Arbeitete dann für ägyptische Zeitungen und als
Universitätsdozent in Paris. Hat außer Lyrik literaturwissen-
schaftliche Studien publiziert. Er gibt heute in Kairo die
offizielle ägyptische Literaturzeitschrift „Ibda'" heraus.

Zementbäume

Die Zeit kommt und geht
ohne daß der Schatten seinen Platz verläßt
und diese Zementbäume wachsen
wie Pilze
die die Erdoberfläche bedecken
da ist kein Platz mehr für Gras
und dieser strömende Regen verliert seinen Sinn
auf diesem massiven Stein
gedeiht nur Rost
oder Moos ohne Wurzeln.

Der Wind kommt und geht
ohne daß er dies Schweigen durchdränge
oder imstande wäre, die Hilferufe der Dörfer
und der sinkenden Schiffe weiterzutragen
und diese Zementbäume sind allüberall
sie recken sich empor und muhen
wie Teufel
und jagen die wie Steine vom Himmel fallenden Vögel
            in Radargeräten
oder sie verfangen sich mit ihren flaumigen Hälsen
in den Drähten der Abhörgeräte

in jenen Himmeln, von denen wir durch unsre
      Terrassen wissen
daß die Vögel in ihnen sterben, jetzt
da der Schwarm gegen das glänzende Metall prallt
dessen Hörner zittern im letzten Licht.

Die Nacht kommt und geht
ohne daß wir genügend Schlaf hätten
und die Zementbäume schlingen sich um uns.
Und die Neugeborenen, deren Väter stets schwiegen
kommen kleinwüchsig zur Welt
mißgestaltet
aus ihren Mündern dringt kein Laut
und ihre Hoden gedeihen nicht.
Und die Abfälle, allmorgendlich
ausgespien von der Gier
aus Überdruß, nicht aus Sattheit -
sie werden in Säcken vor die Türen gestellt
und Fließbänder bringen anderen Butter und Wein
in kleinen Flüssen, die bei den Verkäufern enden
und weiter dreht sich die Erde!

Rückkehr aus dem Exil

Als die Stadt befreit war, kehrte ich aus dem Exil
      zurück
suchte in den Gesichtern der Menschen nach meinen
      Freunden
ich fand niemanden
und wurde müde
da fragte ich nach meinen Leuten, meinem Haus, das
      einst uns gehörte

da wunderten sich die Menschen über die Frage
und ich fragte weiter nach alten Bäumen
die den Weg zu den Hügeln säumen
da wunderten sich die Menschen über die Frage.

Und ich suchte den Fluß durch die Stadt, vergeblich
und ich entdeckte Asche, die aus der Glut der Sonne
fiel, die sich zum Untergang neigte.

Ich erschrak beim Anblick der Bewohner der Stadt
die mit fremdem Akzent zu mir sprachen
da ging ich davon, während sie vor mir standen
und schweren Schritts meinem Rückzug folgten
bis ich die Stadt verlassen hatte, bepackt mit meinen
      Taschen
und in mich zusammensank wie eine Salzsäule
in den Sand.

Jagdlied

Es ist Frühling
und heute ist Sonntag
und in der Stadt, die leer ist und deren Wohlgeruch
sich verbreitet, gibt es nur mich
Ich sage mir... ich könnte doch Flughühner jagen

Die Flughühner sind mir gefolgt von Land zu Land
sie ließen sich in meinen Träumen nieder und sangen
und wenn ich aufstand, flogen sie fort
Ich trug meinen Bogen bei mir
und ging tief in den schwindenden Tag
nach den Flughühnern suchend
bis ich den Brandgeruch der Zeit im Grase roch

und ein zuckender Blitz mir erschien
Die Flughühner
lösten sich am Himmel auf wie Perlen einer Kette
dann scharten sie sich wieder
kamen näher
und holten ihr Bild aus dem Nichts zurück
so tuend, als fielen sie
mir auf die Hand
sie flatterten über den Gewässern wie Gischt
und stiegen körperlos auf

Ich zielte den ganzen Tag lang auf sie
und traf nicht
ich lief umher zwischen Wasser und Wolke
zwischen Wachen und Traum
wie von Sinnen
und seit ich mein Land verlassen habe... bin ich nicht
mehr zurückgekehrt!

Das Alexandria-Tagebuch

Eine dunkle Wolke verschattet den Himmel
nur ein rötlicher Streifen liegt zwischen ihr
              und dem Dunkel der Häuser
und das Meer
ist verglühende Farben...
wenn der Abend zur Neige geht.
. . . .
Und wir im Café... wir sterben.

Ich sah Marie, die ich zwei Nächte zuvor
aus den Händen eines Polizisten befreit hatte
des Nachts allein am Strand.

Sie bot für zwei Groschen ihre attischen Brüste feil.
Als wir eilends den Weg zurückgelegt hatten
und die Tür ins Schloß gefallen und verriegelt war
erzählte sie mir von dem jungen Mann
der sie zwei Nächte zuvor gerettet hatte
Sie weinte... und lächelte.
Das Licht des verblassenden Mondes füllte
        das Fenster aus.

Es war ein fader Abschied
unser Abschied... am Ende des Sommers, am Ende
        des Tages
es war ein stummer Abschied am Meer
hinter uns die nackte Weite
so als wären wir Protagonisten eines alten
        Theaterstücks ohne Bühnenbild
das ohne die drei Schläge beginnt
und ohne Vorhang endet.

Die Städte, durch die ich einst kam in meiner kurzen
        Kindheit
die Schiffe, die in der Ferne aufleuchteten und wieder
        verschwanden
und die einschmeichelnde Strophe eines Volkslieds
die von einer nahen Hochzeitsfeier herüberklang
und meine Einsamkeit in dieser Nacht
in der ich die Hoffnung aufgab, Freunde zu treffen
Dies alles weckt in mir den Drang, einfach
        loszuweinen
Doch am Ende des Anfalls wache ich auf
und die Tränen antworten nicht
Das ist die Tragödie meiner letzten Reise.

Shauqi Abi Shakra *(Libanon)*

Geboren 1935 in Beirut. War zunächst als Lehrer tätig, entschied sich jedoch später für eine journalistische Laufbahn; arbeitete bis vor kurzem als Kulturredakteur der libanesischen Tageszeitung „an-Nahar". In den 50er und 60er Jahren engagierte er sich in der Redaktion der Literaturzeitschrift „Shi'r", deren Literaturpreis er 1962 erhielt.

Die Augenlider

Erzählt meiner mageren Mutter
daß ein Dämon eine Schale Feuer besitzt
er hat mir Salz in die Augen
gestreut und ist davongeflogen
Er hat mich wie einen Ball
dem Stamm vor die Füße gelegt
Und die großen Dämonen haben mir einen Tritt
     versetzt
so daß ich in hohem Bogen Richtung Steppe flog
Sie zogen mir einen Ring vom Finger
der ein Geschenk war, und nahmen mir meine
     goldenen Lider.

Café

Die Träne ist ein Café der Freunde, das Heft
     eines Gesichts
und runzliger Ideen, ist ein Dach aus Schilfrohr gegen
     die Sonne.

Ein Boot

- Der Dichter zieht sich die Hose hoch, zwirbelt seinen
      Schnurrbart und schürzt die Lippen
wenn er den Fluß überquert und in das Boot
      der Menschen steigt.

- Ich ziehe zu Festen und Feiertagen Seeräuberkleider
an. Ich trainiere mit dem Sandsack, ich überwerfe
mich mit den Schatten, ich tanze mit dem Fernrohr
und dem Besen und vergesse den Sturm.

Fata Morgana

Das Schicksal ist blau. Wir kaufen's als Katze
      im Leinensack
als in Papier gewickelte Zuckerwatte, als schwarzen
      Käse.
Wenn es ein Fisch ist, essen wir ihn.
Wenn es ein Apfel ist, beißen wir in ihn hinein.
Wenn es ein großes Schicksal ist, wie es im Buche
      steht
zerkaut und ißt es uns und wirft den Kern in die Fata
      Morgana.

Der Silbermund

Ich recke immer meinen Hals über den Zaun, um von
      der Giraffe mehr zu sehen
Eines der Gedichte: ein weißes Haar auf dem Kopf
      einer Witwe

Wir tauchen in salziges Wasser. Wir klettern auf den
        großen Balken
wir geben dem Kapitän die Hand.
Der Zoll stempelt uns den Rücken ab: so ist das
        Reisen.
Im Café trinken wir Whisky und kratzen uns am Kopf.
Ich warte auf ein Wildschwein, das sein Gehirn
wie eine Rose durch mein Fenster schiebt.
Der alte Mann ist ein Baum, ist der tragende Balken
        des Hauses und seine Asche.
Die Armut des Dichters ist wie lange Fingernägel.
Eines Tages schneidet er sie mit der Schere.
Der Messias ist ein Volkslied. Buchstabengetreu
        tragen die Sänger es vor.
Angelika ist Amerikanerin, begleitet von einer
        Krankenschwester
und einem Hund. Eines Tages wurde sie von einer
        Schlange
totgebissen. Die Krankenschwester ging hinter dem
        Hund
und sah die Schlange nicht, die bäuchlings durch
        die Steppe reiste
Meine Tante ist über und über voll Öl. Sie trieft vor Öl
        vor Sirup und Zitronensaft.
Ihre Zunge ist rot wie eine Anemone.
Sie hat ein Spinnennetz, Brennholz und einen Keller.
Meine andere Tante ist Wahrsagerin und züchtet
        Tauben.
Sie klemmt sich wie ein Tischler einen Bleistift
        hinters Ohr.

Das Schouf-Gebirge ist dieser adrette Schäfer, der
        Midjana* spielt und Abu al-Zoulf*

der Garten der Prinzen und der Scheichs pumpt dem
        Bauern
den Bauch mit Feigen und Weizen voll.
Dort gibt es Weißdorn, Eicheln und Eichen, deren
        Geruch
die Fahrgäste des Kleinbusses riechen, wenn sie
        den Berg hinauf fahren.
*zwei libanesische Volksliedarten

Das Wetter, der Rabe

Du, der du aus dem schönsten Lehm geboren bist
deine Augen glänzten bezaubernd
und trügerisch
und du hast mit dem Dolch den Hahn
und die Sonne geschlachtet
als Mahl für die Freunde
da krähte der Hahn aber wieder
die Sonne ging unter
und du warst fremd
wie der Nebel.

Du Wetter, du Rabe
du Wolf, du Winter
dein zerzauster Kopf war Tinte und Seen
und ein Sumpf aus Papier und Wasser.

Du hörtest nicht
sondern verbranntest dich
Die Maus holte sich dein Eigentum
Deine Frage ergraute.

Aus dem Arabischen von Suleman Taufiq

Mohammed Afifi Matar *(Ägypten)*

*Geboren 1935 in Minufia. Studium der Philosophie an der
Ain-Schams-Universität in Kairo. Lehrte dann selber Philo-
sophie und arbeitete von 1977 bis '83 im Irak als Journalist
und im kulturellen Bereich. Lebt heute in Ägypten. Im Jahre
2000 erhielt er den Uyais-Lyrikpreis.*

Der Dichter und die Niederlage

Komme ich im Gewand der Niederlage daher
dann macht mir den Weg frei
denn in seinen Taschen sind die Aufzeichnungen
        des Verbrechens
und die Eule des Schwefels und der Feuersbrunst.

Schlaf' ich auf meinem alten Friedhof
in vertrocknetes Blut gehüllt
und stumm, und mein Kissen ist der Gesang
dann zertrümmert mir den Schädel
und watet in meiner Lunge
und verstümmelt mich in der Jahreszeit der Blitze
und beschmiert mein Gesicht mit hinterhältigem
        Schlamm.
Nachts wird der stumme Blitz herniederfahren
um die Asche in meinen Adern zu verbrennen
und die Knochen am Osttor zu verstreuen
er wird mich kreuzigen am Rande des Himmels
wird mir leuchten auf meinem Weg...

Wenn Gras auf meinem alten Friedhof wächst
oder die Trauerrede der Gifte Früchte trägt
dann stehe ich auf
mit blutgetränkten Gedichten

und murmele, was ich den Aufzeichnungen
der Auferstehung abgelauscht habe.

Komme ich im Gewand der Niederlage daher
dann falle in meinen Schoß, oh Erde
und pflücke deine unheilvollen Blumen
aus dem Dunkel des Auges.

Lob einer Brust

Flaumhärchen
erschienen im Licht und verschwanden wieder
die Öffnungen der Poren
netzten die Hüllen.

Die Verdichtung der Farbe im kleinen Kreis
war wie ein kleiner Vogel, der auf den Lippen
seinen warmen Schnabel öffnet.
Und die Adern
tanzten in den Gärten der Rundungen.

Dies ist die Öffnung der Quelle zwischen den Rippen
zitternd mit der Stimme, der Freude, den Tränen
trägt sie in ihrem Schoß die Ähre des Mythos
die prall ist von Poesie und Prophezeiung
und von Schöpfung und Wollen
prall von Zerstörung und Aufbruch
in Zeiten des Staubs...

Die Häuser auf der bewohnten Welt sind in sich
        zusammengestürzt
die Lichter der Stadt sind erloschen
und das Gewand des Dunkels ist herabgesunken

und die Zeit, die mit Pferden, mit der Wolke
        und mit den Gedichten
in der Ähre der Träume aufgeht
wartet in ihrem weißen Innern darauf, daß sie kommt
die Rituale des Tages eröffnend.

Eröffnende*

Im Namen Gottes
Im Namen des Menschen, der umkam auf den Wegen
        des Gehorsams
und sein Wort, gespenstisch in den Kümmernissen
        des Herzens
Im Namen des Fluches und derer, denen man zürnte,
        und der Irregeleiteten
fleh' ich die Wörter - die Lanze - an
das rhythmische Stechen
das Versende, scharf wie ein Messer
flehe, daß sie abtrennen
was mich mit dem Menschen verbindet
daß sie einen Wolf aus mir machen, der
in den Finsternissen der Einsamkeit und der Wildnis
        heult
(Wer schreit schon hadernde, besiegte Flüche heraus
außer einem verliebten Menschen!!)
Ich flehe die befruchteten Monde der Menstruation
        und die Gedichte an
daß sie Feuer an meine Wörter legen
mich verbrennen und meine Asche verstreuen
daß sie aus mir ein Beispiel für dieses schwarze
        Schweigen machen
daß sie mich zum Zeichen der Schande an den Hals
        des Kerkermeisters hängen

daß sie mich zu einem bitteren Wort in den Mündern
der verlogenen Heuchler machen, denen
man nicht zürnt und die nicht zurückgewiesen
werden
Amen...

*Name der ersten Sure des Korans

Zauberspruch

Ich nehme meine Zuflucht vor dem Wahnsinn
in der Poesie
Ohne sie wäre ich nicht, und die Wege des Sehens
in den Augen hätten sich nicht aufgetan unter
den Skalpellen der Sonne
Ohne sie hätten sich die Ränder des Bewohnten
und Unbewohnten nicht geöffnet und wieder
geschlossen
Ohne sie hätte ich mir im Regen des Staunens
mit Hilfe von Schweigen oder Verrat das
Leben genommen

Ich nehme meine Zuflucht vor diesem Skandal bei
den Wahrsagern
einem Skandal, der uns aus unserer Haut fahren läßt
Er läßt uns in die Dinge flüchten
So wohnen wir bald im Steinigen des Steins und im
Flüssigen der Flüssigkeit
und bald im Nest unsres Todes, und nicht ein einziges
Mal wohnen wir
in unserm von Zweifeln bevölkerten Haus.

(Ohne euch, ihr Wahrsager
hätten meine dunklen, verdammten Gedichte
nicht meinen bitteren Zorn
und meinen Argwohn enthüllt)
Ich nehme meine Zuflucht in mutiger Armut
        im Zweifeln
vor der Bequemlichkeit des Nachgebens,
        des Einlenkens und des Ränkeschmiedens
(Ich sehe dich, du Wort „Umstände"
mumifiziert und vom Gottesacker des Negativen
auf den Friedhof des Positiven verlegt
bald rechtfertigst du Scheitern
Schrecken und Verbrechen
und bald machst du die Rituale des Todes
zu Ritualen der Auferstehung
machst das Erbarmen
zu einem Vogel, der auf den Schneiden der Schwerter
        nistet)

Ich nehme meine Zuflucht in ständigem Fluchen
vor mir und meinem blinden Tappen
Ich nehme meine Zuflucht in der Weigerung
        und im Gedicht
vor der Segnung der Selbstgefälligkeit...

Unsi al-Hadj *(Libanon)*

Geboren 1937 in Beirut. Gilt als erster arabischsprachiger surrealistischer Dichter im Libanon. Übersetzte Gedichte von Prévert, Breton und Artaud ins Arabische. War jahrelang Feuilletonist der Tageszeitung „an-Nahar", deren Chefredakteur er später wurde. Sein erster Gedichtband, „Lan", erschien 1960; seither zählt man al-Hadj zu den originellsten Vertretern der modernen Poesie in der arabischen Welt.

Identität

Ich habe Angst.

Die Steine lasten nicht auf meinem Sarg, und meine Brillen breiten sich aus. Ich läch'le, ich kniee nieder, doch es treffen sich die Rendez-vous der Geheimnisse, und es leuchten die Schritte, und herein kommt ein Mantel! Das alles hat man am Hals. Am Hals hat man Ohren und Diebstahl.

Ich suche dich, wo bist du, oh Wonne des Fluchs! Deine Nachkommenschaft ist verrucht, deine Fußstapfen graben sich ein!

Der Schlaf gibt mich preis, der Schlaf hat keine Kante, drum entwerfe ich auf dem Bett eine Vorgehensweise: Ich öffne ein Fenster und fliege davon, ich verstecke mich unter meiner Frau
ich gerate in Erregung!
Und ich entbrenne!...

Komm, schreie ich, komm, schreie ich. Ich rufe: Es siege die Wissenschaft! Die Uhrzeiger werden zerbrechen, und ich erinnere mich daran, um ohne Verzweiflung zu zeugen.

Es regnet aufs Meer.

Ich rufe dich, du kahles Gespenst, mit einer Verbündeten-, Sklaven- und Reiseführerstimme, denn ich weiß: Du bist die wiederkehrende Rache, hart wie der Wucher, schamlos, stumm, und meine Pläne haben keine Ruder. Ich lasse den Kopf auf meine Stirne fallen, dein einziges Auge starrt mich tadelnd von unten an, der Tag verläßt mich, dich schützt die Nacht. Der Tag stößt mich an: „Die Nacht gehört dir!" Ich laufe, die Nacht ist ein Mann! Wohin soll ich fliehen? Ich bin der Horizont. Das Leben ist eine Schlange. Das Auge ist eine Treppe, das Auge ist Schilf, das Auge ist ein schwarzer Markt. Mein Auge ist ist ein Trichter, aus welchem der Wind springt, der ihn nicht trifft. Soll ich heulen? Das Schreien hat keine Stimmbänder. Da steht ein Sofa, ich werde widerstehen.

Es wird die Zeit der Freunde kommen, doch das Warten hat Selbstmord verübt. Die Pferde rennen vergeblich, die Angst ist eine unendliche Zahl.

Das Dach zerfällt in meinem Herzen, und die Erde hat darin keinen Platz. Ich eile und werde geworfen, das Echo fegt mich hinweg, das Echo! Die Erde ist fern und weglos, die Erde fällt ab ohne Schwelle.

Ich werde auf die Luft geschossen, ich steche die Luft mit meinen Fasern.

Ohne Idiotie! Die Bewegung geht nicht gegen die Nacht, die Bewegung ist blind und sieht in der Nacht. Steh auf! Die Lampe ist Diener, und Dienerin ist deine

Hand. (Ich lache über mich.) Steh auf! Hier bin ich, es wird an die Tür geklopft.

Die Tür: hier ist der Tod. Sein Gesicht ist das des Schicksals, und sein Rücken ist die Verirrung. Es wird geklopft, doch sie bebt nicht, sie bleibt.

Ich muß weinen. Wie konnt' ich vergessen, daß Tränen die Spiegel trüben? Der Spiegel ist ein Wald, die Träne jedoch ein Partisan. Laß mich dein Geräusch vernehmen, oh Genossin! Laß mich deine Fahne hochhalten, bis die Sehnen in meiner Schulter reißen!

Es regnet aufs Meer.

Es gibt keine Träne mehr auf der Welt.

Und die Traurigkeit?

Was ist schon ein trauriger Mann wert! Das Stirnrunzeln ist ein Zeichen, der Zorn ein Davonsegeln. Die Flanken der Fallsucht kündigen den Frühling an, und morgens umarmen sich Sieg und Massaker, und ich reiß' mir vor Neid die Wangen herunter.

Doch die Angst!
Was ist das
die Angst?

Fang' nicht an. Ich werde schrumpfen und verstummen. Dein Flügel. Dein waagerechtes Auge! Oh Herr: nein! Nimm die andern zuerst!...

Neues Blut.

Die fliegende Ewigkeit

Ich zog aus Danaïs Antlitz das Schicksal hervor. Ich wiederholte das Schicksal und wandelte es ab. Dann war ich ungerecht zu ihr!
Ich stelle ihr immer noch nach: Denn niemand wird sie jemals so lieben wie ich.
Und ich zog mit ihren Händen aus meinem Körper die fliegende Ewigkeit hervor, die eifersüchtig auf sie war und vermischt mit dem Salz ihrer wenigen Tränen wie oft hat mir Danaï all diese Liebe verziehen!

Die Tage und die Riesen

Ich mag die Erinnerung an die Tage, die gingen und gingen und nicht wußten, daß sie in einem Buche enden würden. Ich mag die Erinnerung an die arbeitsamen, die getränkten, die diesigen Zeiten, die Zeiten der Riesen, die gingen und gingen und nicht wußten, daß sie in einem Buche enden würden.
Es waren Tage, nicht edler als wir. Und sie wußten, wir würden edler werden als sie. Und wir wußten nicht um die Herrlichkeit unseres Elends, um den Glauben an unsere Knechtschaft, um die Hohlheit unserer Freiheit und um die Hoffnung auf unseren Sturz.
Ich mag die Erinnerung an die Tage, die bald kommen werden. Jene anwesenden Tage.

Ich habe Angst zu erfahren

Das Schönste liegt zwischen Unwissenheit und Wissen. Das Schmerzlichste und das Quälendste. Ich weiß nicht, was du beschließen wirst. Deine Augen, die die Farben deiner Kleider haben, blicken starr in mein Schwindeln wie die Starrheit der rettenden Verwirrung in den Leiden.

Verlogen ist diese eisige Kälte, verlogen dieses belanglose Meer, verlogen jedes Tun, was für eines auch immer: Ich werde dich vergessen. Verlogen ich selbst, auch wenn ich dich vergessen könnte, täte ich's nicht, denn auch du gehörst mir nicht. Und wie könnte ich die vergessen, die mir nicht gehört!

Es wäre erleichternd gewesen, wenn...

Doch auch ich bin verlogen. Ich lehne jene Erleichterung ab. Es geschieht, was geschieht und was nicht gescheh'n soll und was auch nicht geschieht. Liebe mich, nicht weil ich geliebt werden kann, sondern weil deine Augen ihre Art und Weise lieben, mich zu verbrennen.

Ich war schon groß an dem Tag, als du geboren wurdest. Gestern, als du heranwuchsest, war ich noch klein. Und wäre das Licht nicht gewesen, dann hätt' ich von meinem Leben nichts wahrgenommen als das Schaudern. Ich klein wie der Anfang und du groß wie alles, was das Ende immer neu beginnen läßt.

Du gehörst einem andern wie jede, die ich liebte. Du gehörst einem andern wie jede, die mir gehört. Schicksal dessen, den es nach dem Eigentum eines andern gelüstet, Schicksal des Trägers der Verlockung, Schicksal des fremden Besuchers, Schicksal

des Unruhe- und Freiheitsstifters - ein schönes Schicksal, das meine!
Und zwischen Unwissenheit und Wissen liegt mein Geschick, und ich habe Angst zu erfahren, was geschehen wird.

Das Schönste liegt zwischen Unwissenheit und Wissen, dich hätscheln die Sorgenträume und verraten dich.
Wehe dir bei der Schönheit des Quälens jener Verwirrung und wehe dir bei der Gewißheit.
Denn du bist unterm Zeichen der Krone und des Gifts geboren.

Das Gastmahl

Ihr wollt Poesie?
Seit wann verfaßt der Dichter Poesie?
Ihr wollt ihn in seinem Geheimnis,
in seinem Schaffen?
Ihr wollt diese Schatten und diese Erneu'rung
 und Symbole wollt ihr und Formen?
Und Musik?
Und Bilder?
Fort, hinaus aus diesem Zimmer!...
Es war Poesie und nicht Spontaneität
und es war Spontaneität und nicht Poesie
und es war die Poesie und die Spontaneität
und es blieb Raum
Raum nach vorn
hungriger Raum
hungrig, hört ihr, hungrig!
Und ich bin hervorgetreten

weder um der Poesie noch um der Spontaneität
noch um euretwillen
ich bin herausgetreten um der Liebe willen!
Und ich bin Nahrung geworden
Nahrung der Liebe
sie hat mich verzehrt
aus Zärtlichkeit, aus Mitgefühl
aus Ekstase, aus Eifersucht
aus Argwohn, aus Reue
aus Beutegier, aus Gekreuzigtsein
aus Dummheit, aus Entsagung
aus Angst, aus Unterdrückung
aus Erfolglosigkeit, aus Fremdsein
sie hat verzehrt von meinen Schultern
und Augen, meinem Herzen und den Zähnen
und sie hat mir den Reif des Leidens
um den Kopf gelegt
sie ließ meinen Kopf sich drehen
und zwischen meinen Händen läuten und ohne meine
Hände läuten
und grenzenlos läuten
denn ich wurde bis zum Letzten verschenkt
und bin hinter diesem Letzten hervorgetreten
Wer seid ihr?
Wer ist da außerhalb meines Kopfes?
Ihr fordert? Lebt? Wollt Rechenschaft?
Ihr lest mich?
Nein? Ihr habt noch nichts von mir gehört?
Ich hab' keine andern Brüder
als meine Opfer, die mich ausgepeitscht haben
ich hab' keine andern Brüder
als meine Henker, die ich zerstört habe
was für erbärmliche Brüder das sind!
Und ich sage: Da ich inmitten der Liebe bin

und ich sage: Ich bin zur Nahrung
der Liebe geworden
doch was für einer Liebe?

Das Licht des Mondes strahlt, um die in die Irre
        zu führen, die nach dem Sinn
seiner Finsternis suchen
und die Finsternis des Mondes ist ein Teil,
der sich verliert in der Finsternis Gottes!
Sucht mich nicht in einem Wort
ich bin in nichts.
Verbrennt diese Bücher da!
Verrat!... Verrat!...
Da ist nichts!
Ich bin mit geöffneten Sinnen hervorgetreten
und habe die Nacht getrunken.
Ich bin ich.
Wer ruft mich?
Wer seid ihr?
Wie soll ich beschreiben, wo ich überall vorbei-
gekommen bin, um die Poesie zu ertragen und daß sie
mich erträgt?
Aus welchen Augen treten die Erinnerungen
an das Wohlleben
und welche Zunge wiederholt das Echo
des Sturzes?
Wo bin ich?
Und welche Haut vermag diese Seele zu umkleiden,
die sich auf ihren Wunden ausstreckt und nah und
fern, allein unter ihrer Macht, die Welt ihrer Träume
sich verwirklichen
oder sich nicht verwirklichen sieht
und wenn sie sich verwirklicht
ist dies das Seltsamste, was es gibt

ist es ein Glück für den Ermordeten
und den Mörder
welche Haut vermag diese Seele zu umkleiden?
Ich habe niemals genau gesagt, was Liebe
für mich ist
und was Leben ist
ich, der Oberflächliche, bin sehr tiefgründig
ich, der Liebevolle, bin ein glühender Hasser
ich, der Dichter, bin kein Dichter
nehmt fort, nehmt fort eure ganze Kunst!
Was hab' ich mit diesem Geschwätz
zu schaffen?
Manches davon sieht ihnen ähnlich!
Sieht euch ähnlich!
Eine Dummheit, die mich veranlaßt,
mich selbst zu verraten
eine Schmeichelei, die mich leichtsinnig macht und
mich zu einem Fehltritt verleitet.
Ich bin nicht auf eurer Seite
laßt mich draußen!
Was ich brauche, ist, daß meine Worte
mir ähneln
immer und kompromißlos.
Ich will meinen Kopf behalten!...
Und das werde ich auch!...
Und mit dieser würgenden Angst
in der ich stecke
und in der ich alle sehe, so wie sie sind,
und meine Bitterkeit auch, die größer ist als sie.
Ich stecke in dieser würgenden Angst
und werde sie nicht zu Worten fügen
denn meine Wahrheit mag kleiner
oder größer sein
doch ist sie kein Tier im Zoo der Sprache

175

da von dem, was in mir ist, keine Kunst
etwas wissen will
und kein Mensch mir was nützt, der es weiß.
Schließt die Tür hinter mir
zwischen ihr und mir wird immer Platz sein
für ein Wort
und ich werde es nicht sagen, um sie zu öffnen.
Ich werde ersticken
das ist das Beste
das ist Poesie
und das ist die Antwort
und das wilde Tier, das nur lebt
auf dem Weg, den all jene gehen werden
die später einmal ersticken werden
das dort lebt, statt zu ersticken und sich zu retten
bevor es geboren wird!...

Samih al-Kassim *(Palästina)*

Geboren 1939 in Zarqa. Hat als Gymnasiallehrer in Naza-reth, Galiläa und Karmel sowie bei den Zeitungen „al-Ghadd", „al-Djadid" und „al-Ittihad" in Haifa gearbeitet. Neben Mahmud Darwisch und einigen anderen zählt al-Qassim zu den Hauptvertretern der sogenannten Lyriker des palästinensischen Widerstands.

Warten auf den Donnervogel

Es wird kommen
Es wird mit der Sonne kommen
Ein Gesicht, entstellt
vom Staub des Dreschens
Und es wird kommen
nachdem die Trockenheit
sich entleibt hat in meiner Stimme
Etwas... dessen Wunder unerschöpflich sind
Etwas, das in den Liedern den Namen trägt:
Donnervogel.
Es muß kommen
ganz sicher
denn wir haben ihn erklommen
haben den Gipfel des Todes erklommen.

Fahrkarten

Wenn ich eines Tags umgebracht werde
wird der Mörder in meiner Hosentasche
drei Fahrkarten finden
eine zum Frieden

eine zum Regen und zu den Feldern
und eine zum Gewissen der Menschen.
„Ich bitte dich, lieber Mörder
laß die Karten nicht liegen
bitte, fahr' hin."

Söhne des Krieges

Mitten in der Hochzeitsnacht
führten sie ihn fort in den Krieg.
Und es vergingen fünf magere Jahre.
Und als er eines Tages auf einer roten Bahre
        zurückkam
empfingen ihn am Hafen
seine drei Söhne.

Die abgeschnittene Lippe

Ich wollte euch gern die Geschichte
einer toten Nachtigall erzählen.
Ich wollte euch gerne eine Geschichte
erzählen...
hätten sie mir nicht die Lippen abgeschnitten.

Die Geschichte eines geheimnisvollen Mannes

Er stand am Ende des Wegs, am Ende des Wegs
wie eine Vogelscheuche in den Weinbergen.
Am Ende des Wegs
wie das Ampelmännchen
am Ende des Wegs
er trug einen alten Mantel
sein Name war „Der Geheimnisvolle"
Die weißen Häuser
schlugen die Tür vor ihm zu
nur die Jasminbüsche
mochten sein Gesicht mit seinen Schatten von Liebe
          und Haß.
. . . .
Sein Name war „Der Geheimnisvolle"
Und das Land litt unter der Last der Trauer
 und unter der Heuschreckenplage.

Eines Tages geschah, was geschehen mußte
er bewegte sich vorwärts
Sein Schrei erscholl auf dem Platz der weißen Häuser.
Greise, Kinder, Männer und Frauen strömten
auf den Platz der weißen Häuser
und sahen ihn seinen alten Mantel anzünden.
(Der alte Mantel hing ihm über die Schultern.)
Und es geschah, was geschehen mußte

der Himmel blähte sich mit einer grünen Wolke
mit einer weißen Wolke
mit einer schwarzen Wolke
mit einer roten Wolke
mit einer farblosen, geheimnisvollen Wolke.

Und es geschah, was geschehen mußte
Blitz und Donner tobten
es regnete in Strömen
es regnete in Strömen. Sein Name war „Der
        Geheimnisvolle"
und nur die Jasminbüsche
mochten sein Gesicht mit seinen Schatten von Liebe
        und Haß
und auch die weißen Häuser begannen, ihn zu mögen.

Aus dem Arabischen von Suleman Taufiq

'Abdalaziz al-Muqalih *(Jemen)*

Geboren 1939. Studium im Jemen und in Kairo. Arbeitete als Lehrer, beim Rundfunk und im jemenitischen Erziehungsministerium. Heute ist er Rektor der Universität Sanaa und Leiter des jemenitischen Zentrums für Studien und Forschung. Al-Muqalih erhielt den Lotos-Preis.

Jemenitische Inschriften

Die erste Inschrift
Mich schreibt mein Blut
es hat mich als Zeugen der Zeit in die Inschrift
       eingetragen
als Zeugen des Flusses, der zu Beginn des Frühlings
       ausgetrocknet ist
als Zeugen der Sonne - sie lehnt die Dunkelheit ab -
       die vor Tagesanbruch ausgelöscht wurde
als Zeugen für Millionen von Hungernden, die wie
       Skelette aus dem Dunkel des Grabes steigen
als Zeugen der Erde, die mich gewollt hat als Buch,
       als Rose, als Echo
und als Gespenst über den Zonen der Leere.

Die zweite Inschrift
Ich war ein Bruder des Todes.
Der Tod war mein Bruder.
Wie Zwillinge zogen wir von Land zu Land
von Kontinent zu Kontinent.
Ich nahm ihn als geselligen Schatten mit
       ins Gefängnis.
Die Steine des Kerkers erbebten

und der Gefängniswärter schreckte mit ängstlichen
        Schritten zurück.
Und die Geschichte setzte sich vor meine Füße
und fragte: Wer von uns wird morgen den andern
        enthaupten
ich oder der Henker?
Wen wird morgen das Schweigen begraben
und wer wird das Gewand der verjagten
        Abenddämmerung anzieh'n
mein Name oder der Henker?

Die dritte Inschrift
Mich schreibt mein Blut
es malt mein Bild und meinen Namen
das Bild der Erde, die ich geliebt
die Ideen, an die ich geglaubt
den Buchstaben, in den ich verliebt gewesen
und die Planeten, die ich errichtet
in den Quellen des Wassers
im Blut der Bäume
auf den Flächen der Zeit
in den Adern der Landschaft
an der Mauer des Kerkers
in der Mittagshitze des Platzes.

Die vierte Inschrift
Nach bitteren Sekunden fällt mein Leib von mir ab.
Die große Seele steigt auf aus ihren Qualen.
Meine Wunde nimmt die Farbe der Rose an.
Das Blut schreibt den Augenblick - die Epoche.
Die Zeit hält fest.
Die Welt liest auf dem Sand die Abschiedsstunde.
Die Horizonte bewahren auf, was mein Blut
        geschrieben

und was meine Wunde gesagt hat:
Wie oft bin ich um meines Heimatlands willen
     in die Fremde gegangen
und mehrfach war ich in Todesgefahr.
Und heute mühe ich mich aus freien Stücken
für mein Heimatland ab.

Es geschah in der zweiten Hälfte der Nacht
Für den nächtlichen Reisenden... für Salah 'Abd al-Sabur

1
Unter freiem Himmel, gegenüber dem Grab
sitzt eine Dame, es ist Ägypten
Liebevoll spielt sie mit ihren Kindern, den Dichtern,
     mit einem Zweig aus betauten Worten.
Sie liest im Gesicht eines Pferdes, das im Traume reist
im Gesicht eines Jünglings, der von einer Nachtreise
     ermüdet ist
die auf dem Grunde seines Gesichts zwei Gräben
     entstehen läßt durch das Feuer der Tränen
Gräben, gefüllt mit der Angst der Menschen.

Da plötzlich brach die Nacht herein...
und erkor sich Ägypten als Aufenthaltsort
Sie kaufte das Land den Herrschern ab.
Das Wasser der Buchstaben erwachte vor Angst.
Auf einem Ozean von Blut zogen die Worte
     vondannen...
Wohin?
Das Wasser von Kin ne* wurde durstig, und die Sonne
     trank aus der Hand der Nacht
und es tranken die Sterne der Milchstraße
und die durstigen Lebewesen.

2

Der vierte von uns band sich das Gesicht
        einer Mu'allaqa** um
und sprach begeistert mit dem Gesicht der Straße.
Ich und der Tod
die Erinnerungen
und das Gesicht Salahs
folgen dem Widerhall eines Liedes, das die Vögel
        am Abend singen
Wir schlafen auf seinem Raunen und seinem
        Erschauern.
Plötzlich wecken mich die Tränen des Gedichts.
Seine bebende Stimme geht mir nicht aus dem Sinn.
Es sticht mir seine Buchstaben ins Blut.
Es pflegt mit mir über die Sprache der Angst
        zu sprechen.
Ich erwache aus meinem unterbrochenen Schlaf.
Es spaltet mich, fährt mit seinen Krallen
durch die Luft an den Hals der Nacht.
Es flüstert den Sternen zu:
- Verringert die Zahl der Begegnungen!
Das Gesicht des Monds taucht auf.

Ich war der vierte von ihnen:
Ägypten, der Nil und die Poesie.
Wir läuterten den Dichter von den Qualen der Hölle.
Wir nahmen ihn mit auf den Weg durch die Dörfer
wir wuschen ihm die Schergen der Trauer von
        den Lidern
wir zogen ihm die „Küsse" der Freunde aus
        dem Rücken
und von seiner Brust die Schmiere der Orden und
        Dekorationen.

3

Wie soll sich ein Grab auftun, um unschuldige Worte
      zu verschlingen?
Es verschlingt das Gesicht und die Stimme
die Flügel der Wachsamkeit - Stück für Stück
und das Auto des Todes fährt ununterbrochen.
Die Straßen sind immer leer
wenn sie vor Schwerverkehr beben
Vom frühmorgendlichen Regen geweckt
werden sie von Gräbern belagert.
Oh Jammer:
Alle Lampen machen blutend sich auf den Weg
die Pferde brechen auf, und zurück bleibt die Nacht
das Schwert bricht auf, und zurück bleibt die Steppe.
Der Dichter - die Worte - bricht auf
zurück bleibt das Weinen - der Verrat bleibt zurück.

4

Oh: warum seh' ich Ägyptens Stimme Ägypten
      verlassen?
Sie bahren sie auf auf dem Käfig des Schweigens
sie tragen sie herum
sie lassen sie in eine Grube hinab, die zu eng ist für
      einen Vers
Sie legen sie dort hinein, während die Schlaflosen
      schlafengehen
die Augen der traurigen Kerzen kippen nach hinten
schweigend wie die Wüste erscheint die Sphinx
und auch al-Muqattams*** Gesicht.
Sie trauern nicht
sie verlegen den Ort des Herzens
sie ergötzen sich am Heulen des Windes.

Ängstlich sagt das Gedicht, das Gewand seines
    Schmerzes zerreißend:
Die Lampen haben die Farbe der Asche
das Wasser hat den Geschmack des Schlamms
die Wörter haben das Glänzen des Blutes
und die Trauer hat das Gesicht der Heimat.

5

Der Nil vernimmt die Stimme der Tränen
    des Gedichts.
Er nimmt Abschied von seinem Bett.
Er kommt, um zu protestieren. Er bekundet
    seine Trauer.
Er hüllt sich in Tränen und Wunden.
Er stößt an auf das Wohl von „Ich sage euch"****
Ein Nachtwächter hält ihn an
er achtet nicht darauf.
Der Wächter schießt ihm in die Brust.
Er stirbt...
Gottes Lid wurde traurig.
Traurig wurde der heilige Weihrauch des Tages.
Seine Urahnen weinten um ihn und sangen für ihn.
Das ist der Tod
in seiner hohlen Hand erstarrt das Meer
in seiner hohlen Hand erkaltet das Feuer
vergilbt die Farbe des Bluts
und ergrünt die Farbe der Buchstaben.

*Land des Stammes der Kin ne in Ägypten
**die älteste vollständige Sammlung altarabischer Gedichte
***Höhenzug östlich von Kairo
****Titel eines Gedichtbandes von Salah 'Abd as-Sabur

Aus dem Arabischen von Suleman Taufiq

Hasb as-Schaich Dja'far *(Irak)*

Geboren 1939 im Süd-Irak. Studierte in Moskau russische Literaturgeschichte. Arbeitete dann für den Rundfunk und für verschiedene Zeitungen. Hat Werke von Puschkin, Majakowski, Jessenin u.a. ins Arabische übersetzt. 1996 verließ er den Irak.

Eintragung

Ich sehe sie tagtäglich vor den Arztpraxen kauern, mit ihrer Tochter im Arm beobachtet sie die eleganten Passantinnen, ihr baufälliges Haus in einem Dorf aus Rauch und Stroh flimmert in der Hitze: Sie bereitet uns Tee zu, ihr Mann bringt uns aus dem Dunkel der Dattelpalmenhaine den Samisdat, spät in der Nacht lassen wir in seinem Haus einige unserer Geheimnissen zurück, oder wir diskutieren Agrarprobleme rings um die schwache Laterne, zittern vor Kälte, die argwöhnischen Zugvögel kreischen, die Arztpraxen schließen, und die hell erleuchteten Nachtlokale enthüllen ihre schäbige Nacktheit, an welchem Ufer stolpert er blutend umher, um irgendwo unterzukriechen, eine Kugel hat ihn an der Schulter getroffen. Er hat nichts verraten.
Bis spät in die Nacht blutet er in einer aus Stein gebauten Polizeistation, man wickelt ihn in eine blutverschmierte Matte, und der Samisdat wartet versteckt zwischen den Wurzeln im Dunkel der Dattelpalmenhaine, das baufällige Haus öffnet sich, in blutige Staubigkeit gehüllt, abgelegen, leer, eingeholt von den Gesetzen, oh Wasser, nimm mich zum Ufer mit, damit ich in seinen Fels sein Gesicht einmeißele oder an den Dattelpalmen seine Seiten als Spruch-

bänder aufhänge, auf denen die Wurzeln die Wipfel der Bäume umarmen und die ewige Flamme diese schwache Laterne umschlingt, die Arztpraxen öffnen, und Rumaila* umarmt die Dattelpalmen, dort, wo wir begonnen haben, den Samisdat aufzuspüren, oh Wasser, nimm mich zum Ufer mit, breite die Falten des Hemdes aus, das die Kugel durchbohrt hat, ich erreiche einen Tanker, der den Fluß befährt, auf den noch freien Teil seines Gesichtes schreibe ich einen Namen, der in den Akten der aus Stein gebauten Polizeistation längst vergessen wurde, und man hat ihn in eine blutverschmierte Matte gewickelt.

Ihr Name auf den Antragsformularen verblaßt, ich sehe sie tagtäglich in einen Umhang gehüllt vor den Ämtern kauern, mit ihrer Tochter im Arm die eleganten Passantinnen beobachtend, der Agrardirektor beschimpft sie durch seinen Kaffeedunst und Zigarettenrauch hindurch, oh Wasser, nimm mich mit zum Ufer, damit ich grabe im Dunkel der Dattelpalmenhaine, Zeitungen zu Tage fördernd, in denen das Gras wächst, ich hänge sie als Fahne auf, deren Flattern das baufällige Haus und Rumaila sind, die aus Stein gebaute Polizeistation verschwindet vor dem Horizont, oh Wasser, nimm mich mit zum Ufer, damit ich ein Gesicht in den Felsen meiß'le, ich sehe es tagtäglich vor den Praxen, erniedrigt, an ihm vorbei schlendern die eleganten Passantinnen, ich grabe ein wenig bei den Dattelpalmen, dort, wo wir begonnen haben, den Samisdat aufzuspüren.

*Ort im Irak mit Ölvorkommen

Das erste Quartett

Das Gras, das Tier und das alte Feuer sind meine Freunde, der Wind weht mir den Geruch des Honigklees zu, das Gras, das Tier und das alte Feuer sind Freunde eines scheuen Mädchens, ich habe vor ihren Augen gezittert, ich hab' sie umarmt, sie weinte, und wir waren nur zwei Kinder, die sich umarmen, ich saugte den Tau von zwei Lippen und hatte zuvor keine andern gekostet, weht mir der Wind den Geruch des Honigklees zu im Schilf der Ufer? Fließt das Wasser? Das Morgengrauen war tauige Nässe und alter Duft.
Alter Nebel
und alter Fluß...

Das Wasser im alten Licht, das Wasser im alten Schatten, das Wasser trägt es, zwei Tage alt und schön und schlummernd, um den Hals ein Tuch geschlungen, und die grünen Augen öffnen sich unterm Wasser, ist es unehelich? Tragen wir's in den Garten? Onkel, begrab' es unter den Dattelpalmen... Man sagt, hinter ihrem Zaun aus Schilf lebe eine Frau, die sich in einen Nachbarburschen verliebt habe, man sagt, ihre Augen seien grün und ihre Wangen Spiegel, man sagt, wenn eine Witwe ihre Zöpfe löse, fielen sie wie gleißendes Gold auf den Teppich, ich habe sie einmal gesehen, erinnerst du dich, alter Fluß?
Alter Nebel...
und altes Morgengrauen...

Habe ich dein Gesicht geliebt? Das Gesicht deiner Tochter? Ich habe vor ihren Augen gezittert, bring' mich zurück, oh alter Fluß, bring' den Geschmack des

Honigklees zurück, ich hätte gern meine Arme um sie gelegt, ich weine, meine Tochter, ich weine, und in deinen Augen lacht mein spielender Planet... Mein Gott, könnt' ich doch zurückkehren, als Kind zurückkehren im Nieselregen des Windes, der das alte Kleid des Kindes flattern läßt, gemeinsam laufen wir hinter den Hügel, auf meinen Lippen der Geschmack des Brots und der Kresse... der Geschmack des ersten Kusses... Mich entführen die grünen Blitze, soll ich etwas über den Schatz der Djinns erzählen? Mich peinigt die Bleichheit deiner Hände, verstehst du? Das Wasser, die schweren Schiffe und die Dattelpalmen wogen auf und ab, das Morgengrauen hat sich in Wolken gehüllt, ich habe trockenes Gras und glitzernden Tau gerochen, ich habe im Morgengrauen ein warmes Nest gerochen, die Dünste des Stallmists und der nassen Aststümpfe verleugnen mich, das Feuer und die alte Erde verleugneten mich, ich suchte nach meinem zerrissenen Kleid und dem Zittern meiner schmalen Gestalt, die weißen Hunde meiner Kindheit kläfften mich an... (Blau war dein Gesicht im Glas des Windes, zitternd seh' ich dich noch, deine Hände sammeln die Federn der geschlachteten weißen Ente auf, wie ein schwaches Echo hör' ich dein lautes Weinen, das Peitschen des Windes und der Dattelbaumzweige. Neben dir landet wie ein Storch der Winter und fliegt wieder auf, ein Haus aus Stein hat uns zusammengebracht, ein Haus hinter Dattelpalmen, wir bauten es, und die Diebe zerstörten es wieder, auf deinem Gesicht erwachte das Feuer, das alte Geduldsspiel zerbrach mir in den Händen, mein Gesicht auf den Flammen der Spiegel war eine Blume, die naß wurde, wenn ich dich weinen sah, die weiße Wildente, wer weiß, flatterte im alten Nebel

deiner schlafenden Augen. Sie pickte mir die Reste des Strohs aus dem Haar, wenn wir hüpfend zurückkamen.) Der Wind verleugnete mich, mein altes Blut vertrocknete, das Wasser floß, ein Bogen wölbte sich von deinen Lippen, ging da meine wilde Sehnsucht vorbei? In meine Adern ergossen sich Lehm und Kürbis, deine Zweige zerbrachen mir nicht in den Händen, kommt her, meine zwischen den Wurzeln versteckten Blätter, schlummert unter dieser dürftigen Dattelpalme die Wachsamkeit meiner Blätter? Hinterlasse ich in der hohlen Hand etwas Weiches oder ein Zittern von deinen Wangen, die Zeit geht an ihnen vorbei, und sie beben während der ganzen Zeit meines Wartens, das Wasser fließt, grabe die Blässe deines Gesichts in meine Augen und Hände, immer dann, wenn ich zu Beginn der Mittagsglut in die Wüste gehe, erhole ich mich im betauten Schatten von der Weichheit deiner scheuen Wimper, dein Gesicht ist die Wachsamkeit meiner alten Seiten.
Alter Nebel
und alter Lehm...

(...Und scheu lege ich meine Hände um die verbleibende Wärme einer Mondnacht, und die Dattelpalmen sind voller Tau, der bis zum Morgen fällt, und ich habe getanzt, ganz entspannt, ganz entspannt, du warst schön und weiß, dein Gesicht war in den Augenhöhlen von mondenem Lachen erhellt, warst du so schön wie ich? Ich glitt in ihre Arme, müde, voller Scheu, sie sank in die alte Blässe meiner Hände.) Das Wasser fließt, das Gras, das Tier und das alte Feuer sind meine Freunde, das Wasser fließt, mein Dorfgesicht altert in den Cafés.
Schütt'le den Staub von meiner Stirn

und wisch' den Regen von meinen Brauen
Dein schönes Gesicht ist in jeder Bar
es ist an mir vorübergekommen, da hat sich
in meinen Adern der alte Nebel ausgebreitet.

Der hölzerne Vogel

Um Mitternacht steht auf den leeren Straßen
eine nackte Frau
erschöpft von der Liebe...
und im geräumigen Theater summt
in dessen leerem Himmel eine Fliege
eine spielende Fliege...
(...und als wir aus dem Wald zurückkamen
lachten deine Augen
und du hattest in den Händen
einen großen Strauß betauter wilder Blumen
das wehende Haar eine Granatapfelblüte
und die beiden Lippen zwei Pflaumen...)
Und in der Leere
glitt dein Fuß aus
und das Theater stürzte zusammen
und die Schminke zog sich
aus deinem Gesicht zurück
so trage dein weinendes Lachen
hinaus auf die leeren Straßen.

Fadhil al-Azzawi *(Irak)*

Geboren 1940 in Kirkuk. Studierte Englisch an der Universität Bagdad und dann Journalistik in Leipzig. Aufgrund seiner studentischen Aktivitäten wurde er im Irak mehrmals verhaftet und 1963 zu drei Jahren Gefängnis verurteilt. War lange als Redakteur und Feuilletonist tätig. Er gab u.a. die Zeitschrift „Shi'r 69" heraus. 1977 verließ den Irak endgültig. Er promovierte Leipzig und lebt heute in Berlin. Außer mit seiner Lyrik ist al-Azzawi vor allem als Romancier hervorgetreten.

Asche

Da blitzt ein Auge auf
Irgendwo
Zwischen den Bäumen
Unterwegs
Wo etwas brennt
Die Asche nennen wir
Leben
Manchmal auch
Tod

Das Fest

Alle waren da.
Kain in der Küche wetzte sein Messer.
Noah im Sessel sah sich den Wetterbericht
      im Fernsehen an.
Alle waren mit ihren Autos gekommen.

Sie verschwanden in der langen Gasse
auf dem Weg zum Fest.

Dort auf dem Ball
sahen wir eine wunderschöne Frau
in ihrem durchscheinenden Kleid tanzen.
Sie zeigte uns ihre Reize.
Wir saßen unter den Gästen
und tranken unsere Gläser leer.

Um Mitternacht
als wir das Fest verließen
gaben wir dem Blinden seinen verlorenen Stock
   zurück
und dem Mörder seine blutige Axt.

Es war ein Fest
wie jedes andere.

Schweigender Umzug

Ich war auf der Straße.
Meine Hände in den löchrigen Hosentaschen
sah ich wie sie mich heimlich beobachteten
hinter den Fassaden der Kaufhäuser und der Cafés
   versteckt
bevor sie sich eilig anschlichen und mir folgten.
Ich blieb absichtlich stehen
um mir eine Zigarette anzuzünden.
Ich drehte mich um
wie einer der dem Wind den Rücken zukehren will
und warf einen raschen Blick
auf den schweigenden Umzug:

Diebe Könige Mörder Propheten und Dichter
stürmten aus allen Ecken und Winkeln
liefen hinter mir her
auf eine Geste wartend.

Verwundert schüttelte ich den Kopf
pfiff ein bekanntes Lied, lief weiter.
Ich tat als ob ich in einem Film mitspielte
alles was ich zu tun hatte
war vorwärts zu laufen
bis zum bitteren Ende.

Fährten

Ein altes Ungeheuer ging hier vorbei
Beduinen ließen heidnische Fährten zurück
auf den Felsstufen
des trockenen Brunnens.

Blut im Sand
erstorbene Schreie
Krieger waschen ihre Schwerter ab
in einem Fluß
nach der Schlacht.

Viele Karawanen kamen und gingen.
Wir hörten nicht einmal den Lärm ihrer Pferde
in den Straßen.

Die Beute grast auf der Weide
das Messer steckt noch in der Scheide.
Oh laß die Beute grasen!
Laß das Messer in der Scheide!

Bist du ein Wolf solltest du in den Wald.
Wärst du ein Gefangener
würde ich deine Ketten zerbrechen.

Diesen Weg schlug ich vorher ein.
Wir waren immer dort.

Ereignisse

Immer geschieht etwas:
Ein Krieg wird erklärt.
Ein Kind wird geboren.
Ein Herz wird gebrochen.

Immer fließt etwas:
Wasser
Wein
Tränen auch Blut.

Immer fehlt uns etwas:
Ein Satz den wir auswendig lernten.
Ein Regenschirm den wir stehen ließen.
Eine Frau die wir glühend liebten.

Und wenn es niemals geschieht daß ich
eine Million im Lotto gewinne
einen Schatz in meinem Garten finde
und eines Tags auf dem Mond lande
soll ich da nicht traurig sein?

Warten auf fremde Gäste

Um uns die Diebe vom Leib zu halten
bewahren wir den Heiligen Geist
mit seinen ausgerissenen Augen
      im Kühlschrank.
Wir hängen eine seismographische Karte an
      die Wand
und plaudern über Einstein und seine schwarzen
      Löcher.
Wir sitzen in der Küche und rauchen:
schweres Wasser vermischt mit Pfefferminze
kocht in der Teekanne.
Im Backofen wird das blinde Huhn
mitsamt seinen goldenen Eiern gebraten.
Die Propheten sind endlich angekommen.
Salima sagt: „Ich werde für unsere Gäste
ein Engelsfrühstück bereiten."
Wir gehen ins Zimmer
und warten auf unseren Kaffee.

Das Leben ist wirklich teuer geworden:
so viele Hypothesen um die Krümmung des Lichts
      zu messen!
So viele Opfer um einen Krieg zu gewinnen!

So viele Pharaonen die um die Hand einer Mumie
      anhalten!
Doch niemand spricht davon in diesen Tagen
keiner kümmert sich um die andern
weil die nötigen Indizien fehlen
weil das Warten ebenso negativ wie positiv ist
wie jede Hoffnung wie jeder Zweifel.

An einem Ort einem anderen Ort
irren zwischen den Galaxien fremde Stämme umher.
In einem Garten einem anderen Garten
schlafen wir unter den Sternen
und erinnern uns ans Paradies.

Die neuen Zehn Gebote

Du sollst nicht im Walde Feuer machen
denn der Vogel fürchtet das Feuer!

Du sollst nicht die Sonne erlöschen
denn jemand wird die Wärme brauchen!

Du sollst vor dem Wind keine Mauern errichten
denn womöglich wird er uns Regen bringen!

Du sollst dich nicht im Spiegel betrachten
denn du wirst dort vielleicht einem andern
      begegnen!

Du sollst nicht in den bittren Brunnen spucken
denn auch du wirst vielleicht aus ihm trinken!

Du sollst nicht nur eine Frau lieben
denn deine Liebe reicht aus für alle Frauen der Welt!

Du sollst nicht nachts die Stimme heben
denn so wirst du die bösen Geister wecken!

Du sollst nicht mit dem Henker scherzen
denn er wird dich sonst lachend hängen!

Du sollst keine Maske tragen vor dem Gesicht
denn ich mag dich so wie du bist!

Du sollst nicht diese Gebote allzu wichtig nehmen
denn du kannst auch mit eigenen glücklich leben!

Mitternacht

Es war Mitternacht, als der Wächter kam und ein paar
Namen von einer Liste ablas, die er in der Hand hielt.
Wir bebten vor Angst. Er sagte: „Folgt mir!" Verwirrt
fragte ein junger Mann: „Wo sind meine Schuhe?" Der
Wächter schrie: „Ohne Schuhe, los, los!" Wir sahen
Schatten von Soldaten mit Gewehren auf der Mauer.
Sie gingen hinaus. Es wurde still. Dann hörten wir
Schüsse und Heulen. Ich stand schweigend auf und
zog seine Schuhe an.

Ritter auf ihren Pferden

Ritter auf ihren Pferden
in den Bergen des Kaukasus
kehren heim
nach verlorener Schlacht.
In dem sonnigen Tal
sammelt der Feind Blumen und Tote.
Wir reiten weiter
von der ewigen Sonne begleitet
von den funkelnden Sternen geführt.
Nach hundert Jahren Weges
sagte ich: „Ich blute."
Doch keiner hörte mich.

Ich drücke mit der Hand auf meine offene Wunde
und sehe Narzissen erblühen
auf welche mein Blut tröpfelt.

Oh hinter uns ist der Feind
mein Pferd ist tot
und die Heimat ist fern.

Beduinen

Drei Beduinen in der Wüste
mit Säcken auf dem Rücken
laufen hintereinander her
gegen die Ewigkeit
sich stemmend
wie ein geschlagenes Heer.

Drei Beduinen in der Wüste
laufen daher und schweigen.
Ab und zu weht der Wind
und verwischt ihre Spuren.

Amal Dunqul *(Ägypten)*

Geboren 1940 in Qald'a. Aus wirtschaftlichen Gründen mußte er sein Universitätsstudium abbrechen. Er arbeitete dann als Zollbeamter bei der Organisation für Afro-Asiatische Völkersolidarität. 1983 ist er in Kairo an Krebs gestorben.

Gebet

Vater unser, der du bist im Sicherheitsdienst, wir sind deine Untertanen, nur dein ist die Macht, und unser ist das Himmelreich. Möge dem, den du bewachest, ewiger Schrecken bereitet sein...

Nur dein ist der Überfluß. Die Rechten sind im Verlust, die Linken in der Bedrängnis, außer denen, welche sich fügen, und denen, die sich ihr Leben lang die Augen mit gedung'nen Gazetten vollstopfen und dieser Art nachtblind werden; außer den Denunzianten und denen, die ihren Kragen mit Schweigen stärken. Gepriesen seist du! Was kümmern dich die, die dich schmähen! Dein ist der Tag. Der Gefangene steigt hinauf zum Thron... und der Thron wird zum neuen Gefängnis, doch du bleibst, wo du warst. Vielleicht ändern sich dein Gesicht und dein Name, doch dein einzigartiges Wesen bleibt. Das Schweigen ist dein Mal. Dein Zeichen ist das Schweigen - wohin du dich auch wendest. Da wiegt das Schweigen schwer und wird zur Bürde. In deinen gefalteten, klebrigen Händen schließt das Schweigen den Schmetterling ein... und die Spinne.

Vater unser, der du bist im Sicherheitsdienst
wie könntest du sterben
da doch das Lied der ewigen Revolution
nicht stirbt.

Das Bett

Sie gaukelten mir vor, dies Bett sei mein Bett
Ra's Barke werde mich
über den Schlangenfluß tragen
damit ich wiedergeboren werde am Morgen
falls der Sonnengott dann erwacht.
(Sie schrieben auf Hochglanzpapier
meine Nummer ohne den Namen
trugen die Blutwerte ein
und benannten die unbekannte Krankheit.)

Sie gaukelten mir etwas vor
und ich glaubte es ihnen...
(Das Bett, es dachte
ich sei - wie es selbst - ohne Seele.
Seine Rippen schmiegten sich an mich
und das Leblose schloß das Leblose ein
es schützend vor den Augen der Menschen.)
Ich und das Bett wurden eins...
in Erwartung des Schicksals.

(In tausend Nächten
umschlangen mich metallene Arme
gruben sich in meinen Leib
bis aufs Blut.)

So daliegend und schlafend, vermocht' ich mich
	umzudrehen
vermochte die Hand nach dem Essen auszustrecken.
Da entdeckte das Bett meine Schläue
und erzitterte.
Es rollte sich ein wie ein steinerner Igel -
und verharrte in Schweigen.
Ich sagte: Herr, warum weist du mich ab?
Nun sprichst du mit mir, entgegnete es.
Wer durch mich hindurchgeht
dem antworte ich
nur mit Stöhnen
Betten unterscheiden in ihrer Gunst
nicht zwischen Körper und Körper
Betten sind ewig
Die in ihnen ruhen
steigen rasch wieder aus ihnen aus
und steigen zurück
in den Fluß des Lebens
um in ihm zu schwimmen
oder sie tauchen tief
in den Fluß der Stille ein.

Der Südländer

Ein Bild
War ich das Kind...
oder war's ein andrer?
Diese Familienfotos...
mein Vater saß, ich stand...
meine Arme hingen herab!

Der Tritt eines Pferds
hinterließ eine Delle auf meiner Stirn
und lehrte das Herz, sich in acht zu nehmen.
Erinnerst du dich...
Mein Blut floß
Erinnerst du dich...
Mein Vater verblutete
Erinnerst du dich...
Dieser Weg dort führt zu seinem Grab...
Erinnerst du dich...
Meine kleine Schwester, zwei Lenze alt
ich entsinne mich nicht mehr des Wegs
zu ihrem verschwundenen Grab

War ich der kleine Junge?
Oder war's ein andrer?
Ich starre...

Diese weichen Gesichtszüge aber
gehören mir jetzt nicht mehr
und diese vor Güte überfließenden Augen
gehören mir jetzt nicht mehr
Ich bin mir fremd geworden
und nichts ist übrig von diesen fernen Jahren

außer dem Echo meines Namens...
und den Namen, an die ich mich - plötzlich - erinnere
anhand von Todesanzeigen
jene Geheimnisvollen:
Die Spielgefährten der Kindheit
sie tauchen auf aus der Stille, Gesicht um Gesicht
sie alle treffen sich jeden Morgen
um gesellig zu sein?

Ein Gesicht
Er wohnte in meinem Herzen
und ich in seinem Zimmer
wir teilten das Bett
und das Brot
Zigaretten
und die geliehenen Bücher.

Am Morgen verließ ihn seine Geliebte
da schnitt er sich am Abend die Pulsadern auf
doch zwei Tage danach zerriß er ihr Foto
und wunderte sich.

Er nahm an zwei Kriegen teil
bei den Fallschirmjägern
er bekam keinen Kratzer ab
und erholte sich von den Kriegen...
und kam wieder, ein neues Haus zu bewohnen
und neuen Lohn zu verdienen
er rauchte eine Schachtel Zigaretten pro Tag
und diskutierte mit seinen Freunden bei
        dampfendem Tee
doch seine Besuche waren nur kurz
und als seine Mandeln anschwollen
ging er zu einem Arzt
und im Operationssaal dann
hatte er nur Pantoffeln
und ein Thermometer dabei
Er starb ganz plötzlich!

Sein Herz hatte das schleichende Anästhetikums
        nicht vertragen
Jahre des Leidens zogen sich zurück
        aus seinem Gesicht

Er wurde wieder wie damals als Kind
das das Bett mit mir teilte
das Stückchen Brot und den Tabak
doch er teilte mit mir nicht die Bitterkeit!

Ein Gesicht
Er kam aus dem tiefsten Süden, ein Bauarbeiter
Er stieg auf ein Baugerüst und sang
       für das Himmelszelt
Ich saß draußen in einem nahen Café
und überflog die Hälfte der Zeitung
mit der anderen Hälfte verdeckte ich
den Schmutz auf dem Tisch
Ich sah nur Augen, die nicht mehr sahen
und einen Faden Blut?
Ich beugte mich über ihn
um ihm den Puls zu fühlen
Zwecklos, sagte ein andrer
Die eine Hälfte der Zeitung wurde zur einzigen Decke
und ich blieb... im Freien.

Ein Gesicht
Wüßte Asma' doch, daß ihr Vater
       gen Himmel gefahren ist
Er ist nicht gestorben
stirbt denn einer, der lebte
als ob das Leben für die Ewigkeit wäre!
Als ob die geistigen Getränke alle wären!
Als gingen die schönen Mädchen auf Meerschaum!
Er lebte aufrecht, während das Herz gebeugt war
suchend nach dem, was es verloren hatte
Wüßte Asma' doch, daß ihr Vater, dem...
die Liebe und die Freunde seine Fotos aufbewahrten
auf denen er lacht

auf denen er nachdenklich dreinblickt
auf denen er etwas sucht
das für den Lebensunterhalt sorgt.
Wüßte Asma' doch, daß die schönen Mädchen...
ihn zwischen ihren Papieren versteckten
und ihn lehrten, zu gehen
und niemandem zu begegnen!

Ein Spiegel
- Willst du etwas vom Meer?
- Der Südländer, mein Herr, vertraut
     zwei Dingen nicht:
dem Meer - und einer verlogenen Frau.
- Ich werde dir Sand aus ihm bringen
...Der Schatten verschluckte ihn nach und nach
ich konnte ihn nicht mehr sehen
- Willst du einen Schluck Wein?
- Der Südländer, mein Herr, meidet zwei Dinge:
die Weinflasche - und die Rechenmaschine.
- Ich werde dir Eis aus ihm bringen
Der Schatten verschluckte ihn nach und nach
ich konnte ihn nicht mehr sehen.

Dann sah ich meine beiden Freunde nicht mehr
keiner von beiden brachte mir etwas mit
- Willst du ein wenig Geduld?
- Nein...
Denn der Südländer, mein Herr, will sein, was er gar
     nicht ist.
Er möchte zwei Dingen begegnen:
der Wahrheit - und den abwesenden Gesichtern.

Sami Mehdi *(Irak)*

Geboren 1940 in Bagdad. Studierte in seiner Geburtsstadt Wirtschaftswissenschaften. Später war er einige Jahre lang Kulturattaché an der irakischen Botschaft in Paris. Heute ist er Chefredakteur der offiziellen irakischen Tageszeitung „at-Thaura". Mehdi hat Henri Michaux, Jacques Prévert, Paul Celan, Fernando Pessoa u.a. ins Arabische übersetzt.

Es blieben mir

Es blieben mir ferne Bäume
und zahllose Dörfer
Es blieben mir Wege über die Erde
und das Glück, mich zu erheben
und aus der Ruhe meiner Glieder zu schleichen
um mich selbst zu überraschen.

Der Abwesende

Ich suchte dich in der Morgenzeitung, auf meinem Tisch, in der Teetasse, ich blickte in die Gesichter auf der Straße, doch ich fand dich nicht, wo bist du? Man sagte mir, du hättest dich in uns verkörpert, aber wie? Dies ist mein Körper: Das Gesicht ist das meine, und ich habe mich nicht verändert: Holz, das geht, und Feuer, das noch in ihm schlummert, doch du, wo bist du, bist du gekommen? Wer hat dich gesehen? Bist du aus unserer Haut getreten wie Sonne und Luft, oder bist du in den Landkarten der Kleider geblieben, wie eine Falte nur, oder bist du zur Ruhe gekommen und hast dich in einen Stein verwandelt?

Ich hätte dich gern gesehen, einen Finger nur nach dir ausgestreckt, ich wäre gern mit ihm der Rundung des Gesichts nachgefahren, und ich hätte gern Glut auf die breiten Straßen geworfen und die Menschen zusammengebracht, dann hätt' ich gesagt: Das ist mein Gefährte, wirst du Nein sagen, und wirst du bleiben, wo du bist, rätselhaft, erscheinst du in einem Ritual oder auf einem Stück Papier, oder bleibst du einfach ein Kunstwerk, das in den Schatzkammern der Könige schlummert?

Auf einer Straße, die schwarz ist von Menschen und von Asphalt, sah ich ein Plakat, man sagte mir: Hier ruht sein Gesicht, und von hier aus spricht er zu den Menschen, wenn sie vorübergehen, und er gibt jedem die Sehnsucht mit nach einem erfüllten Tag, und als ich dich sehen wollte, fand ich dich nicht. Ich schrie: Wo bist du, bist du mitten unter ihnen gegangen und hast dich im Gedränge verloren, oder bist du in ein Café getreten und bist Tee, Servierer oder Gast geworden?

Bist du unter den Menschen wie Menschen, man sagte, du seist ein Vogel, der das Meer mit der Erde vertauscht hat. Als er die Erde sah, wurde er zu Regen und verströmte sich in ihren Boden, er stieg in den Bäumen empor, bis ihre Wipfel in Flammen aufgingen. Nein, du bist hier, dort, in mir, im Wasser und im Boden, im Gepäck der Kinder, sogar in den Betten der Frauen, es ist die Zeit der Liebe, und du bist der große Liebende.

In den Säbeln der Armen
hast du ein Gesicht

und auf den Seiten aller Dichter
hast du eine Geschichte
von woher rufst du nur, wenn der Abend hereinbricht?

Der Herr

Ein Herr aus Samara' wird kommen
Er wird sich hierhin und dorthin begeben...
So als suchte er jemanden, wird er uns mustern mit
       seinem Blick und uns in die Gesichter starren
und auf die Dinge, die rings um unsre Stühle
       verstreut sind
und er wird sich ein entlegenes Eckchen suchen
und fortfahren, uns anzustarren
und wenn ein Freigiebiger unter uns aufsteht und
Tee für den Herrn zu bestellen oder ihn etwas
       zu fragen versucht
wird er sich erheben und von uns gehen, während wir
       erschrocken um uns blicken.

Mamduh 'Adwan *(Syrien)*

*Geboren 1941 in Hama. Studierte englische Literatur-
geschichte an der Universität Damaskus. Hat bis Ende der
70er Jahre journalistisch gearbeitet, um sich danach seiner
litararischen Arbeit zu widmen. Neben Lyrik schrieb er
Theaterstücke.*

Laila und der Wolf

Laila wuchs heran
bis ihr um die Brust das Kleid eng wurde.
Sie wuchs heran.
Es wurde ihr eng um die Brust
durch die in heuchlerischen Ratschlägen
      verhängten Verbote
Ratschläge zur Gefährlichkeit von Fremden
einer Welt voller Wölfe.
Eines Nachts floh sie aus der Geborgenheit
      des Hauses
um im Wald nach einem solchen Wolf zu suchen.
Ihre Großmutter bekam's mit der Angst
sie schlüpfte in das Kleid des Wolfs
und begegnete Laila im Dunkel.
Sie herzte sie zärtlich.
In der Wärme der Umarmung sprach sie kein Wort.
Laila stand da und schwieg
erwartungsvoll sah sie den „Wolf" an
bis er wieder verschwand.
Enttäuscht ging sie heim.
Denn der Wolf ohne Reißzähne hatte ihr nicht
      gefallen.

Das Kind im Gedicht

Das Kind hüpft zwischen den Zeilen des Gedichts
      umher
das Versmaß gefällt ihm, es tanzt nach ihm.
Auf den Reimen ruht es sich aus
es läßt die Beine baumeln
es stellt sich vor, sie baumelten wie eine Schaukel.
Es lächelt mir zu, und ich sage:
"Gib acht, daß du das Gedicht nicht rüttelst und
      schüttelst.
Es läuft sonst über, und das Metrum fließt heraus."
Das Kind beschmiert seine Finger mit Tinte, um
      schelmische Streiche zu machen.
Ich schreie: „Hüpf' nicht soviel herum!"
Dann schreibe ich weiter, Vers für Vers
und es läuft jede neue Zeile entlang
und hüpft zum Anfang zurück
oder versteckt sich hinter einer Hebung.
Es schleicht sich von dort ans Ende der Zeile.
Es kaut ein paar Worte, die ihm gerade greifbar sind
und spuckt sie wieder aus.
Flink fängt es einen Satz von mir auf
es macht ihm Spaß, mir zu helfen.
Ich gebe acht, daß die Wörter ihm nicht
      auf die Füße fallen.
Meine Hände versuchen, ihm die Last, die's in der
      Hand trägt, abzunehmen.
(Soll ich damit meine Zeit vergeuden?)
Doch glücklich setzt es die Worte dorthin, wo sie
      hingehören
es balanciert sie auf der Linie des Schreibens.
Es setzt sich hin, um sie sich vom Ende
      her anzusehen.

Ohne meine Erlaubnis mischt es sich ein
es fügt ein paar Worte zusammen, wie es ihm paßt
Der Elefant erhält ein Fahrrad
die Sonne einen Ventilator
das Nachbarhaus Flügel
die Ungeheuer bekommen Gräber
der Gehsteig Elektroschalter, damit man ihn
       hochklappen kann.
Schelmisch lacht es mich an.
Jetzt ist es ein Punkt am Ende des Satzes.
(Ich werde die Punkte wieder entfernen.)
Ich kehre zur Pracht des Gedichts zurück
vertiefe mich in es...
Da überrascht mich ein Rumpeln:
Das Kind hat einer Zeile einen Tritt versetzt und sie
       umhergeschleudert
Mutwillig hat es an einem Alif* gerüttelt
da ist seine Hamsa* heruntergefallen
und als der Satz es entzückt hat
hat es ein Lied gesungen.
Ich murre: „Du Schlingel, du hast das Gedicht kaputt
       gemacht!"
Das Kind ist beleidigt
achtlos tritt es gegen ein „und"
dann rafft es wütend sein Spielzeug zusammen
da sehe ich darunter den Schmetterling und die Wolke
ein Tohuwabohu und einen selbst ersonnenen Sturm
ein Lispeln und Schmutz auf seiner Brust und auch
       auf der Zeile -
nicht weiter schlimm, es soll nur gehen.
Dann werde ich meine Ruhe haben vor seinem
       kindlichen Schabernack.
Es geht auch, ohne sich noch einmal umzudrehen
es zieht wie ein artiges Hündchen

einen Traum hinter sich her
selbstbewußt zieht es sein Lächeln
und das Hallen seiner Schritte hinter sich her.
Es geht: mal hängt die Lippe schmollend herab
mal ist der Mund zusammengekniffen und zittert
ein Auge zieht sich zusammen, um Tränen
      zu vergießen -
Ich werde mich erholen.
Ich schließe die Tür des Gedichts.
Ich beginne mit einer neuen Zeile.
Die Worte streben einem allmählich sich
      abzeichnenden Ziele zu
poetisch tauche ich ein ins Gedicht
betrete sein Dunkel.
Das Kind überrascht mich mit einem
      durchdringenden Blick
durch die Fensterscheibe hindurch.
Wütend gehe ich hin
keine Zeit jetzt für Kinderspiele.
In meiner Wut zerdrück' ich die neuen Wörter
zieh' die Fenstervorhänge zu
dann zieh' ich sie wieder auf
ich suche zusammen, was das Kind hier liegen
      gelassen hat
und werfe es ihm hinaus:
das hartnäckige Weinen, wenn es hungrig ist
das schelmische Lachen
den teuflischen Zorn
Litaneien voller Fragen
die sogar der Esel beantworten kann:
„Wohin geht die Sonne am Abend?
Wo schläft sie?"
Ich bleibe störrisch wie ein Maultier
wenn es bei mir etwas findet, das ihm gefällt.

Es lacht über Dinge, die Erwachsene nicht zum
  Lachen bringen.
Ich zeige ihm die Unschuld (die nicht aus dieser Zeit
  ist).
Dann schließe ich die Fenster
ziehe die Vorhänge zu
die Dunkelheit zwischen den Zeilen des Gedichts
  ist mir angenehm.
Diese Finsternis ist angenehmer als die strotzende
  Kraft, die ich wollte
die Stille bringt die Worte in ihren Rhythmus zurück.
Ich atme erleichtert auf
wie jemand, der durch K.O. gesiegt hat.
Reim für Reim genieß' ich die Reize meiner Poesie
ich betrachte diese schöne Ruhe, die sie umgibt.
Meine Wörter überraschen mich
sie lassen die Köpfe hängen, eins nach dem andern
ich durchforsche die Zeilen des Gedichts
und stelle mit Schmerzen fest, daß sie leer sind.

*arabische Schriftzeichen in der Art des i, wobei das Hamsa
dem Punkt entspricht

Aus dem Arabischen von Suleman Taufiq

Mahmud Darwisch *(Palästina)*

1941 in dem Dorf al-Barwa in Galiläa geboren. Ließ sich 1970 in Kairo nieder und lebte später in Beirut, Zypern, Paris und Tunis. Heute pendelt er zwischen Ramallah und Amman. Darwisch ist einer der populärsten arabischsprachigen Lyriker der Gegenwart. Er hat zahlreiche Prosa- und Gedichtbände veröffentlicht. Er verkörpert mit der Thematisierung der Vertreibung und der Heimatlosigkeit den palästinensischen Lyriker par excellence.

Es ist Nacht...

Es ist schwärzeste Nacht... es gibt weniger Rosen.
Der Weg wird sich häufiger teilen, als wir es sahen,
     eine Ebene wird sich öffnen.
Und ein Berghang wird auf uns rutschen, eine Wunde
     wird niederfahren auf uns, und uns werden
     Verwandte verlassen.
Der Getötete unter uns wird den Getöteten töten, um
     die Augen des Getöteten zu vergessen und
     sich zu trösten.
Wir werden mehr wissen, als wir wußten, und wir
     werden Abgrund um Abgrund erreichen
     sofern wir uns erheben
Über eine Idee, die von den Stämmen angebetet und
     dann auf dem Fleisch ihrer spärlich
     gewordenen Adepten geröstet wurde.
Wir werden Kaiser unter uns auftauchen sehen, die
     ihre Namen in den Weizen ritzen werden, um
Uns zu identifizieren. Haben wir uns nicht verändert?
Männer, die nach dem Gesetz ihres Dolches metzeln
     und Sand, damit der Sand sich vermehrt.

Frauen, handelnd nach dem Gesetz, das zwischen
    ihren Schenkeln ist, und Schatten, damit der
    Schatten schrumpft...

Doch ich werde den Ablauf des Gesanges verfolgen
    auch wenn meine Rosen weniger sind

Und auf dem Weg ist noch ein Weg

Und auf dem Weg ist noch ein Weg. Und auf dem Weg
    ist noch manches zurückzulegen.
Wir werden eine Menge Rosen in den Fluß werfen
    um ihn durchqueren zu können. Keine Witwe
Möchte zu uns zurück. Laßt uns dorthin gehen. Dort
    ist der Norden des Wieherns.
Hast du nicht vielleicht etwas Einfaches vergessen
    das sich zur Geburt unsres nächsten
    Gedankens eignet?
Sprich von gestern, oh Gefährte, damit ich
    mein Bild im Gurren sehe
Und den Halsring der Taube ergreife oder die Flöte
    in einem verwilderten Feigenbaum finde...
Seufzt mein Heimweh nach irgendetwas?
Mein Heimweh legt mich als Mörder fest oder Toten.
Und auf dem Weg ist noch ein Weg zurückzulegen
    und immer wieder zurückzulegen.
Wohin führen mich die Fragen?
Ich bin von hier, und ich bin von dort, und ich bin
    weder hier noch dort.
Ich werde noch soviele Rosen werfen, bevor ich
    in Galiläa zu einer Rose gelange.

Wenn die Märtyrer schlafen gehen

Wenn die Märtyrer schlafen gehen, wache ich auf
    und bewache sie vor den Liebhabern
    der Totenklagen?
Ich sage zu ihnen: eine gute Heimat aus Wolken
    und Bäumen, aus Luftspiegelungen
    und Wasser.
Ich beglückwünsche sie, dem Unfall
    des Unmöglichen, dem Mehrwert
    des Gemetzels entronnen zu sein.
Und ich stehle Zeit, damit sie mich der Zeit stehlen.
    Sind wir alle Märtyrer?
Und ich flüstere: Oh Freunde, laßt eine einzige Wand
    für die Wäscheleinen, laßt eine Nacht für das
    Singen übrig.
Ich hänge eure Namen auf, wo immer ihr wollt, doch
    schlaft ein wenig, schlaft auf der Treppe zur
    sauren Traube
Damit ich eure Träume vor den Dolchen eurer
    Wächter bewahre und davor, daß das Buch
    sich gegen die Propheten kehrt.
Und seid die Hymne dessen, der keine Hymne hat
    wenn ihr heut' abend schlafen geht.
Ich sage euch: eine gute Heimat, auf ein
    Rennpferd gesetzt
Und ich flüstere: Oh meine Freunde, ihr werdet
    nicht sein wie wir... Strick eines rätselhaften
    Galgens!

Ich bin von dort

Ich bin von dort. Und ich habe Erinnerungen.
Ich bin geboren, wie Menschen so geboren werden.
Ich habe eine Mutter
Und ein Haus mit vielen Fenstern. Habe Brüder.
Freunde. Und einen Kerker mit zugiger Fensterluke.
Und ich habe eine Welle, von den Möwen entführt.
Ich hab' meine eigne Umgebung. Ich hab' einen
        Grashalm mehr
Und einen Mond am äußersten Rande des Wortes
        die Nahrung der Vögel und einen
        unsterblichen Ölbaum.
Ich bin über die Erde gekommen, bevor die Schwerter
        über einen Körper kamen und ihn zum
        Festmahl machten.
Ich bin von dort. Ich gebe den Himmel seiner Mutter
        zurück, wenn er um seine Mutter weint
Und ich weine, damit eine zurückkehrende Wolke
        mich wiedererkennt.
Ich habe, um die Regel zu brechen, jedes Wort
        gelernt, das geeignet ist für das Blutgericht.
Ich habe die ganze Sprache gelernt und hab' sie
        zerstückelt, um ein einziges Wort aus ihr zu
        bilden
Das lautet: Heimat.

Wir gehen in ein Land

Wir gehen in ein Land, das nicht von unserm
        Fleische ist.
Die Kastanienbäume sind nicht aus unsern Knochen

Und seine Steine sind keine Ziegen im Gesang der
    Berge.
Und die Augen der Kiesel sind keine Schwertlilien
    dort.
Wir gehen in ein Land, das uns keine eigene Sonne
    aufhängt.
Die Damen aus den Legenden spenden uns Beifall:
    widriges Meer, günstiges Meer.
Sollten Weizen und Wasser euch fehlen, so eßt
    unsre Liebe und trinkt unsre Tränen.
Den Dichtern schwarze Taschentücher.
Und unsre Stimmen werden aufrecht dastehen wie
    eine Reihe von Statuen aus Alabaster.
Und eine Urne, um unsre Seelen vor dem Staub der
    Zeit zu schützen. Widrige Rosen, günstige
    Rosen.
Ihr habt eure Herrlichkeiten, wir haben die unsern.
Ach dies Land, von dem wir nur sehen, was nicht zu
    sehen ist: unser Geheimnis.
Ruhm uns: ein Thron auf Füßen, die wund geworden
    durch die Wege, die uns zu jedem Hause
    führten außer zu unserem Haus!
Mag die Seele in ihrer Seele die Seele finden
    oder hier sterben...

Züchte Hirsche, Vater...

Mich den Schritten deines Vaters überlassend, suchte
    ich dort nach dir, Vater
Wo meine Finger sich an den Kerzen deiner Dornen
    verbrannten
Als die Abendröte den Johannisbrotbaum
    der Abendröte beschnitt und als

Wir - ich und dein Vater - hinter dir waren, oh Vater
deine Eltern
Du, der du mit den Händen am Steppenkaktus
        aufgehängt warst
Mit dem Geier aus unseren Ängsten über dir
Du mußt den Himmel vom Himmel erben
        mußtest?
Und die Erde ist auf dir wie die Haut der Seele
die von Zichorienblüten durchstoßen wird
Du mußt aus ihren auf dich gerichteten Gewehren
        deine Axt auswählen
Du mußt Partei ergreifen, Vater, zum Wohle
        des Taus auf deinen Händen
Und für deine Weizenfelder, verwaist rings
        um die Kasernen, tu', was du willst
Mit den Herzen deiner Kerkermeister und halte stand
        auf deinen Dornen, wenn dich das Wiehern
Um die sechs Himmelsrichtungen herum in die Knie
        zwingt,
halte stand, denn die Ebenen sind Ebenen für dich.

...Mein Vater ist schamhaft, oh Vater, was sagt er,
schamhaft? was du nicht sagst?
Ich erzählte ihm von ihm selbst, und er winkte dem
        Winter zu und schob etwas in die Asche
Gib mir keine Liebe, flüsterte ich, ich will dem Land
Eine Gazelle schenken. Erkläre deinen fernen
        Anfang, damit ich dich sehe, wie ich dich sehe
Einen Vater, der mich das Buch der Erde lehrt von A
        bis Z und mich einpflanzt in sie.
Die Geburt ist ein Rätsel: Es wächst heran
        wie die Eiche, die den Felsen

Auf den Schwellen dieser flatternden Szenerie
   durchstößt und sich erhebt... und dann von der
   Schwärze zerbrochen wird
Wir kriechen umher und sehnen uns. Die Pferde
   stehen auf und laufen ins Weite hinaus.
Wir straucheln und erlöschen
Denn wann, Vater, sind wir geboren, wann werden
   wir sterben?
Er antwortet nicht, der Schamhafte, und die Zeit ist
   das Eigentum seiner Hände, er
schickt sie ins Tal und holt sie zurück
Er ist der Garten in seiner schlichten Würde. Er
   erzählt mir nichts von der Geschichte, wie sie
Damals war, in seiner Zeit: Wir waren hier vor der
   Zeit, und hier werden wir bleiben, dann
   werden die Felder grünen
Züchte Hirsche, züchte sie im großen Hof des Hauses,
   oh Vater!
Er drückt mir gegenüber ein Auge zu.
Er bringt Dahlienstauden in Ordnung.
Er gibt dem Pferd seine Gerste und Wasser.
Er kennt es allmählich, tätschelt es und flüstert:
   Reinrassiger du.
Er nimmt Minze von meiner Mutter. Raucht seinen
   Tabak. Zählt die Weinberge...
Und sagt zu mir: Beruhige dich! Da schlafe ich
   auf seinen Knien, betäubt vor Müdigkeit.

Ich erinnere mich der Gräser: Die Kamillenherden
   nahmen mich mit nach Aleppo
Von dort aus durchzog meine Phantasie
   die Berge der Flöte, ihr lief ich nach
Lief den Vögeln nach, um das Fliegen zu lernen. Ich
   verbarg mein Geheimnis

In dem, was die Ahnen dort hinter dem Hügel
          gesprochen hatten.
Wie sehr hast du mich an dem gehindert
Was ich zu sein und nicht zu sein suchte... und du
weißt
Ich will die Nützlichkeit der Blumen, bevor ich
          das Salz will. Wie nahe führtest du mich
An den fernen Stern des Unsinns, Vater. Warum hast
          du niemals im Leben
Zu mir gesagt: Mein Sohn! Damit ich nach
          Schulschluß zu dir fliege?
Warum versuchtest du nicht, mich großzuziehen, wie
          du auf deinem Felde Sesam, Mais und Weizen
          zogst?
Liegt es daran, daß die Angst des Soldaten vor dem
          Basilikum der Häuser, Trauma der Kriege, in
          dir ist?
Sei mein Gebieter, oh Gebieter, damit ich vor dir
          in die Hügel fliehe, hin zu den Hirten
Sei mein Gebieter, damit meine Mutter mich liebt und
          meine Brüder die sichelförmigen Bananen
          vergessen
Sei mein Gebieter, damit ich den Koran besser
          auswendig lerne... damit ich die Frau lieben
          kann
Und ihr Gebieter werde und sie einsperre, mit mir
          zusammen!
Sei mein Gebieter, damit ich den Beweis sehe.
Vater, du hast dein Herz vor mir verborgen, damit ich
          plötzlich allein auf den Dattelbäumen groß
          werde.

Bäume, Gedanken, Flöte... Ich werde aus deinen
          Händen in den Aufbruch springen

Um gegen den Wind zu gehen, gegen unsern
      Sonnenuntergang... mein Exil ist die Erde
Eine Erde aus Begierden, eine kanaanische
      die Hirsche und Bergziegen weiden läßt...
Eine Erde aus den Worten, die von Wildtaube zu
Wildtaube getragen werden, und du bist ein Exil
Ein Exil aus Raubzügen, die die Sprache der Sprache
      weitergeben... du bist eine Erde
Eine Erde aus Minze unter meinen Gedichten, sie
      nähert sich und entfernt sich und nähert sich
      wieder
Und entfernt sich noch einmal im Namen ihres
      Eroberers und nähert sich erneut im Namen
      ihres neuen Eroberers
Wie einen Ball schnappen sich die Eroberer sie und
      befestigen sie über den Überresten von
      Tempeln und Soldaten.
Wärst du aus Stein gewesen, wäre das Wetter anders
      geworden, Sohn des alten Kanaan
Doch sie schrieben ihre Hymnen auf dich, damit „Du"
      der einzige „Er" seist
Keine Schwertlilie kam, um zu sehen, wer ihr Dichter,
      der Märtyrer, war, kein einziges Mal.
Der Geschichtsschreiber, Vater, hat mir die Sprache
      gestohlen und die Schwertlilie auch, und er
      hielt mich von der göttlichen
      Verheißung fern
Und er weinte, als ich mit den Gebeinen meiner
      Vorfahren vor ihn trat: „Mein Gott, oh mein
      Gott
Warum sind nicht alle gestorben, damit du allein für
      mich da bist?" Verzeihst du mir, Vater
Was ich mit deinem kaktusdurchbohrten Herzen tat,
      als ich allein aufwuchs

Und allein davonging, um von weitem auf das Gedicht
        zu blicken?

Warum hast du jetzt hastig die große Reise angetreten,
        obwohl du die Thora der Wurzeln bist
Du, der du die Krüge mit dem ersten heiligen Öl
        gefüllt und aus Felsgestein Trauben
Gemacht hast? Du bist der, welcher ewig sagte: Geh
        nicht nach Sidon und Tyros.
Ich werde bald kommen, Vater, tot oder lebend
        verzeihst du mir meine Vernarrtheit
In die Vögel meiner Fragen nach Sinn und
        Bedeutung? Verzeihst du mir meine
        Sehnsucht
Nach einer stolzen Selbstentleibung in diesem
        Winter? Ich habe, Vater, mein Herz gesehen
Und verlor das deine, Vater, das du lange vor mir
        verborgen hast, da wandte ich mich an den
        Mond
Sag mir, ehe du einschläfst: Ich liebe dich... dann wird
        der Regen strömen.

...Eingehüllt in sein braunes wollenes Kleid, an die
        Bäume gelehnt
Schaut er auf sein verlorenes Paradies
        hinter seinen Händen, wirft seinen Schatten
Auf die Erde - seine Erde - und hält sie fest, jagt
        mit Hilfe des schlauen Schattenschleiers eine
        Kamillenblüte.
Was für ein Jäger, der nicht auf den Bäumedieb
        achtet!
Was für ein Vater, mein Vater! Er schoß die Pfeile
        der Schatten auf seine geraubte Erde.
Er entführte ihr eine Kamillenblüte!

Und kehrte vor Einbruch der Nacht zurück. Wieviele
	neue Armeen werden die Zeit okkupieren
Sie kamen, um mit uns als Soldaten Krieg zu führen
sie waren die Befehlenden und wir die Märtyrer
Sie kamen und bauten Schloß auf Schloß
	und sie gingen wieder, und wir blieben wir
Doch diese Bestie stahl unsre Haut und schlief in ihr
auf dem Sackleinen unserer Betten
Und biß uns und brüllte vor quälender Sehnsucht
	nach den Augen der Kamille
Oh Erde! Ich habe dich nicht gefragt: Hat der Ort
	den Ort verlassen?
Damit ich dein fremder Besucher sei auf der Lanze
	derer, die aus dem Rauche treten
Zwischen mir und meinen blonden Feldern ist nur
	ein einziger Meter... ein sich auf mich
	stürzender Meter
	der ins Herz mir schneidet
Ich bin von hier... und ich sah, wie
	meine Gedärme aus dem Maisflaum quollen
Und ich sah, wie mein Gedächtnis die Körner
	dieses Feldes und die Märtyrer auf ihm zählte
Ich bin von hier... ich bin hier... und ich harke
	in diesem Herbst zwischen den Olivenbäumen
Ich bin von hier. Und hier bin ich. Das Echo
	meines Vaters: Ich bin von hier.
Und ich bin hier. Und ich bin ich. Und hier ist hier. Ich
bin ich. Und ich bin hier. Und hier ist ich. Und ich ist
ich. Und hier bin ich. Und ich ist hier. Ich bin hier. Und
ich bin ich.
Das Echo nahte. Zerbrach die Weite. Es geschah
	seine Auferstehung. Ein Echo fand das Echo
Das Echo hallte... immer hier, immer hier. Und die
	Zeit, sie wurde zu einem Morgen

226

Die Form des Echos schien wie ein Land zu sein, und
      hier sind die Blumen des Verderbens, so
      zerstöre Vater, die Mauern der Welt, Echo
      rings um das Echo; und explodiere:
Ich bin
von hier
und hier
ist hier
und ich
bin ich
und hier
bin ich
und ich bin hier

Die Erde zerbricht ihre Eierschalen und treibt
      zwischen uns umher
Grün unter den Wolken. Sie entlehnt ihre Schminke
      dem Himmel der Farben
Um uns damit zu verführen, sie ist die Blaue und die
      Grüne, geboren aus ihren Legenden
Und aus unserer Opfergabe, dargebracht zum
      Erntedank.
Sie lehrt uns die Kunst
Nach den Schöpfungsmythen zu suchen. Sie ist eine
      Herrin auf ihrem Thron aus Wasser.
Eine Herrin des Preisens. Ihr, der Jungen, zerkratzt
      kein Alter das Gesicht. Kein Stier
Trägt sie auf seinen Hörnern, sie trägt sich selbst in
      sich und schläft auf ihrem eigenen Schoß.
Sie sagt uns nicht Lebwohl und empfängt keine
      Fremden.
Sie erinnert sich nicht der Vergangenheit.

Denn sie hat keine Vergangenheit. Sie ist sie selbst
und für sich selbst in ihr selbst. Sie lebt, und
so, wenn sie grün ist und frei
Leben auch wir. Mit uns ist sie in keinen einzigen Zug
gestiegen
In kein Flugzeug und auf kein Kamel. Sie hat keinen
einzigen Sohn verloren.
Sie hat sich nicht entfernt von uns und hat nicht ihr
Wesen verloren. Sie hat nicht ihren Zauber
verloren, sie ist über ihren blauen Wassern die
Grüne...
Erhebe dich, Vater, aus den Ruinen der Tempel und
schreib'
Deinen Namen auf ihr Siegel, so wie die Ahnen, Vater
ihren Namen auf sie schrieben.
Erhebe dich, Vater, um dein begehrenswertes Weib
zu lieben, von ihrem Zopf bis zu den Fußreifen
hinab.
Erhebe dich, denn auf den Ölbäumen dieses Landes
wachsen keine Oliven, da sind nur ihre
Schatten
Erhebe dich, um die Frau zu preisen und anzubeten
und das Leben des Vergessens zu erzählen:
Wie oft kamen die Eroberer vorbei, sie änderten dich
und die Namen der Erde, wie oft setzten sie
ihre Wagen instand
und teilten der Erde Märtyrer unter sich auf
Und sie war es, die blieb, wie sie war, für dich, Vater,
Frau und Mutter
Drum erhebe dich, damit der Gesang dich
zurückbringt
Wie Anemonen in der Erde, die von dieser adoptiert
und besungen werden, damit der Himmel in
ihnen wohnt.

...Und warum, Vater, gibt es die Poesie? Der Winter ist
        der Winter
Ich werde nach dir schlafen gehen, nach diesem
        fauligen Fest, das Blut wird schwarz
Wie der Wein auf den Statuen in den Tempeln... und
        eine Narzisse und Wasser zerbrechen die
        Liebenden
Doch diese werden ihre Eifersucht, ihre Fremdheit
        und den Kristall der Sehnsucht nach
        Sehnsucht zerbrechen
Und ich bin traurig, Vater, wie eine Turmtaube
        fern ihres Schwarms, bin traurig
Ich bin traurig, Vater, grüß' meinen Großvater, wenn
        du ihn triffst
Küss' ihm die Hände von mir und von Baals und
        Anaats Enkeln.
Und fülle seinen Krug mit Wein aus Galiläa oder aus
        Hebron und sag' ihm:
Mein Weib will nicht, daß du der Rahmen bist
        für ihr Bild. Und aus meinem Leichnam
Steht ein anderer Phönix auf. Vater, begrüße mich
        dort, wenn du mir begegnest
Und vergiß meinen Verzicht auf deine Pferde, Vater
        und verzeih mir, damit ich meine
        Erinnerungen kennenlerne
Du, der du dein Herz vor mir verborgen hast, denn das
        Leben bot Zuflucht
In dem, was ich an Wesen sah, aus denen nicht meine
        Wesen sind...
Und jetzt zieht mich deine ferne Vaterschaft an der
        Hand und an meiner Zerstreutheit
Zieht mich mit den Netzen deines Schattens zu den
        Ziegeln aus einem Schatten, der ins Gedicht
        hineinfällt.

Ein Rätsel, Vater, ist die Geburt... ich frage dich: Bist
    du geboren
Um zu sterben? Wie oft hast du dein Leben
    hinausgeschoben? Wie oft bist du müde
    geworden... wie oft versprachst du
Morgen zu leben, doch du hast nie gelebt. Was nützt
    das Gedicht
Das die Decken unserer Höhlen hebt und
    aus unserem Blut zur Sprache der Tauben
    emporfliegt?
Oh Gebieter, aufgebahrt auf dem Schatten des
    Schattens der Lavendelbüsche
Oh Gebieter des Steines über den Stein, den deine
    Hand geworfen hat, bist du dem Marmor
    entsprungen
Um in ihn zurückzukehren, Vater? Zeig' mir, warum
    du mich hergebracht, warum du mich
    hergebracht hast.
Geschah es, damit ich, wenn ich müde bin, rufe: Vater,
    mein Gefährte?
Oh mein Gefährte! Wer von uns starb vor seinem
    Gefährten...
Ich?
Oder mein Gefährte?

Mohammed 'Abdelhayy *(Sudan)*

Wurde 1942 in Khartum geboren. Studierte an den Universitäten in Khartum und Oxford Literaturwissenschaft. Er starb 1989, ebenfalls in Khartum.

Trilogie

1

Nichts ist verloren. Und wir werden nichts gewinnen.
Ein Fuß weicht auf dem Paradiese auf. Verfaultes
grünes Fleisch beschlief verfaultes grünes Fleisch.

2

Ein Fuß erhitzt sich im Ödland und eine flache Hand
im Ruß (Alles Wasser des Meeres wird sie nicht
reinwaschen können.) Kein Schatten außer dem eines
Dornenzweigs von dem das Blut herunterrinnt,
vermischt mit dem Röcheln der Sprache.

3

Wir blickten in unsere Spiegel. Wir waren in ihnen
nur blutende Schatten, von unglückseliger
Freude zum Tanz getrieben
zum Hochzeitstanz der Opfer.

Bist du etwas anderes als ein bloßes Zeichen?

1

Warst du etwas anderes als ein bloßes Zeichen
das auf den Wüstenpfaden blinkt?
Warst du ein König, der bei Einbruch der Dunkelheit

hervorkommt, um in der Finsternis sich über
die schönsten Jungfrauen herzumachen?

2

Sie sahen nichts als Zeit, du sahst nichts als Zeit,
blühend wie das Kind im Paradies, das spielt trotz
des Geruchs von Leichenöl und trotz
der Gischt des Friedhofssandes.

3

Sie sahen nichts als Verfall, hier Verfall oder dort,
gestern war Verfall, und es wird ihn sicher auch
morgen geben - und du sahst nur die leuchtende Röte
des ersten Apfels, als sie zurückkam ins Haus der
blühenden Zweige.

4

Eine Stimme verfestigte sich an den Rändern des
Unbekannten, eine Stille, üppig wie die Sonne, eine
Lampe brannte im Blut der alten Sprache, fröhlich der
Traum, im Kristallglas gefangenes Wasser und eine
Seele aus einer blauen Flamme, von der Sonne in der
Höhle des Blutes entzündet.

5

Sehnsucht überwältigte sie, da floß sie über
und sie erglühte schon in aller Frühe
sie rösteten die Knochen und verbrannten
den seines Frühlingskleids entblößten Leib:
Doch dies war nicht die Zeit des Weinens
ein Augenblick der Ewigkeit war's, in dem
der Engel heimkehrte zur Sonne des Gesangs.

Die vier Jahreszeiten

1

Zwischen dem Abfallen der Blüten und dem
       Sichrunden
der Früchte, wenn die Erde ihre flammende
Vagina entblößt und der Himmel von seiner
planetenhaften Schlange gebissen wird
tanzt ein Gott im Feuerhemd.

2

Welche Göttinnen wehklagen in dieser Nacht
überm Leib des Ermordeten
Sie tragen in ihren roten Körben seine Glieder
und in ihren Spiegeln seine Namen zusammen
sie verwahren sie in den Rissen
des smaragdgrünen Monds unterm Schnee
       seines schönen Todes.

3

Der alte Zauberer sitzt in der Höhle, und
in seinem Käfig züngelt eine Schlange
und namenlos windet sich der Wald
er träumt von der Reinheit seines weißen Kristalls
und keine Zeichen sind in die Luft graviert außer
dem Saum der Asche auf dem Felsen der Zeit.

4

Und plötzlich bricht der Schnee auf, und die Teile
seines neuen Fleisches fügen sich wieder zusammen
und die Göttinnen lachen in der Schlacht
der Begierde, wenn die Monde und die Sonnen tanzen
       auf der Brücke zwischen Gehirn
und Schenkeln, wo die Rituale beginnen

und wo aus Spiegeln des wiederergrünten Leibs
das Erscheinen seines einzigartigen Seins
hervorwächst.

Suad as-Sabah *(Kuwait)*

Geboren 1942 in Kuwait-City. Studium der Wirtschafts-wissenschaften in Ägypten und in den USA. Gründerin des Verlags und Vertriebs Dar Suad as-Sabah und Stifterin einiger Litaraturpreise, die diesen Namen tragen. Außer Lyrik hat sie Studien zu ökonomischen Fragen veröffentlicht.

Die Absolvierung

Oh Herr, der du versteckt bist in meiner Armbanduhr
du, der du dich mit der Zeit gegen mich verbündet
   hast
und der du dich mit meinen Armreifen gegen mich
    verbündet hast
mit meinen Wimpern, meinen Kleidern
und meinem Nagellack
Du, der du dich mit meinen Büchern gegen mich
    verschworen hast
mit meinen Manuskripten
und dem Geruch des Kaffees
laß endlich ab davon!
Denn die Zeit mit dir war unerträglich
und auch die Zeit ohne dich war unerträglich
und die Zeit nimmt erst dann ihre endgültige Form an
wenn sie durch deine Finger geht.

Und ich werde nur vollkommen sein
wenn ich durch deine Finger gegangen sein werde.

Der Abgrund

Immer, wenn du wie von Sinnen meinen Mund
      geküßt hast
tat sich vor mir der Abgrund auf
Du bist in der Liebe noch immer ein Profi
ich aber werde immer ein Abgrund
      von Amateurismus bleiben

Tagebuch einer Katze

Ich bin im Zustand der Liebe, mein Liebster
es ist ein großer Segen, daß ich, wenn ich morgens
      die Augen aufschlage
neben mir jemanden sehe, den ich „mein Liebster"
      nennen kann
ein Segen, daß ich den Kaffee in deinen Armen trinke
und die ganze Nacht lang in einem Duftgarten weilte
ein Segen, daß eine Frau einen Menschen fühlt
der sie zudeckt, beschützt und ihr die Schlüssel
zu den unbekannten Dingen aushändigt
Ich liebe dich in allen Sprachen der Welt
hast du noch einen anderen Namen
als „mein Liebster"?

Im Gedächtnis der Bäume lesen

Ich gehe jeden Herbst in die Wälder
um mein Gesicht mit Regen zu waschen
Da sind gelbe Blätter
da sind rote Blätter
da sind Blätter, die lodern wie Feuer

Ich frage mich, über Edelsteinsplitter gehend
ob das Blätter sind oder Gedanken
ob auch der Wald traurig werden
ob auch er weinen kann
ob er Erinnerung fühlt
ob er leidet
ob er Schmerzen empfindet
ob die Bäume sich ihrer Vergangenheit erinnern.

Uferlose Frau

Mein Herr:
Meine Gefühle Ihnen gegenüber sind ein Meer
      ohne Ufer
doch die Sippen lassen meine Einstellung zur Liebe
      nicht gelten.
Mein Herr:
Sie sind es, den ich will
nicht was Taghlib und Wa'il* wollen
Sie sind der, den ich liebe
und es ist gänzlich ohne Belang
wenn jene mich für vogelfrei erklären
und als eine Frau betrachten
die sich über die Bräuche der Ahnen hinwegsetzt.

Mein Herr:
Ich werde immer kämpfen
damit das Leben obsiegt
und die Bäume in den Wäldern ergrünen
und die Liebe Einzug hält in die Häuser der Toten
denn nichts als die Liebe
kann die Toten wieder zum Leben erwecken.

Mein Herr:
Fürchten Sie nicht meine Wogen, auch meine Orkane
        nicht
Lieben Sie denn nicht eine Frau ohne Ufer?

*Namen älterer arabischer Sippen

Paul Chaoul *(Libanon)*

*1942 in Beirut geboren. Studierte Pädagogik an der Beiruter
Universität. War dann Kulturredakteur bei zahlreichen
libanesischen und arabischen Zeitungen und Zeitschriften.
Hat auch für Film und Theater gearbeitet und einige
Anthologien französischer Lyrik in arabischer Übersetzung
herausgegeben.*

Aus dem Nachlaß eines Abgeschiedenen
(Auszüge)

In Innenräumen zeigt der Körper nicht seine ganze
      Weite
es fehlt ihm an Volumen oder daß die Luft ihn berührt.
In Innenräumen läßt der Körper nicht seine ganze
      Weite erwachen.
Ihm fehlt es an Sinnen oder daß ihn die Sprache nicht
      bittet zu bleiben.
In Innenräumen finden die Hände den Körper nicht.
Den Körper des Abgeschiedenen.

Als die erste Kugel meine Brust durchschlug
verschwand ich wie einer, der sich an die Enden
der Luftwimpern klammert.
Mein Aufprall war blind.
Mein Aufprall war ein letztes Geständnis
das mein Körper vor dem Abgrund ablegte.

[..]

Plötzlich ballen sich die Freunde im Schnee
um zu schmelzen.

Zwei Hände, die unter Tränen
verbrennen.

[...]

Wo ist dieser Tod geblieben?
Ich sehe ihn nicht.
Was treibt dieser Tod
in diesem ungebundenen Augenblick?

[...]

Wer gehen will, mag gehen
bevor die Luft
einige seiner Schritte vergißt
bevor der Säbel
ihm
die Seide seines Dahinscheidens
durchtrennt.

Mohammed 'Ali Shams ad-Din *(Libanon)*

Geboren 1942 im Süd-Libanon. Studierte Geschichte und Jura an der Libanesischen Universität. Lehrte dann am Pädagogischen Institut in Beirut Kunstgeschichte. Später arbeitete er als Inspektor bei der Sozialversicherung.

Der Todwandler

Ein Mann begab sich plötzlich auf den Weg
zu den Feldern
hinter ihm gingen sein Pflug
sein Hund
die Tür seines Hauses
und ein Bach, der trüb war von Schlamm.

Ein Mann todwandelte
hinter ihm kläffte die Luft
hinter ihm
der Himmelswolf
er trug einen Allwettermantel.

Ein Mann kam aus seiner Wachheit hervor
und endete
in der Finsternis der Vernunft.

Der Kreidestern

In Gegenwart deines Gesichts, meine Herrin
zerbröselt mein Herz
wie ein Stern
ein Stern aus Kreide

oder wie ein müder Vogel
unter Gottes Himmel geschleudert
dein Gesicht, meine Herrin
mit seinen sieben Türen und Schlössern
ich trage in meiner Rechten den Schlüssel zu ihnen
und wechsle ihn hin und her zwischen Augen
        und Herz
und wenn ich sehe, daß die sieben Türen
        versperrt sind
und meine Hand nicht einmal Herr über ihre
        Fingerspitzen ist
und die Menschen mich anstarren
und sagen: Da ist der Verrückte
dann bin ich mit meinem Los zufrieden
und sage: Ja, ich bin der Verrückte
Ich bin's zufrieden
und sage mit den Leuten:
Da ist der Verrückte.

Adam bereut nicht

Die Vögel haben mich verlassen
meine Frau ist meiner überdrüssig geworden
. . . .
und ich sehe sie
wie sie jeden Morgen in meinem Körper
ein Fenster öffnet
und hinausschlüpft
um mich nicht sehen zu müssen
. . . .
. . . .
Ich frage mich manchmal:
Hat Gott den Wein erschaffen

damit wir ihn nicht trinken?
. . . .
Ich frage mich:
Zu was nützt die Welt?
. . . .
. . . .
. . . .
Das Wetter ist schön
und krank ist das Wetter deiner Hände im Gras
ein Hahn
und eine Krähe
stritten sich auf der ersten Weide
auf dem Efeu glänzten
Flocken von herabgelassenen Wolken
die zogen schweigend vorüber
um aus ihrem Bild
auf das Wohl des Wassers zu trinken
Eine rosafarbene Sonne
ging über den Dingen auf
doch die Musik
schlief zwischen den Saiten weiter
Der Erzähler sagte:
Gott schuf die Posaune
und winkte Adam zu sich
er ließ ihn vor ihm antreten
und sagte:
Ich habe dir diesen Garten gegeben
und dir sieben Tore geschenkt
um durch sie hindurchzugehen
doch
gehe nicht durch jenes Tor
(er zeigte in Richtung der Reben)
Adam hörte zu
da sah er, was nicht zu sehen und zu sagen war

Er sagte: Ich hab' meinen Mund
und mein Blut genommen
und bin gegangen
Mein Mund hat sieben Münder
und die Früchte des Paradieses sind nah
meine Hand aber reicht nicht an sie heran
ich habe ein wenig
hinter die Früchte geschaut, die leuchten
        wie Ekstasen
da hab' ich mein Liebstes entdeckt
in einem Käfig, blind
und weinend
Ich habe mir Staub auf die Stirn gestreut
und trat durch das Tor, und eine laute Stimme
brüllte mich an:
Geh nicht hinein
geh nicht hinein
Da setzte ich mich auf die Erde und überlegte
was da zu tun sei.
. . . .
Mir gefällt das Feuer der Hölle...

Amal Djarrah *(Syrien)*

Wurde 1943 in Damaskus geboren. Lebte lange Zeit im Libanon, wo sie 1970 sie ihren ersten Gedichtband veröffentlichte.

Anwesenheit

Ich bin ein Buch
für dich geworden.

Ich war gespannt
wie es möglich ist
daß die Nacht so licht ist
wenn du anwesend bist.

Er kam

Immer, wenn
du unter meinem Fenster vorbeigingst
kamen die Vögel
und riefen mich zu dir.

Gesicht

Zwischen mir
und dir
geht dein schönes Gesicht vorbei.

Blütenblatt

Heute morgen kamst du früh zu mir
ein Traum unter einem Kopfkissen.
Ich bin die dunkelhäutige Frau.
Dein Mund ist ihr Gedicht.
So lese ich dich so ununterbrochen
wie die Quelle zum grünen Fluß
wie ein Fisch zwischen Kieseln dahineilt.

Ich suche nach einem Blütenblatt
das aus deinen Händen gefallen ist.

Ich liebe dich

Ich liebe dich.
Ich hab' es geflüstert
klanglose Worte
ohne Lippenbewegung.
Ich halte den Atem an
und bekenne:
Ich liebe dich, ohne jemals ans Ziel zu gelangen.
Ich liebe dich ohne Begegnung.
Ich liebe nur dich, du Begehrenswerter
Vor dem Spiegel mache ich heimlich mich schön.
Ich sitze da, mit mir allein
und bekenne:
Ich liebe dich.

Ohne Angst

Ich bin ein dir anvertrautes Gut
Unter deiner großen Hand
schlafe ich
ohne Angst.

Aus dem Arabischen von Suleman Taufiq

Sargon Boulus *(Irak)*

Wurde 1944 in der Nähe des Habbanija-Sees im Irak geboren. Begann Ende der 50er Jahre, Gedichte und Erzählungen zu veröffentlichen. 1967 verließ er den Irak Richtung Beirut und ging zwei jahre später in die USA. Er hat zahlreiche amerikanische und englische Lyriker ins Arabische übersetzt, u.a. Auden, Plath, Lowell, Ginsberg, Snyder und McClure. Pendelt heute zwischen San Francisco und Europa.

Die Frau, die vor kurzem hier war

Was hast du gelesen
im Gesicht der Frau
die kürzlich hier gespeist hat?
Was hat sie dir offenbart
mit ihrem klaren, versteckten Spiel?

Der Gott der natürlichen Triebe
der nie in seinem tiefen Keller schläft -
sie ist seine Gesandtin
die uns seine Botschaft brachte
die leicht zu lesen ist:
daß hier die Tage rufen und die Reisen
auf die Reisenden warten
vor allem wenn sie die Gabel zum Munde führt
und mit den Augen
das Messer anlächelt...

Dieses Kleid zwischen meinen Fingern
Für Khalid al-Maaly

Ein Schritt, dann noch ein Schritt
vom Fenster zur Tür
von der Wand zum Bett, ein Schritt, dann noch
      ein Schritt
wer wird kommen?
mit welchen Neuigkeiten?
Auf wen wartend, geh' ich allein umher
in diesem leeren Haus? Auf welche Stimme wartend
die kommt, mich in ihr Kleid zu hüllen
wartend auf jenen Rhythmus, der mich wie die Perlen
eines Rosenkranzes auf seinen verborgenen Faden
      reiht
jene Stimme, die kommt, mich in ihr Kleid zu hüllen
Barfuß geh' ich allein umher in diesem leeren Haus.

Wartend auf das Wesen, das kommt
Fieber ist sein Gewand, wenn es mir begegnet
um aus meinem Atem seinen tragbaren Tempel
      zu errichten
und die Welt beginnt, sich aus Gestammel in
      ein Gebet zu verwandeln.

Die Rahmen meines Fensters werden weiß
von der Berührung der Morgendämmerung
die Morgendämm'rung im Schoße des Himmels
      drängt hervor
wie der Säugling
der vor Fruchtwasser glänzt...
Alles öffnet die Augen auf den leuchtenden Abgrund.

Die Dinge tragen schwer an ihrem Atem
während ich allein umhergeh' in diesem Haus -
Dem Gehirn wachsen nadelhaft strahlende Dornen
der Schein der Lampe wird ein sicheres Loch
das die Nacht durch Legenden zu zähmen vermag
die Hand des ewigen Schneiders sucht nach ihm
und die Nadel glänzt
bevor ihn seine schweren Lider verraten
und sein Kopf mit dem Kleid zu Boden sinkt.
Ich will dies Zeichen, das mich das Fortgehen lehrt
und ans Warten gewöhnt, damit ich stets in seinem
          Wasser schwimme
dieses Kleid zwischen meinen Fingern
dies Zittern
für das ich mich damit begnüge, Steine zu essen
für das ich nicht zur Kenntnis nehme, wer du bist und
          wer er ist
für das ich mich zu diesem unbekannten Wesen
          bekenne
wenn es mir befiehlt
mein Fenster zu schließen, mein Haus zu verlassen
und meines Weges
zu gehen.

Zeugen am Ufer

Am Anfang hörten wir das Rauschen...

Am Anfang
noch ehe wir etwas sahen
als den Bergen die Knie schlotterten
und der verborgene Damm der Welt brach:
Rauschend kam er heran

führte Haustüren mit sich
kam und führte entwurzelte Bäume
führte Storchennester und Särge mit sich
führte Wagen und Pferde mit sich -
er führte ein Schilderhäuschen mit aufgesteckter
      Fahne mit sich
einen Hochzeitskleiderschrank mit drei Spiegeln
bevor wir die Wiege sahen
bevor wir sahen
wie die Wiege auf den Wellen trieb
und die Frau hinter der Wiege her schwamm
ihre Augen und ihren im Wasser treibenden Zopf
Wer bewahrt die Welt davor, davongeschwemmt
      zu werden
und wer versperrt uns mit welchem Stein die Tür zur
      Auferstehung?
Niemand.
Wer bringt uns den Vermißten zurück
wer rettet wie ein Vogel die Wiege aus den Klauen
      des Drachens
oder hilft der ertrinkenden Mutter, zu ihr
      zu gelangen?
Niemand...
Ein einzelner Mann hat sich fluchend in die Strömung
      gestürzt
der reißende Fluß nahm ihn wie ein Schlachtopfer auf
er kämpfte ein wenig, schrie einmal auf
und verschwand...

Das war es, was wir sahen am Morgen der Flut
wir, die Zeugen am Ufer.

Der Hausschlüssel

Es träumte ein Mann
er hätte seine Stadt verlassen
eines Tages bei einem Sturm
vor dem sich die Felder verneigten
und bei dessen Ankunft sich die Säulen erhoben
gedrechselt aus dem Staub vor seinen Füßen
am Rand eines Dorfs
das auf dem Saum des Windes ritt.

Es träumte ein Mann
eine Frau hielte ein Kind auf dem Arm
ein Lied ihm singend, das er noch aus der Kindheit
            kannte.
Er sang es sich fortwährend vor, als er die Wüste
            durchquerte
als wäre es seine einzige Quelle...

Doch eine Stimme
warnte ihn mitten im Traum
und jäh ergoß sich Finsternis über die Steppe.
Ein Vogel flog auf
aus dem Schoß eines Baums
dessen verwaister Ast in die Luft hinein winkte
die Stille nahm zu
bis er die Zeit, geschmeidig wie ein Fuchs
            oder Flughuhn
an den Rand des Gartens mit den verdorrten Bäumen
            pirschen hörte
und der Spiegel des Wassers erbebte, als er zum
            Trinken sich durstig über ihn beugte.

Der Fluß gab
in seinen Wellenkreisen einen Teil
        seiner Gesichtszüge wieder
er aber schöpfte jetzt mit der Hand eilig deren Reste
denn die Sonne sank
und die Welt verführte ihr spätes Licht
wie ein Zauberfenster
mit Blick auf die Grenzen
die zu queren ihm träumte, und er querte sie.

Noch ehe ihn einer anrief
sah er zurück und machte kehrt
sein Koffer blieb auf dem Weg zurück.
Aus seiner zuckenden Hand
fielen Blutstropfen warm auf den Boden
er hatte sich mit dem einzigen, was er bei sich trug
        verletzt:
dem Schlüssel zum Haus seines Vaters.
Dies ist die Grenze -
hier endet dein erster Weg...
Reib' dir die staubverklebten Augen, und
plötzlich gehst du im Land der andern umher.

Dies ist mein Tag

Hinter mir auf dieser Wand
steht geschrieben, auf der Stirne der Gegenwart
die in ihrer bezahlten Sänfte daherschwankt, daß ein
        andres Gastmahl
vom Winde verweht wird und die Geschichte es
        eines Tages
müde wird, in den Gossen zu schlafen.

Auf den Zügen der Stadt
in den Regalen des Rauchs, der dicht emporsteigt bis
    zu dem höchsten Mast dort
tritt Tag für Tag deutlicher die Schrift hervor
damit wir wissen, daß unsre Götzen zufrieden sind
    und es ihnen an Opfergaben nicht fehlt.
In der Windung des Sehens steht es geschrieben
geschrieben auch im zornigen Seitenblick auf
    die Unebenheiten
dieser unmöglichen Szenerie, daß andere Tage
und andersartige Zeiten kommen werden
gänzlich verschieden von dieser niedrigen Zeit.
Wegen all der dargebrachten Zeichen
wie etwa das Lachen des Haschischrauchers, wenn er
    Gott grüßt
wegen mehr als einem Zelt
das an diesem Wegrand aufgeschlagen wurde
für den Aasfresser und den kleinen Söldner...
ist dies mein Tag.

Ich werde ihn zu meinem Zeugen machen
wir werden den Anfang erkunden, nachdem wir das
    Ende kennengelernt
und uns nur noch die fernsten Schwellen locken
wo der Adler seine Krallen
in die Brust der Taube schlägt
wo in der Tür eines Kuppelgrabs das Haar einer
    Witwe weht
wo ein Mann die Schatulle seiner Traurigkeit öffnet
und den Schlüssel hinunterwirft in den Fluß.

Tretet nur näher
ihr Anwesenden, die ich nicht zu benennen weiß
ich will nochmals trinken auf euer Wohl

doch wo ist mein Glas?
Ich will, daß ihr heut' an meinem Tische trinkt
damit wir plaudern, lachen oder weinen
doch welchen Wein kredenze ich euch -

Unsre Bedingung ist Versöhnung über den Abgrund
      hinweg
unser Vertrag ist so bindend wie das Verhältnis von
      Axt und Baum.

Der Leichnam

Sie marterten den Leichnam
bis erschöpft der Morgen anbrach und protestierend
      der Hahn aufstand.

Sie stießen ihm Angelhaken ins Fleisch, peitschten
      ihn mit Stromkabeln aus
hängten ihn an einem Ventilator auf.

Und als die Henker endlich müde wurden
und eine Pause einlegten, rührte der Leichnam
      seinen kleinen Finger
schlug die zugeschwollenen Augen auf
und murmelte etwas vor sich hin.

Verlangte er nach Wasser? Oder wollte er Brot?
Verfluchte er sie, oder forderte er sie zum Fortfahren
      auf?

Was wollte der Leichnam wohl?

Wenn die Worte leben

Der Herr über Kauf und Verkauf
sinkt auf dem Markt der Spekulationen
mit einem Herzinfarkt auf beide Knie.

Doch der Krieg tobt weiter. Du kannst kaum noch
schlafen. Ein Dichter, ein weißes Blatt Papier.

Die Nacht ist weniger Nacht
selbst der Tod könnte womöglich eine Bedeutung
        gewinnen.

Wenn die Worte leben: ihretwegen töten und sterben
        wir
und löschen unsern Durst mit ihrer wunderbaren
        Armut...

Die Worte sind allmächtig -

Sag „Teufel"
und der Yeside fällt in Ohnmacht

Sag „Gott"
und sieh, wie das Feuer zu lodern beginnt.

‘Abbas Beidun *(Libanon)*

*1945 im Süd-libanon geboren. Lyriker und Literaturkritiker.
In den Jahren des libanesischen Bürgerkriegs wurde Beidun
durch sein Plädoyer für eine Lyrik fernab der Loyalitäten des
Krieges bekannt. Er leitet heute die Kulturredaktion der
libanesischen Tageszeitung „as-Safir"*

Und wir erinnern uns nicht, ob ein Sklave
am Bach geopfert wurde, bevor die Maurer
kamen, doch der Körper war
in eine Wunde gepfercht, er entleerte sich
durch sein Loch, als der Tropfen fester
auf die Erde und als der Soldat fiel, der auf dem Hügel
seinen Hammer verschluckt hatte, dort
fand man den Griff einer Schaufel
zwei, drei Zweige, die die Eidechse
ihm in den Mund gesteckt hatte.

Wir haben Luft gewoben mit einem
Nadelöhr und mit ihm auch das Licht
transportiert, und wir haben der Kraft
gelauscht, mit welcher der Tropfen fiel
und wie er umgehend Antwort erhielt.
Dieser Lichtstrahl erlosch im
tiefen Wald, und es war uns nicht möglich
weiterzugehen. Soldat, meide
die Umgebung des Wasserfalls
auf deinem Wege zu uns und hör' zu
wie wir auf diese Weise den ersten
Traum unsrer Stadt zu beschreiben vermögen.

Das Feuer des Siegers

Das Feuer des Siegers ist die Erinnerung an unsre
Toten. Es ist das Denkmal der Besiegten.

Dort ist ein weites Draußen für uns.
Die zweite Feuersbrunst frißt unsre Flammen.

Wir stoßen viele nach hinten zurück und machen die
Vergangenheit heimlich zu einer Festung.

Der Bruder unserer Reue

Wir tranken zumeist
aus dem gleichen Schweigen
wir glichen uns wie zwei Schwestern
und hatten, bevor wir uns trafen
jenen Bruder
den wir für unsere Reue
großgezogen hatten.

Der Dritte war immer
der Zweite
wir trafen uns draußen
und die Toten
bereiteten uns das Bett
Feinde in der Erinnerung
- während ich mich über deinen Körper beugte -
der Frühling, der uns beinahe gehörte
wir aßen seine Samen.

Da war nichts, das wir der Ewigkeit schenken
        konnten

drum sprachen wir nicht das Meer an
das Vergessen war nicht unser Dritter
ich nahm dich als Teil einer Stunde
als Salz, das zu Ende brennt
ich nahm dich als Kraft
wie ein Lichtjahr

Wir gingen auseinander im Gestern und Morgen
wir wohnten inmitten der Winde
Die unsre Augen trugen
werden andern gehören
drum erhöhte ich jeden Augenblick deine Ähre
die Stunde, die uns gehörte
währte den ganzen Tag
und die übrige Zeit türmte sich über ihr.

Über die Hoffnung

Ein einziger Stuhl, stehengelassen
für einen Kranken namens Die Hoffnung.

Diese

Ich sitze, umgeben
von all denen
die mich einsam
machten.

Eine Wolke

Oh Wolke, seit wann gleichst du nicht mehr
der Poesie? Seit wann finden wir dich
in einer Streichholzschachtel inmitten
der abgebrannten Hölzer?
Es gibt etwas, das wir nicht
aus dem Haus bekommen.
Es gibt etwas, das wir nicht
zwischen den Augen entfernen können.

Der Weg ist grün für den Fremden

Mache dir einen Bart aus dem Wasser des Flusses
mit zwei Augen aus Gras
kein Bedarf an Lampen
denn der Weg ist grün für den Fremden
und dieses Feld
wird mir meinen Schmerz
doppelt und dreifach erstatten.

Fauzi Karim *(Irak)*

Geboren 1945 in Bagdad. Studierte an der Universität Bagdad arabische Literaturgeschichte. War dann als Journalist und Literaturkritiker für irakische und andere arabische Zeitungen tätig. Lebt heute in London. Herausgeber der Zeitschrift „al-Haraka al-Shi'riya", die inzwischen allerdings eingestellt wurde.

Ort der Geheimnisse

Die Straße war bestrichen
mit den Wassern der Freude, mit dem Staunen und
       mit der Liebe.
Und die Straße war wundersam
mit den Tränen, die
aus den Herzkörnern tropften.
Und wir sahen die Straße wie eine Jungfrau
sahen sie unschuldig
und da kroch der Rauch des Jahres
langsam aus dem Fenster des Traums
da bereiteten wir uns auf den Zauber vor, der hinter
       der Uhr versteckt war
und auf ihr Ticken, wir waren wie der freudetrunkene
       Vogel
der närrische Vogel, der das Maß überschreitet
der einen Durchlaß sich bahnt zwischen Flügel
       und Flügel.

...Doch ich allein
hab' das Gesicht der Schlange gesehen
...mir allein
hat sich das Gesicht des Verbotenen enthüllt

261

und das Gesicht dessen, der strauchelt
auf den Wegen des Lichts.
Er weiß, daß der Entgegenkommende
und der Vorbeigehende ein Zweig sind
und daß der schlafende Leib in der Wärme
          seiner Wonne ein Zweig ist
und daß die Erde und ihr Verlangen ein Zweig sind
von den Zweigen des Todes.
(Auf dem Wege zu dem verwaisten Bett
bemerkte der Emigrant zwei Katzen
einen Kater und ein Weibchen
auf dem Wege zu dem verwaisten Bett
spielten sie mit ihren abgelaufenen Schatten
und atmeten melancholisch)
...
Wie unglücklich ist doch diese Welt
wie unglücklich...
Wir gingen zu dieser Zeit umher
und warteten auf die Freude der Stunde
warteten auf unser verbotenes Kind
Wie berührt der Liebende seine Freude
und wie holt er den Schwarm seiner weit verstreuten
          Möwen wieder zusammen
wie berührt er einen Fluß aus Oliven
einen Fluß aus offenen Balkonen!
Und wir kamen am Ort der Geheimnisse vorbei
und gingen über die Kuppeln der Erleuchtung
und wir sprachen im Winde vom Wind
und wir sprachen im Schlafe vom Schlaf
und wir spielten mit den Fingern unsrer
          Unachtsamkeit
vor dem Strudeln von Wasser, das uns bis
          an die Hälse stieg.
Wir waren nichts:

wir ließen die Hände sinken für die besiegten Städte
wir folgten in seinem Schatten der Spur dessen
      der strauchelte
wir waren nichts, sondern wie das treibende
Etwas auf den Wegen der Tiefen.

Und wir gingen, wir gingen in den Dschungeln
      der Dunkelheit umher
und in ihrer steinigen Begierde
und wir suchten all ihre mit Leichentüchern
      verminten Gassen ab
und wir gingen wie geschlagene Ritter
wir gingen
wir strauchelten in der Wahnvorstellung von unsrer
vergessenen Unschuld.

Zwischen dem Gebet des einen
und dem lauten Weinen des andern
ist eine Schlange
Doch ich war allein
ich war der Lachende, ich putzte mir die Zähne
mit dem Wasser der Sehnsüchte
und ich roch Tau auf meinen Flügeln
ich kreiste und kreiste
ich schwebte, ich hatte Schmerzen, lauschte
und landete auf dem Zitronenmond
auf vom Regen reingewaschenen Blättern
Inmitten der Kinder ging ich von mir selber fort
ich ging
auf der unentschlossenen Seite, ich verzettelte mich
      in der Liebe
war ausgezehrt vor Tränen, ich klatschte
      in die Hände...
(Auf dem Weg zum Bett

quollen die Schatten hervor wie ein weißer Witz.)
Auf dem Wege zu dem verwaisten Bett
schliefen ein Kater und ein Weibchen
zusammen in der Schwermut
dort, wo meine letzten Schritte sich verloren.

Hussain Mardans Tod

Eis bedeckte die Erde
und am Horizont war ein Vogel
die Kälte des Eises beschien seine Flügel
Er schwebte, doch sein Zittern hielt ihn gefangen
da löste er sich nach und nach in einer Klage auf
die ihn in einem neuen Herbst
an ihre Wärme gewöhnte
Und er wachte danach nie mehr auf...
Am Horizont war ein Vogel.

Überholung

Du warst allein, die Erde drehte sich, und da
          drehtest du dich mit
und du wohntest mit ihnen, mit einem nach dem
          andern
und du schworst ihnen, allein zu schlafen
du schworst, in den schmerzhaften Unebenheiten
          deiner Träume zu verschwinden
und als Teil des Windes
und im Licht zu enden
das schworst du!
Die Wunden an deinen Händen waren die Himmel
und die hungrigen Städte

und so konntest du dir an den Fingern abzählen
daß ein Tag deinen Tag umarmte
eine Wunde deine Wunde linderte
doch sie verrieten dir ihre Namen
da klettertest du vom Ast auf den Stamm
du warst zum Knaben der Geschichten geworden
du hattest sie überholt
deine beiden Hände
lagen auf der Wunde
du warst wieder allein
und die Erde drehte sich nicht
doch sie verrieten sie dir
da drehtest du dich um wandtest du dich ab
und verfluchtest sie
einen nach dem andern.

Nazih Abu 'Afash *(Syrien)*

1946 geboren. Studium am Institut für Lehrerausbildung.
Arbeitete als Lehrer an einigen syrischen Schulen. Heute ist er
Beamter im syrischen Kulturministerium.

Maryams Ähre

Oh Maryam... oh Maryam
wohin gehst du, um dich vor mir zu verbergen?
Nicht für dich singen die betrogenen Vögel.
Die wohlerzogenen Schmetterlinge wagen es nicht
Umgang mit dir zu pflegen.
Und nicht eine von den Ähren
die das Feld bedecken, sagt:
Ich bin Maryams Ähre.
Und du bist wie die Drohne
bist einmal glücklich... und stirbst...
und einmal betrittst du das Haus deines Bräutigams...
         und stirbst!
Und du besitzt keine Ähre
und du besitzt auch keinen Radiergummi
und du... nicht anschwellen wird dein Bauch
und du wirst die faszinierenden Qualen nicht
         kennenlernen
und du... niemand wird mit einer Blume
         zu dir kommen
es sei denn, um dir Gewalt anzutun
und niemand wird von deinen Augen sagen:
         Wie groß sie sind!
In deinem Herzen wachsen schwarze Pinienwälder...
und Hälse sich neigender Lilien
unter deinen Füßen Erdbeben und Schlangen
und gierige Elektrozangen.

Deine Brustwarzen werden nie braun werden
und keine Milch wird aus ihnen perlen.
Maryam, oh Maryam
wenn ich Jesus wäre und du begegnetest mir
      am Brunnen
versprächest du mir deinen Seelenfrieden?
Gäbst du mir Wasser zu trinken und benetztest
      du mein Gesicht mit Duft?
Würdest du mich der Huld deines Herzens
      anbefehlen... und meinen Körper segnen?
Würdest du Asche und Dunkelgrau vertreiben
und Freundschaft mit den Schmetterlingen des Feldes
mit den Ähren und den weisen Wiedehöpfen
      schließen?
Maryam ging fort, doch die Steine nicht
Maryam erlosch, doch das verderbenbringende
      Feuer nicht
Die Ähren kamen zum Dreschplatz...
und Maryam unter die Erde
...Und Maryam weinte nicht
und Maryam trug keine Steine mehr.
Maryam, die Blaue, die gekrönt ist
mit Wolken, Psalmen und schwierigen Gesetzen...
schlief am Rande des Brunnens
und... lächelte.
"Maryam... oh Maryam"
Ich höre eine Ähre rufen nach dir
wenn du noch lebst
so komm, laß uns zu ihr laufen.

Die Hühnchenpfanne

Ich sehe, als ob es jetzt geschähe
wie sie eines nicht fernen Tages

deinen Körper in Stücke schneiden werden
klein und mittelgroß... und in zahllose Formen
und wie sie sie in die Hühnchenpfanne
        werfen werden
wie sie warten werden, bis die Reihe an ihnen ist
wie sie dich dann wegtragen werden
der eine zu einem Tisch mit einem dünnen Furnier
        aus gutem Nußbaumholz
ein andrer zu einem gewöhnlichen Teller aus Stroh
und ein Dritter ißt seine Portion ganz einfach
        von einer feinen Papierserviette
die er erstmals zu benutzen lernt
...und du bist ein Mann, der das Recht so gut kennt
wie eine Frau die Kleider ihres getöteten Kindes...
Und du liebst das Gute, so wie ein Kind
das gerade laufen gelernt hat, nicht stillsitzen kann
und du denkst, daß niemand es wagen wird
ein- oder mehrmals
einem andern das Messer in die Brust zu stoßen...
Doch du weißt auch
daß jedes Ding so ist wie jedes Ding
und daß es völlig gleichgültig ist, ob Menschenfleisch
für die Hühnchenpfanne taugt oder nicht...
Denn wenn einer ißt
kann er nicht unterscheiden zwischen dem Fleisch
        eines Menschen
oder dem eines Vogels oder... gar dem einer Katze!
Und du weißt, daß nur deshalb lebendiges Fleisch
sich in kleine oder mittelgroße Stücke...
und in zahllose Formen verwandelt
nur dazu
dient die Hühnchenpfanne.

'Aisha Arna'ut *(Syrien)*

1946 in Damaskus geboren. Lebt seit 1978 in Paris, wo sie in der Botschaft von Qatar arbeitet. Einige ihrer Gedichte wurden ins Französische übersetzt.

Das erste Stück

Sie wickelten mich in Igelfelle
in der leeren Liebesmuschel
Laßt mich irgendein Ball sein
in einem Kaleidoskop
in den Händen der Kinder.

Laßt mich ein reißender Adler sein.
Laßt mich an einen fallenden Wassertropfen
        mich halten.
Doch...
entfernt diese Mauern rings um mich her.

Zwei Abschnitte

1
Auf einem Kaktusstachel
springt mein Kokon auf.

Oh... ich bin länger in Knechtschaft geblieben
als ich hätte bleiben sollen.

2
Ich gebe meinen Körper
euren Kugeln frei.

Doch...
laßt mich schreien, nur ein einziges Mal
außerhalb eurer Wörterbücher
laßt mich schreien.

Für dich, du Liebe

Für dich, du metaphysische Chemie.
Für dich, du Liebe... du ergriffener Zauber
geformt aus dem Tonfall des Körpers.
Auf das prachtvolle Scheitern
und unter alle schlichten, aber vergoldeten Wünsche
spucke ich meinen tobenden Schluck.

Du Liebe
die Dompteure haben dich uns als wilden Traum
      verkauft
drum haben wir dir dein Gesicht abgenommen
und dich als exotisches Tier in unsere Käfige
      eingesperrt.
Doch wir ließen dich ohne Futter
und als wir in dem Käfig deine Leiche fanden
mit durch die Gitterstäbe gestreckten Gliedern
erkannten wir dich
doch wir lachten.

Dieser Schmerz

Du wirst den Schmerz nie verspüren
zumindest... nicht meinen Schmerz, weil sie
vor Freude jauchzten, als du geboren wurdest
schwarze Hennen wurden geschlachtet

und die großen Glocken wurden geläutet.
Du wirst den Schmerz nie verspüren
den wahren Schmerz
der sich bohrend erhebt, so wie die Stacheln
       der Dornenkrone sich in die Stirne bohren

Du siehst die Dinge mit einem seltsamen
Fernrohr und lachst
du siehst mich und lachst
und dann streust du die Schalen der Kerne
hierhin und dorthin
und dein Schnurrbart zittert
auf dem Abort der Wilden.

Aus dem Arabischen von Suleman Taufiq

'Abdur-Rahman Tuhmazi *(Irak)*

*Geboren 1946 in Samarra. Studium der arabischen Literatur-
geschichte an der Universität Bagdad. Wurde in den 60er und
70er Jahren wegen seines politischen und kulturellen Engage-
ments mehrmals verhaftet. Lebt und arbeitet heute als
Literaturkritiker und Lehrer in Bagdad. Neben seinem dich-
terischen Werk ragen auch seine essayistischen Arbeiten zur
modernen irakischen Literatur heraus.*

Die Kerze des Zerbrechens

1
Sahst du nicht die Asche das Feuer loben
sahst du nicht wie der Osten den Sonnenuntergang
        preist?
Komm zu mir, denn die Luft, die die Ähre schlug
verschluckte jetzt die Fragen um mich herum
Siehst du, wie das Wort umherschweift, um sein Echo
        zu treffen?
Ist es gerecht, daß das Lächeln schluchzen muß,
        damit ich es sehe?
Bin ich wohl etwas andres als es?

2
Ich lege das Feuer in die Schale
es ist Teil dieser Luft, die die Steppe öffnet.
Wie kann ich an meine alte Dichtung glauben
nachdem das Wort doch niedergekniet ist
ein neues Metrum zu erbetteln, ein Wort, das
        der Reim dann verbrennt.
Jetzt hast du, was du nicht wolltest.
Nimmst du deine Dichtung oder die Dichter an?

Hörst du oder hast du gehört, daß sich ein Prophet
     durch Propheten herabziehen läßt?
Haben 'Haus' und 'Graus' dasselbe Metrum
und enden sie auf demselben Reim?
                    * * *
Schreibst du deine Dichtung, um die Dichter
     zum Schweigen zu bringen?
Kommst du mit mir, damit wir unsre Blicke nach
     hinten wenden?
Demnach sind unser Lachen und unser Weinen
     von gleiche Wirkung.
Ist dies die Dichtung
oder ist das Wasser so aufgewühlt, daß der Krug sich
     neigt?

3
Ich öffne die Tür, damit das Mädchen hört, was der
     Junge sagt.
Ich schließe das Lid, damit mich die Schlafenden
     sehen.

4
Muß ich ich noch lange auf meinen Nachbarn warten?
Wie soll ich in die Kerze des Zerbrechens starren?

5
Schreibst du Neues, während du weiter ein altes
     Leben führst?
Weitet sich das Auge, wenn die Sicht mangelhaft ist?
Öffnest du die Tür, damit das Fenster zugeht?

Klage

Alles will weinen
die Wand auf den Rand der Schwelle
die Schatten der Wolken, die plötzlich vorüberfliegen
und die Kehle des Kindes, die darauf wartet,
        umschlossen zu werden
alles will weinen
aufs Blatt Papier.

Natur und Pedanterie

Wird der Garten mit Früchten freigiebig sein?
Wird er ermatten und seine Blumen im Stich lassen
        in deinen Gefäßen, oh Sommer?
Du Geizhals!
Wird dieser Abend sich entschuldigen bei
        den strengen Gesichtern
die die Angst mit Zersetzung besudelt?
Wird der Abend sich in der Nacht einen Weg in die
        Nacht bahnen
soll ich die Reihen
durchbrechen
um mich zwischen die Hügel des Abends zu setzen,
        aufs Spiel setzend Seele und Poesie?
Soll ich das Gewissen verdammen, das von einem
        zitternden 'Nein' gestreift wird
damit es 'Ja' sagt?
Soll ich 'warum' sagen und den Fragepartikel
        streichen aus diesem Gedicht?

Ein Dichter

Der Dichter legt seine Tage
im Herzen der Wörter zurück und geht dann wieder
        zum Blatt Papier
und wenn er seine Leser des Unrechts enthebt und
        sich in seine Tiefen zurückzieht
anders als wir
so zählt dies nicht zu seinen Wesensmerkmalen
sondern er liebt nur, bei Gott, die Wahrheit
        des Ausdrucks
und er verbirgt sein Schweigen hinter dem Alphabet
doch die Strömung hat uns heute
seinetwegen in Verlegenheit gestürzt
Nehmt eines seiner Gedichte, wenn ihr wollt
sperrt den Richter aus und lest es ohne Furcht
        und ohne Nutzen
ihr werdet ein Stück Poesie zurückgewinnen
werdet nach und nach wieder zu euch selber finden
Bruder Leser, laß dir die Wohltat des Funkenschlags
        nicht entgehen!

Mohammed Suleiman *(Ägypten)*

1946 in Minufia geboren. Studierte Pharmazie und Chemie
an der Universität Kairo. Einige seiner Gedichte wurden ins
Englische, Französische, Griechische, Niederländische und
Spanische übersetzt. 1994 erhielt er den Kavafis-Lyrikpreis.

Nura

Sie war nicht kurz geraten wie der Februar
hatte auch keine langen Zöpfe, um meine Gefangene
   zu werden
sie war nicht sehr schlank
hatte auch keine Hüften, die
aussahen wie die Vergangenheit
die Frau, die jetzt in knielangem Kleid
und mit Fingern, die einen Wald in Brand setzen
   könnten
herauskommt, die aber niemand sehen wird
wenn sie über die Straße geht.

Mit Fingern wie ein Kamm

Ich male ein Meer und nenne es Nura
ich male ein Meeresufer und gehe an ihm entlang
Ist der Körper die Währung des Tagmenschen?
Da ist noch das Zwinkern und das Muttermal
Wie kann es einen Schatten geben, wenn es sie
   nicht gibt?
Noch immer weht Gold durch ihre Fenster
Gold und Granatäpfel Richtung Meer
Ist sie das Weib?

Als sie hier war
hab' ich sie nicht gesehen
doch sie ist verschwunden.

Räume
(Auszüge)

Da ich dachte, sie sei ein Meer
da ich mit ihr über Fische sprach
da ich Matrose sein wollte
da ich ihr Haar mit Halfa* verglich
und ihre Stimme mit einer Straße
da ich dachte, sie sei ich
da ich, wie sie sagte, ein gescheiterter Analphabet bin
und in meinem Munde nichts feucht wird
da ich manchmal gern bis mittags schlafe
da ich wettete, ein Verlierer zu sein
änderte sie sich
und zog mir ein Kartenhaus vor.

[...]

Die Straßen, die uns nicht zu fassen vermochten
und die Stadt, die Verrat beging
sind jetzt von den Heuschrecken okkupiert.

*eine Grasart

Mohammed Bennis *(Marokko)*

1948 in Fes geboren. Studierte dort und in Rabat.
Unterrichtete an Gymnasien und war Hochschuldozent, eine
Tätigkeit, der er heute noch nachgeht. 1974 gründete er die
Zeitschrift „at-Thaqafa ad-Djadida" (bis 1984). Ferner ist er
einer der Gründer des Tubqal-Verlags und des Hauses der
Poesie. Außer Lyrik hat er Studien über marokkanische und
arabische Poesie veröffentlicht.

Der Anteil der Pracht
(Auszüge)

2

Ich werde dem Schreien kein gereinigtes Becken
      hinschreiben
Ich habe die Schöpfkelle mitgebracht
und etwas dem Geruch der Pomeranze Ähnelndes
auf die Schwellen des Schlafs geworfen
Ich legte mich flach unters Sternenzelt
gab acht auf das, was mich
fortholt von den Eingängen zum Schlummer
Ich schwenkte die Lampe
für die Anhänger des rosafarbenen Dachs
Ich fuhr fort, verirrte Wesen zu streicheln
die die Atemzüge der Nacht getrunken hatten
Ahnen, die einen Stern mit dem andern verkuppelt
      haben.

Aus welcher Tiefe schießt
der Bogen des Wassers empor
Aus welchem Himmel
kommt die Traube der Ratlosigkeit

oder jener Stern, der seine Bahn zieht
zwischen Schlaf und Schrecken
der Schulter, die fast schon im Grab liegt?
Vögel überfliegen die Buchten der Meeresfläche
wenn der Regen in dir zum Stillstand gebracht
und der Donner verhallt ist?
Eine Tätowierung
birst in dir auf als Quellen des Halluzinierens
Quellen des Halluzinierens
Dattelpalmen sind das erste, mit dem dir das Wetter
        begegnet
Du siehst, es erhellt
das Ende der Finsternisse
mit aberwitzigen
mit lüsternen
Wellen
es belebt ein paar Zellen
einer Asketin
die du mit einem Stoß in Besitz nimmst
wenn du zur Schwelle einer sündigen Tür gehst
Du löst dich auf
durch das Singen der Frau, deren Schoßwärme
du als Kissen benutztest
und du bekommst von den Steinen die Schößlinge
        ihrer hohlen Hand
Schweigen
machte sich auf
unterm Dämmergesicht
dorthin, wo die Glut
ein Haufen von Gluten ist
zum Lodern gebracht durch die Blüten der Bergraute
        und den Alaun
Die Glut
das sind Wesen, die mich mit dem Schimmer

des Lichts bedecken
Doch wer wäscht
die Aushöhlungen des Lichts
auf den Bäumen des Schlafs
und wer
nähert sich auf blassen Flößen
mit einer Schärpe für meine Damen
damit sie einem zeitweise aussetzenden Flüstern
        nachspüren
oder wer fragt mich
nach meinem Untergang.

Wessen Leib?

Nähere dich mir ohne Vorsicht, Leib
Dein Leib gehört deinem Stöhnen
in der tiefsten Wollust
der Liebe

Nähere dich deinem Leibe, Leib
und sieh deine Glieder
wie sie sich auflösen
und zerschmelzen

Dein Schrei ist dein Anfang, du Leib
er hat die Zweige und die Bögen
ihm wächst Lachen zu
aus den Kehlen der Ewigkeit

Fürchte dich nicht vorm Verschwinden, Leib
und trete mir nackt vor die Augen
nackt und versengend
und graviere dich in die Stürme

mit den Begierden der Runzeln
und besiege mich und dich selbst
damit sich die Zunge ergötzt
an ihrem Zerschmelzen
zwischen den Schründen einer Wolke
deren Feuer aufgeflammt ist

Sei mein, du Leib
Wohnstatt eines Wassers
und Ähre
für die Nichtigkeit dessen, was mich am Abend
bedroht mit Tod
und Vergänglichkeit

Salah Fa'iq *(Irak)*

Wurde 1945 in Kirkuk geboren. Da ohne Schulabschluß, war er zunächst als einfacher Arbeiter tätig. Er schloß sich dann einer maoistischen Guerillagruppe an, verließ nach mehreren Verhaftungen 1975 den Irak und ließ sich in London nieder. Arbeitete dort lange Jahre als Feuilletonist für arabische Zeitungen. Seit 1991 lebt er abwechselnd, aber stets zurückgezogen auf den Philippinen, in London und in der Türkei.

Jenes Land
(Auszug)

Dies ist die schöne Zeit, die Zeit des Beschwörens der Kindheit, besonders des Blicks auf die Augenblicke, da sie der Strafe entgeht, die Zeit der Freude über jene Augenblicke. Die Zeit, da die stammelnden Zellen im Schnee vergessen werden. Die Zeit des Ekels vor der Trauer und vor den Wänden, die die Ertrinkenden ermutigen, sich Zeitungen zu besorgen und über die Emigration zu sprechen und über Felder, die jetzt auf einem von vielen Sternen bewässert werden. Die Zeit des Gehens in der Luft und des Sprechens mit den Vögeln. Die Zeit, da an den Küsten des Meers Entscheidungen fallen. Die Zeit des langanhaltenden Lachens.
Ein Vermächtnis und Dornen brennen
Ein Schatz wird langsam sichtbar
Ich sehe nur das.
Der Nebel auf den Blättern
zwischen ihnen und meiner Lippe
Ereignisse, die rundum meinen Stempel tragen.
Oh Freude, nach der ich immer gesucht, damit du bei

den Gedanken bist, um die Boote zu ermutigen, ihre langen Küsse fortzusetzen und die Schwester zu ermutigen, ein einziges Mal das Bett mit mir zu teilen. Entfessele auch diese unschuldige Flut, damit ich ein letztes Mal diese Menschenmenge sehe, wie sie die Pupille des Pfaus verteilt und dann den Nestern befiehlt, sich hinzulegen und sich, während sie schlafen, den Zerfall der unterirdischen Gewölbe und der Kristallglasstatuen, die Einzelheiten der Feldzüge gegen die Vögel anzusehen, sich die Schwarzen anzusehen, die zwischen den Felsen schuften, von den Sklavinnen des Abgrunds zu träumen und sich aufs Vergessen zu freuen, weil es bewahrt, was wir gesehen haben, und weil es den Boden der alten Boote bewahrt. Und du, Mund, genügt es nicht, Wind zu erschaffen, der das Gesagte zu den Schlafenden oder bisher Vergessenen trägt? Schreie! Erzähl' von den Geheimnissen, die die Kälte dazu treiben, ihre Briefe zu verstecken und mit den Kindern auf den Berg zu fliehen. Sag, daß du mehr bist als der große Haufen, ein Haufen, der den Wahnsinn will und seine große Flamme. Sag, daß der Verstand nichts ist als Gras und daß du an Tore rührst, die sich öffnen im weiten Raum und die dazu verführen, durch sie hindurch zu gehen. Erzähl' von den kupfernen Trommeln, die unser Verlangen nach all dem erschöpfen, was uranfänglich ist. Trommeln im Morgengrauen. Trommeln in der Dämmerung. Trommeln im alltäglich Gesagten, in den letzten Schritten zu einer schwarzen Feier. Trommeln, die das Wasser lenken, die das Feuer verleugnen. Trommeln der Wege und Kreuzwege.
Ich hab' keine Stütze außer dem weiten Raum.
Es gibt bestimmte Gewichte und Schlüssel in meinem Blut.

Wo seid ihr, die ihr am taufrischen Morgen in den Höhlen gesungen habt?

Kommt her, ich bitte euch, kommt her oder träumt: Die Juwelen zerbersten vom Angestarrtwerden. Die Werktätigen erwachen, weil das Schauen sie an ihren Namen, an die Ahnen erinnert.

So wird die Szenerie mit den Hirten getilgt, die in Reih' und Glied der Plage gegenüberstehen, den Wellen gegenüber, die dastehen und traurig ans Gegenteil denken, an das, was die Bäume veranlaßt, sich zersägt abzulagern. Diese große Ablagerung mit tausenderlei Beschwerden, die den Verstecken der Blinden entsteigen, dem Schlamm, den Zimmern des Einsturzes, verzweifelten Abenteurern. Diese ließen auf den Plätzen ihre Leitern zurück und gingen, die Ebenen des Gedächtnisses zu vermessen, um darüber nachzudenken, warum der Jäger einschlief, warum die kranken Lungen für die Besucher des Cafés zum Schmuck wurden, zum Schmuck für den, der nachts ausging, um zur Mitte der Heimat zu gelangen, der wollte, daß man ihm zuhörte, der für zwei Stunden Prophet sein wollte.

Dies ist die schöne Zeit, die Zeit des Beschwörens der Kindheit, besonders des Blicks auf die Augenblicke, da sie der Strafe entgeht. Die Zeit der Freude über jene Augenblicke. Davor aber saß ich sanftmütig in irgendeiner Wohnung und betrachtete die Luft, die Verliebten, die Bänke, las Romane und lächelte den Passanten und den Kranken zu. Bis eines Mittags ein Haufen lebloser Blätter zu den Fenstern aufwirbelte, sprachen sie von den Zigeunern der Städte und von den Segel hissenden Studenten, die verrieten den Sümpfen die Qual der Menschengruppen, der Rosen und der Bedeutungen, die aus den Illusionen getilgt sind. Den Worten entstieg eine fremde Wolke und schleuderte mir ihr Elend auf die Hände, die Lippen, ins Blut, sie verband mich mit den Nerven und mit dem Horizont, der voller Entdecker war. Da wurde das Schreiben nicht zum Schreiben über die Selbstmörder, sondern über die Dschungel, die meine jetzige Strafe verhängten, bis ich in endlosen Wegen und Absichten endete, die die Wehklagen der Schlangen angesichts der Flugzeuge hören wollten und die die verwüsteten Dörfer den Begierden öffneten, dem Essen, der Erregung des Glases, dem Frühling und den engen Schluchten, in die ich die Einheit meiner Taten, meine Hemden und die Überreste des Geldes und der Bücher warf.

Lernt also, daß die Parks zum Spazierengehen geeignet sind, für Pferde, fürs Ergrünen, für Einzelheiten, für Bewaffnete, die das Lächeln der Mütter lieben, für die Gaben des Taus, für die Doppeldeutigkeit des Wortes und für den Besuch der Gase und der Antworten.

Lernt, daß der Morgen, der mit Opfergaben beginnt, der erste Tag nach dem Abfallen der Schalen ist. Die ersten Augenblicke beginnen mit dem Gesang eines Mädchens. Wir fühlen Müdigkeit, wir, die wir wurzellos sind, weil wir nackt und weil unsre Gedanken frei und kraftlos sein werden: Wir rufen die Felsentauben von draußen herein und freuen uns auf sie, da unsre Vorfreude eine großartige Verbindung zwischen ihnen und den Seefahrern hergestellt hat.

Dann flattern sie in der Luft.

Wir sagen ihnen immer, sie sollen nicht kommen, und sie sind einverstanden.

Ohnedies steht uns eine weitere Schließung der Türen bevor, wo die isolierte Luft ihre Isolation, dann die Dichte des Dunstes und das Fahren der Züge zerstören wird.

Dies ist auch, was ich als „jenes Land" bezeichne, und ich drücke meinen Mund auf Kisten aus Blei, die gefüllt sind mit Demonstrationen; diese fordern Liebe, Lachen und die Freilassung der Morgendämmerung, der Kinder, der Schiffe und der Gazellen. Sie fragen, warum sich die Vororte nicht mehr wundern, warum die Panzer Stellung in der Luft bezogen haben und warum an den Häusern Fahnen von Führern hängen, die mit Sekreten benetzt sind. Sie fragen, warum die Gassen untereinander zerstritten sind und vergessen, was sie in den Steinbrüchen geübt haben, die von der Kraft der Hoffnung betreten werden, wann immer wir wollen, von den Kehlen betreten, die in die Abenddämmerung und in sämtliche Himmelsrichtungen verliebt sind.

Bewegt euch, Ereignisse, seid leicht wie Geheimnisse, die Eingang finden in den Verstand, wo dich die Einfälle und die Qualen des Holzfällers nicht auslöschen, desjenigen, der die Stille, die Phantasie und alle Ängste fällt, die durch Warten entstehen, durch Stolz und durch die Festivals, die in den Formen des Kopfes beinahe verkalkt sind, doch bisweilen zu Rate gezogen werden, um irgendeine Struktur zu erläutern oder den Wind und die Küsse.

Genügt das, oder tanzen da Augen von Familien und erzählen Clowns und spielen etwas vor, das Spaß macht? Soll ich die Ungehobeltheiten oder entsprechend der in einer Zeitung veröffentlichten Schwärmerei die geschliffenen Formen herbeiholen? Soll ich ein Buch über Tiere und Pflanzen kaufen, von denen verlangt wird, für immer im Wald zu bleiben, weil die Städte bis in die letzten Stunden mit Kauen beschäftigt waren? Soll ich die Mitte meines Lebens öffnen, um den zu begrüßen, der lange inmitten von Schafen herumgelaufen ist und Angst hatte, von den Göttinnen gesehen zu werden? Darum hat er Schutz bei den Pferden gesucht und war froh, weil ich zu ihm sagte: Du bist eine schöne Mischung aus Juwelen und Welten. Assoziationen und Fragen, die ignorieren, was ich möchte. Assoziationen, weil die Blumen letztlich der Mitte der Reihen entspringen. Assoziationen, weil die Freunde ihrer Gassen und ihres Getreidespeichers entledigt sind. Assoziationen, als ob sie zufrieden wären, daß ich einen Entschluß verschoben habe; der wurde zur Ödnis, zum Beobachter der Opfer und zu dem Ort, wo die Farben verschwinden und der Tod der Geliebten Bestätigung findet. Ein Entschluß gab den Blick frei auf Mühlen und das Sichverirren in Fabriken, in Aussagen und zwischen den Tischen, zwischen den Flüssen und den Bächen und zwischen dem zweifachen Heulen eines verwundeten Wolfs, den ich küssen wollte, den Blick auf den Sonnenuntergang, der unter den Buchstaben nach und nach schrumpft, auf Bordelle, in denen einer von uns irgendwann merkte, daß er in den Armen einer Frau, die ihm Kopf und Hände küßte, weinte, den Blick auf Kasernen, in denen ich eines schönen Morgens von Che Guevaras Tod erfuhr. Assoziationen, die die Sterne und die viele Post zurückwiesen, die die Stimmen des Worts und der Schmetterlinge zurückwiesen, die das Zwitschern, die Tennen und die Begegnungen in einer Hütte zurückwiesen. Sie wiesen die Verlockungen der Erlösung zurück. Assoziationen, denen Sand ent-

strömte, denen vorläufige Freude entströmte, denen
Wälder entströmten, und den Wäldern entströmten
Staub und Brücken, die ich seit der Kindheit ihre vom
großen Raubzug übriggebliebenen Hefte halten sehe,
entströmten die Liebenden, die ihre Abende verloren,
entströmt Salam Adel*, entströmt fremd, verlassen
und vergessen das Weltall und hat kein Bagdad, das
ihm gehört, entströmt ein Verwundeter, der mich um
Hilfe bittet, während ich im Park stehe und zusehe,
wie Halbwüchsige einen Ingenieur erschießen, dann
beschießen sie die Bronzestatuen und lachen.

So

verlieren

die Tage

ihre Haut, und die Klage der Lebenden hebt an.

Und seit jener Zeit

irren die Freunde umher und hoffen, daß die

Hochzeiten sterben, daß die Absichten und daß die

Gäste, die Flaggen und die Durchgänge aussterben,

die zu irgendeinem Platze führen.

Seit jener Zeit

befinden wir uns in der großen Langeweile, sind wir

die große

Langeweile.

[...]

*irakischer Politiker, der 1963 ermordet wurde

Aus dem Arabischen von Suleman Taufiq

Kassim Haddad *(Bahrain)*

Wurde 1948 in Muharriq geboren. Besuchte lediglich das Gymnasium. Zwischen Anfang der 60er Jahre und 1980 wurde er wegen seiner politischen Aktivitäten mehrmals verhaftet. War Arbeiter und Handwerker, dann Beamter im Erziehungsministerium und in der Abteilung Kultur und Kunst des Kulturministeriums. Lebt heute in Bahrain und widmet sich ausschließlich seiner literarischen Arbeit. Hat außer Lyrik Studien zum Theater und zur Poesie in Bahrain veröffentlicht.

Gastmahl für das Meer

Es kam zu uns mit seinen Fischen und Pflanzen
mit seinen Muscheln und Wogen
und viel, viel Salz.
Und so war das Abendbrot angerichtet.
Hat einer von euch je versucht
das Meer zum Abendbrot einzuladen?
Ich mußte es tun.
Denn meine Geliebte liebt das Meer bis
     zur Eifersucht.
Und im Überschwang ihrer Begeisterung
versprach sie mir, dem Meer zu entsagen
wenn ich's ein einziges Mal nur zum Abendessen
     einlüde.
Und so kam es mit allen seinen Gewändern.
Das Haus verwandelte sich in lauter Meeresufer.
Und Glas um Glas schluckte ich
meine Eifersucht hinunter.
Unterdessen brachte das Meer meiner Geliebten
     das Schwimmen bei.

Und sie tat so, als ob sie ertränke.
Bevor in meinem Kopf die Hölle losbrach
kam jemand und schlug an die Tür.
- Das Meer soll zurückkommen.
Die Schiffe können nicht hinaus auf See.
Ich war erleichtert
als ich mich an der Haustür von ihm
        verabschieden konnte.
Es sagte: „Euer Abendessen war gut
        und schmackhaft."
Und es ging seiner Wege.
Als ich zurückging zu meiner Geliebten
um nach ihrem Versprechen zu fragen
war auch sie nicht mehr da
fort mit dem Meer: ertrunken.

Aus Asche

Viele Feuer... und Schlaflosigkeit.
Was will die Schlaflosigkeit von mir
und was wollen die Feuer?
Ich hab' mein Herz bei dir gelassen.
Was hast du mit ihm gemacht?
Was hast du gemacht, daß du die Zeit dazu brachtest
zu brüllen, zu wiehern und zu zwitschern?
Und die Nacht wird schlaflos sein.
Und die vielen Feuer verbrennen meine Hemden.
Laß mich die Wahrheit dir sagen:
Oh Geliebte, du meine Schlaflosigkeit
und meine Feuer:
Was wirst du morgen
mit einem Geliebten aus Asche tun?

Wir bleiben Kinder

Ich sitze in der Seide der Einsamkeit
und ich erinnere mich
wie du einst für unsere Kinder
Freuden, Decken, Lachen und Terrassen
        gesponnen hast
die hinaus in die Seligkeit führten.
Ich wünsche mir
noch einmal ein Kind zu sein
und ich komme zu dir
und genieße alles, was du gesponnen hast.
Ich erinnere mich und wünsche mir etwas
und ich sitze in der Seide der Einsamkeit.
Meinst du nicht
du könntest vielleicht ein einziges Mal
Begegnungen für uns spinnen?
Auch wir sind Kinder.
Hast du nicht zufällig Kinder gesehen
die in der Blüte des Lebens stehen?

Sünde I

Er okkupiert die Bücher
und befreit sie vom Gesetz des Gähnens.
Jedes Fenster wischt die Sonne
vom Unglück der Völker.

Sünde II

Wenn ein Fetzen Stoff die Landkarte verdeckt
reicht die Schande nicht aus
für all diese nackten Länder.

Sünde III

Oh König
wir sind deine Untertanen
auf die du stolz bist vor anderen Völkern.
Wir sind dieser Ehre überdrüssig!

Mag sie kommen

Ich schlafe, und ich warte auf dich.
Ich wache, und ich warte auf dich.
Ich rede, und ich warte auf dich.
Ich schreibe, und ich warte auf dich.
Ich lebe mein Leben, und ich warte auf dich.
Und weil du ewige Wahrscheinlichkeit bist
          im Mantel der Zeit
weiß ich, das Warten auf dich ist schön.
Es läßt die Federn meines Herzens erglänzen.
Doch das Schönste und was noch prachtvoller ist:
du bist da.

Die Prophezeiung der Dattelpalme

Ich verharrte auf dem Boden, bis Blut floß
bis Gottes Dattelpalme unter den fremden Säbeln
          weinte.

Oh Dattelpalme Gottes
bring' das versteckte Hemd der Getöteten
als einen auf die Erde Gesandten
als einen Mast im Wasser.
Vielleicht hören die Abwesenden zu

vielleicht sehnen sich die treuen Piraten
nach den Dattelpalmen
und kehren zurück zu den erbeuteten Perlen.

Oh Erde
oh Erde, öffne dem Weinen keine Terrasse.
Eröffne das Feuer deiner Augen auf die Eroberer.
Eröffne dem Verfolgten die Rettung!
Öffne
       und sei bereit.
Bereite der Trauer des Traurigen
sein Brennen auf fremden Meeren vor
bereite für ihn eine Sänfte vor, die nicht schwankt
trag' im Licht deiner Brüste
das Abendessen der Liebe auf
mit Öl und Ingwer.
Denn dieser Verfolgte, dieser schöne Ermordete
ist der Auserwählte der Spiegel.
Oh Dattelpalme Gottes
was erblickst du am Horizont?

Aus dem Arabischen von Suleman Taufiq

Djad al-Hadj *(Libanon)*

Wurde 1948 geboren. Er arbeitet als Journalist und verbringt sein Leben heute abwechselnd in Beirut, London und Sydney/ Australien.

Wenn es nötig ist

Wenn es nötig ist, etwas zu sagen
und es gibt nichts zu sagen
dann sag' ich: ich liebe dich.

Wenn es nötig ist, etwas zu tun
und es gibt nichts zu tun
dann schlafen wir unter einem Baum.

Wenn es nötig ist zu singen
im Dunkel der Nacht
dann wiederholen wir den Mondgesang.

Wenn es nötig ist aufzubrechen
dann gehen wir über das Wasser
und ertrinken nie.

Ich liebe ihn, aber...

Sagt jenem Mann
ich liebte ihn
gebt ihm Bescheid
stellt ihn in die vier Windrichtungen
denn er hat sich verirrt
und vielleicht den Verstand verloren

Ich liebe ihn
doch ich will einen Stein
um meinen Kopf darauf zu legen
und keine Wolke, die
wie ein trunkenes Schiff
in Richtung Unbekanntes zieht
Wenn ihr ihn findet
in den Spelunken
in den Seeräuberhäfen
in den Zügen der Abgeschobenen
wo immer ihr ihn findet
unter Brücken oder auf Hügeln
gebt ihm Bescheid
Vielleicht wird das Pochen
seiner Schläfen nachlassen
in meinem Blut
und vielleicht wird sich die Glut
seiner Sehnsüchte von meinem Munde lösen
Gebt ihm Bescheid, daß sein Herz
in meiner Hand wie ein Vogel ist
der nicht fliegt.

Der erste Rundgang

Ich verließ unser Haus
so wie eine Ehebrecherin ihr Haus verläßt
denn ihr gehört weder ihr eigenes Haus
noch die Häuser in der Straße.

Ich ging
meine Sorgen schienen auf die Schatten
ich lief
der Widerhall meiner Schritte verfolgte mich

ich trat dort ein
wo sie sich ihr Keuchen nicht abwischen
während sie die Frauen tauschen
während sie dem Weine frönen
und während sie schallend um die Wette lachen.

Die Sintflut
lehnte sich an die Türen
und der Wind an eine Ecke des Himmels.

Es ist allgemein bekannt

Es ist allgemein bekannt, daß ich Haschischraucher
       ein Säufer
ein schamloser Mensch und ein Herumtreiber bin
ein ehrloser, enttarnter kleiner Spitzel
Ich hasse das Verkaufen der Worte, und doch verkauf'
       ich sie kniend
Ich öffne mich, mit einer Klinge tanzend
bis ich meine Winde verliere
Ich vergrabe mein Gesicht an den Brüsten
in den Nestern der Kinder
Ich rolle um diese herum wie ein Ball
Es ist allgemein bekannt, daß ich so tue, als wüßte
       ich viel
Ich suche in der Sprache nach der Öffnung
des schallenden Gelächters
Arbeitete ich bei dem Reichen, so schickte ich ihm
       eine Ratte
die an ihm knabbern sollte
oder arbeitete ich bei dem Armen, so ließ ich ihn
       sich vor sich selber ekeln
Ich verhandelte aus der Position der Schwäche

und verhandelte nicht aus der Position der Stärke
Ich war nicht barmherzig
doch ich war gnädig
wenn die Wärme in den glänzenden Pelz um
    meinen Hals hochstieg.

Es ist allgemein bekannt
daß ich ein Raubvogel und eine Schwalbe bin
mein Pulsschlag
geht vor mir her wie eine Warnung.

Canterbury Road, Sydney

Die Luft fühlt sich an wie müde Skier
die das Echo aufbewahren
als ob da keine Stimme wäre
und die Zwanzig-Dollar-Mädchen
winden sich ins Straßenbild
oh Stirne, breiter
als alle Möglichkeiten des Todes
zwanzig Dollar
für die Pockennarbige
für die Fleckige
für die Tätowierte
für die Geschminkte
für die Struppige
für die Stämmige
für die Süchtige
für die Djinnzauberin, die zittert
Du reißt
Partikel der Seele
aus der Ahle der Einsamkeit
kehre durch diese hindurch

zu deiner Mutter zurück
denn dein Herz
ist ein Sieb.

Wadi' Sa'adah *(Libanon)*

1948 geboren. Hat in Beirut, Paris, London und Nikosia für arabischsprachige Zeitungen geschrieben, bevor er nach Australien auswanderte, wo er seit 1988 in Sydney lebt und arbeitet.

Der Standort der Blume

Wir trafen fast zugleich mit der Nacht ein
stellten unsre Koffer vor die Tür
beinahe vor unserem Haus
vor einer Erinn'rung an Steine
und Wasser.

Wir stellten unsere Koffer ab
rochen den Standort der Blume
und schliefen ein.

Richtung

Die Wäscheleinen folgten uns meerwärts
mit aufgehängter Wäsche, die wir vergessen hatten
und mitten unter uns fielen Genossen
zwischen den Feigenbäumen
Genossen fielen zwischen Schwelle und Tür
und unter den Etageren
wir gingen fort und ließen
auf den Wäscheleinen Wäsche zurück
und an den Wänden Glieder, die Teile unserer Körper
       waren
und als wir ins Meer kamen

wuchsen manchen von uns Schuppen
und einige klammerten sich an die Felsen
und wurden zu Muscheln.

Ein Blick

Sie lassen ihre Augen zurück und gehen davon
gestützt auf alte Blicke
auf ihren Leibern aufgebahrte Stille
Brisen der aufgebahrten Toten
Seelen verwüsteter Orte
und sie denken, daß es, wenn Wolken vorbeizieh'n
auf ihre fernen Felder regnen wird.

Sie gehen davon
und wenn sie müde werden, dann breiten sie
einen Blick aus und schlafen darauf.

Lilien

Der Tod tanzt nicht nur auf den Plätzen
sondern nahe den Blumen
bei Hahnenkamm, Löwenmaul und Basilikum
und er tritt mit dem Wasser der Quelle
an ihre Tische
Der Tod tanzt
und auf den Plätzen verschmelzen sie
mit dem Asphalt
und die sich über die Blumen beugen
werden von den Einschlägen hochgeschleudert
und werden im All zu Lilien.

Hohe Nester

Die wir als hohe Bäume gekannt
sind, als sie traurig wurden, zu Heu geworden

Und die Vögel landeten und trugen sie
in ihren Schnäbeln empor.

Wolken

Die von den Wassern zu Tal gerissen wurden
stiegen als Wolken wieder empor
sie regneten nicht
sie standen da oben
schauten hinab auf die Erde
und lösten sich auf.

Füße

Auch dort
explodierten Tote
sie setzten sich als weiße Strahlen auf ihren
          Bäumen ab.

Dies geschah ganz unversehens an einem Tag
als sie ruhig in ihrer Erde schliefen
an einem Tag, an dem sie die Augen aufschlugen
und seltsame Wesen erblickten
die auf ihre Felder gingen
auf zwei Beinen wie Menschen
aus alter Zeit.

An einem Tag, an dem sie die Augen aufschlugen
sie aus der Dunkelheit holten
und explodierten.

Vermächtnis der Toten

Sie entstiegen der Erde
und kehrten zurück

nur um ein Lächeln anzudeuten
das sie vergessen hatten, uns zu hinterlassen.

Ein Land

Es entlehnte seinen Namen dem Wasser
und floß dahin
und die Gischt, die wir auf den Wellen sahen
waren seine Bewohner
und das Gras auf den Dünen
waren deren Rippen.

Ein Land
all seine Männer waren fort
drum vermählten sich
seine Frauen mit den Bäumen.

Aqil 'Ali *(Irak)*

1949 in Nasseriah im Süd-irak geboren, wo er heute noch lebt. Ali, der nur die Volksschule besucht hat, mußte sich häufig als einfacher Lohnarbeiter durchs Leben schlagen; heute arbeitet er als Bäcker.

Das Blut der Begierde

Was mir das Herz zerreißt, ist das Blut der erlosch'nen
      Begierde
und die Ballung der Wolken, die sich selbst
      wahrnehmen
in der Maske meiner Langeweile und in den Echos
      meiner Erinnerung
Mein Traum ist verborgen, und das Blut der
      Bedürftigkeit hat ihn geschändet.

Gesang der Einsamkeit

Wie soll ich dir begegnen, Einsamkeit, mit der
      Großzügigkeit der Diebe?
Was fang' ich mit deinen Vergehen an?
Oh Gebärmutter der Steine
Was fang' ich nur mit dir an
oh Totengestalt?

Da begegne ich dir, als du dich hinter den Fingern
      verbirgst
in der Asche des Spieles selbst
und da siehst du, wie ich die Hand wegziehe
      aus allem eine Erinnerung machend.

Gut ist, was ich tat, gut
als ich meine Klause den Fremden schenkte
als ich den faszinierenden Köpfen Schatten spendete
        und das Vergessen fälschte
als ich mich auf die reuigen Barbaren legte
als ich die Fledermäuse zu meinem Wein verführte
und die Widersprüche zu meinem Schrei machte
gut war... gut war, was ich tat
als ich meine Träume sammelte in der Hand
        des Wahns
und meinem Feuer den Weg versperrte
da pochte nur die Verlassenheit an die Tür.

Möge das Weltall dein Schweigen sein, möge
        das Wandern deine Niederlage sein
Sie haben dich entblößt. Dich selber verspottend
        bliebst du allein.
Von allem getrennt, hältst du nur Schatten fest
 sie sind eigentlich deine Feinde
der Leib der stummen Nacht steht vor seiner Luft
Bei jedem Aufbruch bist du ein Wandervogel
        der zurückkehrt zu seinen Ruinen
in jeder Gasse bist du ein schwebender Sarg, der an
        eine erloschene Sonne gelehnt ist.
Oh Freund des Morgens, du flüsterst den Dämonen
        am Rande der Wüste etwas ein
Vergänglicher, du weißt dich selbst vergänglich.
Doch tanztest du durch dein Feuer, branntest vor
        deinen Begierden.

Und dennoch
du bist nur ein Schritt zurück
ein finsterer Stern auf den Lippen, töricht
        und verflucht

ich verführe noch einmal das Meer dazu, das Spiel
        der Pferde zunichte zu machen
und jetzt
wo sind die Schritte, mit denen wir begonnen haben
und wo ist der Sänger der Quellen?
Wo?

An Kurt Schwitters

„Ich frage nach Anna Blume"

Anna Blume du, Dichterin, deren Zähne schwarz
geworden sind von den Geheimnissen der Wörter...
Schlamm, der den Saum der Schlafröcke
        beschmutzte...
Glieder, die am Konfetti der Liebe hängen.

Anne Blume geht gemächlich auf dem Speichel
        der Leidenschaft umher
und es wiegt sie das Brüllen der Ruhe, das sich
        die Glieder leckt
Anna Blume kommt... Anna Blume
mit der Feuchtigkeit deiner Klitoris näßt
        du die Kleider der Jungfraun.
Füge der Schwäche des Herzens den Wohlgeruch
        der Unzucht hinzu.

Anna Blume
dort ist ein Feld aus Vögeln, das sich mit
        den Schuppen seiner Überreste vergnügt
Anna Blume.

Mohammed Bentalha *(Marokko)*

1950 in Fes geboren. Studierte in seiner Heimatstadt, in Rabat und in Frankreich. Heute lebt und arbeitet er in Marrakesch, wo er die Arabistik-Abteilung am Institut für Lehrerausbildung leitet.

Die Nacht der Sprache

Ein Grab
wird sich hinunterbegeben
zur Feuerstelle des Morgengrauens
wie unser genau geplantes Hinuntersteigen
von Traum zu Traum.
Wir werden
langsam hinuntersteigen.
Und das Schankpersonal wird hinuntersteigen.
Wenn ich sage: Ein Grab wird sich heraufbegeben
und heraufsteigen wird das Schankpersonal
welcher archaische Amboß wird dann
geboren werden aus den Falten der Jahreszeiten?
Und welches saure Morgengrauen
wird dann meiner Feuerstelle
die geheimen Galaxien einflüstern?

Originalgetreu

Ich habe noch nie ein Mammut gesehen
doch ich habe die Ketten der Gaukler gesehen
- in den Augen der Wölfe -
die die Gestalt eines beredten Schmetterlings
und die Gestalt schwarzäugiger Worte annehmen.

Genauer gesagt
ich habe Johannes' Augen gesehen, die den Frauen
Datteln und Henna anboten.
Dann sah ich Johannes auf dem Höhepunkt
        der geschlechtlichen Vereinigung
das Gelächter des Mammuts nachahmen
und nach der Paarung des Wolfs
das Gelächter der Gaukler
also seit der Entdeckung des Feuers
unter der Kuppel des Literaten.
Ich sah ihn
und sah mich
dann aber sah ich den Unterschied nicht
der feststellbar ist bei sich ähnelnden Wesen.

Die Ruhe des Kriegers

Doch
der Steinmetz hat meinen Tisch aufgeräumt
und den Tisch des Kriegers.
Er hoffte auf genügend Platz in der Hand
        der Zwillinge*
und auf die Möglichkeit, die Mäntel der Nackten
        zu belecken.
Und im Schutze der Wildesel
entfachte er das Verlangen der Nissen
zu polstern, was die Toten singen.
Und er verführte den Fahrer der Waage*
auf den Oberschenkel des Löwen* zu starren.

*Gemeint sind jeweils die so genannten Sternzeichen.

Das Grabmal des Unbekannten Dichters

Was ich sehe:
ein Wermutzweig?
Oder eine Möwe, die einen Zweig
auf das Grab des Windes legt?

Sharbel Dagher *(Libanon)*

1950 im Libanon geboren. Promovierte in arabischer Literaturgeschichte und Ästhetik an der Pariser Sorbonne. Lehrt heute an der Balamand-Universität im Libanon.

Funkelnde Blicke

Die Bläue derjenigen, die sich aus ihrem Fenster
      beugt
ist ein Tintenfaß für den, der eine Feder führt
und an verborgenen Formen leckt

Die Blume von etwas, das ihm widerfährt
ist die sehnsüchtige Schwärmerei eines funkelnden
      Blicks.

Seltsam

Zu deinen Seltsamkeiten gehört, daß du
ohne mich gelebt
ohne mich geweint
und dich ohne mich gefreut hast

Und heute nun kommst du daher, um dich bei mir zu
      entschuldigen
der ich ohne dich gelebt
ohne dich geweint
und mich ohne dich gefreut habe

So als seist du zur Zeit der Planeten
oder der Eisenbahnzüge

nicht erschienen
oder als hättest du auf dem gleichen Trottoir
meinen Weg gekreuzt
obwohl doch die Straßen breiter waren
als unsre Schritte
Und unser Geruchsinn ist zu beschränkt
um unserem Keuchen folgen zu können

Drum siehst du, daß wir uns lieben, als entschuldigten
       wir uns
und daß wir uns treffen, als bereuten wir.

Die Genügsamkeit des Stuhls

Der Leib des Gläubigen ist ein kleiner Gemüsegarten:
Gott ist sein Eigentümer, und der Gärtner gräbt
       ihn um.

Einmal gab der Gläubige sein Leben hin
doch er vergaß, es sich zurückzuholen.

Er wohnte in sich selbst
wie ein Wanderer.

Er entwendete das Leben wie ein Dieb
oder zwinkerte ihm zu
während er dasaß
mit der Genügsamkeit eines Stuhls.

Walid Khazendar *(Palästina)*

Geboren 1950 in Gaza. Lehrte in Tunesien und in England arabische Literaturgeschichte. Heute lebt und arbeitet er in Kairo.

Noch einmal das Segel

Es schläft nur kurz, dann wacht es auf:
Es entfernt das Rauschen aus seinen
Schultern und die Richtungen aus seiner Brust
und es befreit die Orden aus dem Knopfloch
        des Hemdes.

- War alles Geschehene tatsächlich vergebens
ein Wurf, der zurückflog, und die Sache war erledigt?
Ist da nicht noch dieser enge Bogen des Anfangs?

Wenn er schlief
zitterten seine Gewohnheiten in seinen Händen:
Noch immer wird die blaue Keramik
von transparentem Rot bedroht
und der Riß in der Wand setzt sich fort
bis an die Decke, die immer niedriger wird
und der Staub, der Blütenstaub der Abwesenheit
staunt über alle Dinge.

Auf der Couch sitzt wartend die Vergangenheit
die Beine lang auf den Stuhl gestreckt
wartend neben Unkraut
in der bleiernen Luft
unter Bilderrahmen, die die Abgeschiedenen
an sich ziehen.

Wie ist das Land doch so schnell vorübergeflogen
    Ufer um Ufer?

Im Fenster, hinter den Wellen
weit fort in der Dunkelheit
erschien dasselbe Segel
das weiße, zerrissene Segel, welches die Winde führt.

Die Nacht war ein Funke

Er wußte nicht, wohin diese Türe führte
und auch nicht, warum die Pflanzen bei ihm
gelb wurden und herunterhingen.
Am ratlosesten machten ihn die Blumen:
durstig schweigend, teilnahmslos, lieblich
und festhaltend an ihren Farben.

Die Pferde an der Wand
müde und grau
und bei wolkigem Himmel fast schwarz.

Wozu war er nun hier?
Hatte er nicht auch ohne Freunde hier zu sein
ohne Morgengrauen, Phantasien und eine Kanne
    Kaffee?
War der Wolf sich nicht selbst der Nächste?
Hatte er nicht selber einmal gesagt:
- Ein Horizont wie eine Nadel, also
verfilztes Brombeergebüsch

Mit einem Male, er wußte nicht wie, sah ihm
    sein Gesicht
auf dem Landwege wieder ähnlich:

Die Luft war bestrickend, und die Schatten waren
    Zeichen
und die Bäume nur mit ihren Früchten beschäftigt
und die Nacht war ein Funke.

Jetzt vor uns

Der Morgen ließ uns nicht wachen
und seinetwegen wuchsen unsere Bäume nicht
doch wachen ließ uns die Klarheit des Abends
    das genügte.

Sagen wir, daß die Ähren bei seiner Ankunft
erwachten und auch der Horizont?
Und gehen wir selbstbewußt, vielleicht auf weichen
    Wegen
zu Jahreszeiten, von denen wir einfach behaupten
    daß es sie gibt?

Behaupten wir, daß sie über uns aufgeht
wo wir doch ohne Schatten umhergehen
in einer langen Dunkelheit?

Es ist kein Morgen, der strotzt vor Kraft
doch er warnt vor dem Abend
der uns erwartet.

Hashim Shafiq *(Irak)*

1950 in Bagdad geboren. Arbeitete für arabisch-sprachige Zeitungen. 1978 verließ er den Irak. Eine Zeitlang pendelte er zwischen Beirut, Paris, Damaskus, Zypern, Prag und London, wo er sich schließlich niederließ.

Auf der Suche nach irgendeiner Zeit

Aus Tall Mohammed* kommend
dem Viertel der Vergessenen
werde ich des Nachts im Camp der Armenier landen
Wer wird dort jetzt auf mich warten?
Kathrins Haus?
Ihre Taverne?
Oder meine dörfliche Nachbarin?
Niemand hat nach dir gefragt
sagt die Tavernenwirtin in Zypern
dann
drücke ich meine Fragen in einem Aschenbecher aus
und mache mich auf den Weg wie ein Säufer
um auf jenen Hügel zu steigen
Berauscht
erloschen
torkelnd
suche ich mein Haus
in Tall Mohammed
Doch
hier ist kein Haus
nichts als schwarze Fahnen
in der okkupierten letzten Nachtstunde flatternd.

*Stadtteil von Bagdad, dt. Mohammed-Hügel

Gemeinsame Verwandlungen

Immer, wenn diese Dame
halb Blume
und der Rest aus Stein
an meinen Taumel rührte
verwandelte sie mich in einen Priester
der betend in einem Häuschen aus Regen sitzt.

Das plagiierte Gedicht

Meine Tochter sagt:
Vater
tue Sand
in dieses Gedicht
und Steine
und pflanze Birken hinein
hier eine Quelle
dort Dörfer und Pferde
und laß in ihm auch Wagen vorkommen
und eine Farm
und Getreidemühlen
und tue in das Gedicht
die Stühle eines kleinen Cafés
und eine Dame, die Brot für die Besucher schneidet
und laß einen Bart für den Bauern vorkommen
oder die Runzeln einer Bäuerin
die erschöpft ist vor Elend und Schwäche
und vergißnicht
Vater
es ist Tag.

Biographie

Ich verpraßte mein Leben
im Wind
und unter schwefligen Wolken
warf ich meine Jahre dem Feuer zum Fraße vor
meine Jahre glitten dahin auf der blanken Glut
Gestern hab' ich von ihr gekostet
sie schmeckte salzig
Setzte sich doch das Substantielle
in einen honigfarbenen Mond ab
meine Zeit ist bitter
bitter sind diese Datteln in meinem Mund
Ich verpraßte mein bißchen Zeit
in einem verbannten Heimatland
das der Bedeutung bedurfte
in einer Gitarre mit durchschnittenen Saiten
und da war mein Lied besiegt
in einem Tale voller Posaunenbläser.

Briefe

Ich habe die gestrigen Briefe an mich geschickt
ich schickte Blumen
und einen Kuchen
Puppen
und Düfte
ich schickte eine Krawatte
und Parker-Stifte
einen Wollschal
Hemden und Hosen
und Kerzen hab' ich geschickt
und Getränke, die lange gelagert waren

ich schickte teure Geschenke
für mein Gesicht
für meine Augen
für meine Handgelenke
für mein einziges Herz
für diese Finger hier
für die Seele, die sich mit Wertvollem abgibt
und mit der innern Substanz
ich habe Briefe an mich geschickt
und auf die Post gewartet.

Warum?

Warum habt ihr
die Bäche dorthin gelegt
und nicht hierhin?
Und die Berge, warum ergrauen sie?
Denn seit Jahren
sehe ich sie
allein dort droben leben
rückt sie doch ein wenig näher
Und jene Wüsten
warum sehe ich sie
zu meiner Rechten
und nicht zu meiner Linken?
Legt sie doch in die Mitte
oder hinter mich
Und diese Städte
wir sind immer in ihnen
Warum lebt die Stadt in uns?

Alte Szene

Meine Mutter
hatte einen Oleanderstrauch
und einen mit Gerstenkörnern bestreuten Platz
        für die Enten
und einen Garten für Gurken und Paprika
sie hatte
blonden Honig, der im Bienenstock lag
sie teilte ihn auf in Sonne und Schatten
und ging zu einer Biene
um sie mit Hornissen zu kreuzen
dann kam sie zu uns
in der Hand einen honigfarbenen Mond
sie säuberte ihn vom Bienenwachs
sie bestrich ihn morgens
mit Sesam aus den Dörfern
und mit dem Geruch des Kardemon
Wir waren noch Kinder
und der Winter war streng
er hatte einen Kamelhaarmantel
und wollene Strümpfe
die zog er an, wenn der Wind flockig
und der Schnee ganz närrisch wurde
und es kam die Nacht
dort lag unser Gästehaus
in Wärme gehüllt
dort, wo die Feuerstellen
fasziniert von den Krügen sind
Es gab Tee und Brot
und hinter dem langen Vorhang erzählte
meine Mutter dem Kopfkissen ihre Geschichte
Wir waren noch Kinder
doch als ich hier erwachte

war mein Haar ergraut
und die Augen schwach geworden
und ich fand nichts.

Geschenke

Sie spielte mit dem Wind
und verneigte sich vor den Wolken, wenn sie
      vorüberzogen
Vielleicht hatte ihr eine der Wolken
einen Ring zugeworfen
und vielleicht hatten die Berge sie angeseh'n
Da gaben sie ihr einen Hut
und vielleicht berührte die Brise sie
ganz sanft
Die schenkte ihr dann einen Regenschirm
und vielleicht hat das Meer sie nackt geseh'n
da wurde es eifersüchtig
und hüllte sie in eine Welle
und schlief.

Salim Barakat *(Syrien)*

1951 in Qamischli als Sohn einer kurdischen Familie geboren. Besuchte lediglich das Gymnasium. Lebte in Damaskus und später in Beirut, wo er für etliche Zeitungen arbeitete, u.a. auch für die Zeitschrift „al-Karmel", die Mahmud Darwisch 1981 in Beirut gegründet hatte. Später ging er mit der Zeitschrift nach Zypern. Seit 1999 lebt er in Schweden. Außer Lyrik hat er etliche Romane und Biographien publiziert.

Der Fuchs

Die Milchstraße der Lieder breitet den Galaxien ihr Fell aus, drum tretet näher, ihr Hochmütigen mit euren blauen Fallen, um die Taube der Listen mit ihnen zu fangen. Doch mit welcher Schlinge wollt ihr dies Wesen, ausgeschüttet wie lautes Gelächter, erbeuten? Womit wollt ihr diesen Sanften fangen, der für das Wasser wie Gesang ist? Nun gut. Nehmt ihn, nehmt euch diesen schönen Leichtsinnigen, denn er ist das Pochen der Geschichte an eurer Tür... Ach, hattet ihr denn eine Geschichte, bevor er mit seinem Schwanz die Geschichte berührt hat?

Ihr vernichtet ihn, doch er bleibt.
Ihr vernichtet ihn, doch er bleibt die Taube der Listen.

Der Esel

Es ist an der Zeit, daß der Henker des Verborgenen so vollkommen wird wie die Vollkommenheit der Finsternis, daß die gefangenen Winde niederknien, daß sich deine Augen mit Tränen füllen, du Stiller, der du siehst, was du siehst, und dem ein Happen Ewigkeit genügt, denn warum leidest du an der Zeit, und warum schlägst du mit deinem Huf auf den Marmor unserer Willkür?

Esel,
du verwirrende Diskussion über Faulheit, wende uns deine müden Augen zu und schließe sie, denn du wirst niemals Visionen zu sehen bekommen wie wir, Visionen, die auf einem von Schneehühnern gezogenen Schlitten dahingleiten. Esel, du Scherbe eines Glases, auf das sich entspannt die Hand eines Zechers gelegt hat, worauf es hundert Jahre lang ins Leere fiel, bevor es zersprang, schlage mit deinem Huf, deinen Ohren, schlage mit der verwirrenden Faulheit diese unter unsern Helmen weidende Wachheit und schlafe ein, denn auch die Zeit ist eingeschlafen - dein zorniger Dolmetsch.

Sanft bist du, und Tränen steigen dir in die Augen.

Das Eichhörnchen

Die erste Haselnuß rollt herab.
Die zweite, dritte, vierte, fünfte und sechste Nuß rollt
      herab.
Eine nach der andern rollen die Haselnüsse unter
      den törichten Baum
den Baum, dessen Gedächtnis das Eichhörnchen
      sammelt
Nuß für Nuß, um es in sein Versteck zu rollen.
Ein Gedächtnis aus Haselnüssen rollt jedes Jahr
Nuß für Nuß in das Versteck des Prinzen
      mit dem drolligen Schwanz
und der Baum vergißt.

Sie

Hier ist die Erde, diese Hündin, sie schüttelt sich die
Nässe der Trümmer aus dem Fell. Die Erde, diese
Hündin, die sich in marmorner Faulheit rekelt. Keine
Rettung. Die Erde, diese Hündin mit dem über-
wachsenen Kläffen, deren Adern heraushängen wie
eine Zunge, ja, sie ist es. Keine Rettung. Man findet sie
im lautesten Lärm zu Gerste und Linsen zermahlen.
Die Erde, diese Trüffel, die schäumende Umarmung,
sie ist fest gezurrt wie der Tragegurt des Mannsbilds,
wie die Vena basilica, wie die angespannte Mühsal im
Bogen des Grübelalters. Sie ist es, die Erde, dies
Seufzen beim Zusammenstoß zweier Frauen mit der
Flicknäherin, sie, die zermalmend auf die ewigen
Risse springt, sie, die Spore beim zweiten Sporen
geben; die an den Rändern benagte Neugier. Die Erde,
diese Lektion; das leise Quietschen des blutigen
Riegels.

Ist sie das wirklich?
Dann gebt sie dem blutigen Ewigen wieder.

Shauqi Bzigh *(Libanon)*

1951 im Süd-Libanon geboren. Studium der arabischen Literaturgeschichte. Arbeitete dann als Lehrer und Kulturredakteur.

Der Besuch

Sie waren nicht zahlreich
doch bevor ich den Schlaf hinter mir abschloß
und unter meine Decke sank wie ein Brunnen
ließen sie sich mit ihren Echos herab wie ein Seil
und reihten vor mir meine Jahre auf
sie waren nicht zahlreich
sie schienen nur zahlreich zu sein
da ich ein Einzelner war unter ihnen.
Meine Vernichtung erschien aus der Ferne
wie ein verfallener Turm
Als das Kupfer der Abwesenheit über mir läutete
kleideten sie mich wie einen Windmühlenfriedhof
und warteten dort auf dem Hügel auf mich
wo die Zypressen der Jugend
aus dem Häutchen meiner Augen einen Wald falteten
und verbargen sich in meinen Kleidern
Ich fragte: Wer seid ihr?
Sie antworteten nicht...
Ich ließ meine Schwärze mich ganz bedecken
und versuchte, mich zu verbergen
um den wilden Tieren Angst einzujagen
die ihre Nächte erhellten
um die Versprechen einzulösen, die mir die Schatten
        gegeben hatten
für meine Seelenruhe

Und ich verbarg meine Augen vor mir
damit meine Dunkelheit vollständig würde
sie überlisteten mich eine Weile und kamen zurück
und ich war unter ihnen
ich trug auf meinen Händen die Eiche der Himmel
die verbliebenen Hunde der Leere zum Bellen
        bringend
einer Leere, deren Wind über mir zusammenschlug
und ich erschrak, daß immer dann, wenn ich
ein Lebensjahr hinter mich gebracht hatte
dessen Axt mich fällte wie einen Baum...
Sie träumten davon, das, was von meinen Spänen
        zu sehen war, aufzusammeln
und in eine Form zu bringen
Sie sahen nicht, daß ich nur eine Scheuche war
für Vögel, deren Schnäbel sie im Dunkeln
        ausgegraben hatten
und für die Erde, deren ausgelaugter Lehm ich
        geworden war
Wie Nebel breiteten sich aus über meine sich
        verströmende Angst
und ich schrie:
- Was wollt ihr von mir?
Das Geständnis, daß ich das Leben im Stich ließ
das in meinem Blute aufgespritzt ist wie Fontänen
oder die Absage an einen Irrtum, an dessen
bitterer Koloquinte ich zu lecken pflegte?
Was wollt ihr von einer Leiche
deren Sarg mir zu eng geworden ist?
Da suchte die Leiche bei ihren Überresten Hilfe vor
        dem Geschrei der Häuser
die die Fetzen meiner Haut beschnupperten
und wie der Wolf unters Kläffen des Regens laufen
Was verlangt ihr

ich habe doch nichts außer meinem Hunger
nach der Brust jener Sterne
die mich stillten mit der Milch des alten Himmels
und nichts außer der Verfolgung dessen
was die Galaxien auf ihrer Bahn als Spur hinterlassen
- Wir wollen das, was das Ausdrücken wie
        Erbrochenes
ausgespien hat von unserm lebendigen Fleisch
sagte jener, der mein Gesicht, meine Hände
        und meine Füße hatte
und unsern Anteil vom Teig der Felder
mit deren Stroh du die Enttäuschung der Wörter
        in Brand setzt
und unsern Anteil an den Abfällen der Winde
die in die Eiseskälte deiner Hände schleichen
        wie Nadelstiche
- Doch jener Jüngling, den ihr wollt, er ist im Gedicht
        verschwunden
erwiderte ich
und was von seinem Leib noch übrig war
war nur das Trugbild einer vorübergehenden
        Person...
Mein Abbild und ich riefen uns etwas zu
        wie Minarette
ich ließ die Unruhe meines sterbenden Blutes steigen
        so hoch wie die Berge
ich wachte nicht, um an den Tod zu denken
oder schlief nicht, um meinen Traum mit
        aufeinandergebissenen Zähnen festzuhalten
sondern ich war zwischen Wachen und Schlafen
allein auf der Höhe jenes Passes zog ich einen Wall
        um das, was schwankte an mir
und im Nu erstrahlte vor mir das Leben
wie Lichter am Himmel

und jene erhellten die wunden Punkte ihres Lebens
bevor sie wichen
und über meiner Einsamkeit baumelten
wie Mahnmale aus den Erinnerungen
Sie waren nicht fern
sie waren Ufer eines einstigen Flusses
Ufer von Wolken, auf die locker die Gewänder
des Himmels herunterfielen
der mich nicht mit einer Wiege verband
sondern nur mit dem Stechen des Jasmins
in die Wangen meiner Großmutter
nur mit dem Gurren, das wie Tauben
der Stimme meiner Mutter lauscht
nachdem die Klageweiber Abschied von ihr
        genommen haben
bis zum Aufbrechen der Sehnsucht
an beiden Ufern meiner Müdigkeit
einem Aufbrechen mit den heftig flatternden Flügeln
des Herzens meines Vaters
als es inmitten der Adern
nach etwas suchte, das ihn vor Bluthochdruck
        und Diabetes bewahrte
und mich vor dem Tod, erwürgt
von den Staubfäden, unter denen meine Bücher
        sich stapeln
Sie waren nicht fern
doch als der Tod ihnen nahte
riefen sie mich zu Hilfe
und schlugen mit der Faust ihrer Stimmen
        an meine Tür
mit den Pflügen, die auf die Jungfräulichkeit der Erde
        gekreuzigt waren...
höher gekreuzigt als das vergebliche Warten
auf die Beweiskraft der Vernunft

während diese Teufel züchtet
das Warten auf die Hölle, von deren Trümmern mein
      Morgen grundlos widerhallt
Und mein Blut kam mir vor wie ein Planet in
      mondlosem Dunkel
und mir schien, ich würde im Handumdrehen
      zertrümmert
und der Rücken der Wand zerbräche
an welche das Bündel der Seele seine Überreste
      lehnte
Und die Reben, deren Klebrigkeit abnahm
verdorrten in meinen Augäpfeln
und begannen, mich Wimpernlosen zu umkreisen
Tief im Greisenalter meiner Seele
sah ich meinen Leib, der wie ein Leichnam
über seine Gliedmaßen hinwegstieg
und meine Hände streckten ihre Handteller
      hinter mir aus
um das Geschwür der Erinnerungen aufzustechen
das wie Ausschlag nässend aus der Haut jenes
      Jünglings drang
Und es schien, als verdorrte mein Hals wie eine
      Frucht im Sand
und mein Gesicht, es wirkte in seinen Spiegeln
      erschöpft
wie ein in den Augen meines Vaters alterndes Land
Oh Vater
könnte ich doch in den Schoß der Erde zurück
um mich der Last dieser schweren Zeit zu entledigen
und den tödlichen Stoßzahn der Sprache
aus meinen geschundenen Schultern zu ziehen
könnte ich doch zurück, um die Hartnäckigkeit
      der Vögel
von der Lippe der alten Eiche zu verscheuchen

während sie in der Nacktheit des Baums
einen Unterschlupf suchen
Ich verdiene nicht diesen Besuch
wenn mir nicht mein aufgewühltes Blut zu Hilfe
        kommt
ich bin wie die Steine hinter dem Glas
doch verschlossen wie ein todmüdes Grab
auf dessen beiden tauben Seiten mein Herz aufstöhnt
vor der Heftigkeit der Erschütterung
meine Beine versagen mir den Dienst
und verkaufen mich für dreißig Silberlinge
an den Judas der Dunkelheit, der auf mich lauert
und meinen Leib umschlingt
um mich wie Lämmer seinem Verrat zu opfern
und da ich's im Eheschließen mit der greisen Witwe
des Wartens schon weit gebracht habe
ist meine Trauer unermeßlich
und die Augen ihrer Kränze sind meine Zeugen
und mein vorbereiteter Zweifel ist Brautführer
bei dieser Vermählung
Ihr wart nicht lästig an jenem Abend
und verlangtet nur das, was die Verzweiflung
vom Protestschrei verlangt
Doch ich habe mich nie an die Linie des Lebens
        gehalten
um den Gesunden die Blumen der Gewißheit
        zu pflanzen
und hinter dem, was die Dornen uns zu verstehen
        geben
vermochte ich nicht den Pulsschlag des Honigs fühlen
Ich war nicht genau dort, wo ich hätte sein sollen
ich war zu faul, um mit dem Wehen mitzuhalten
das dahineilt wie ein Pfeil
sein mutmaßliches Paradies

Ich war nicht ein einziges Mal dort, wo ich hätte
          sein sollen
ich war immer mehr, als mein Verlangen mir
          vorgegaukelt hat
oder weniger
Oh Vater
da ist keine Hoffnung.

Hamda Khamis *(Bahrain)*

1948 in Manama geboren. Studium der Politikwissenschaften in Bagdad. Arbeitete bei British Airways, danach als Journalistin und Lehrerin. Lebt heute als freie Autorin in Scharjah/VAE.

Geheimnisse

Ich, die ich der Keim der Zusammenstöße bin
der Abkömmling der Skandale
der Verlockung des Stahls erlegen
der Verborgenheit der Versuchung erlegen
gefangen vom Verlangen der Seele
und eine Prinzessin
über den schwankenden Weiten
wie Silber
bin ich beharrlich in meinen Erregungen
und eine Nelke
in der Gelöstheit der Befriedigung!

Baumwolle

Die Wolken
diese Baumwolle des Himmels
saugten immer, wenn das Meer schluchzte
seine Traurigkeit auf
und weinten weiter!

Möglichkeiten

Zwei Gesichter haben die Pappeln
ein silbernes
und ein tiefgrünes
Zwei Gesichter hat das Licht
ein goldenes
und ein schwarz verkohltes!

Die Einsamkeit

Des Nachts
wenn die Schlafenden ruhen
und die Fenster
ihre Schwermut
in die Räume der Häuser werfen
dann erhebt sich das Herz
geht mit schleichenden Schritten umher
besieht sich die Welt
und die Traurigkeiten
und die Stäubchen der Sorge
und tief dringt es in die Ödnis der Einsamkeit
es hat die Gesänge des Wassers
die Idee der Ozeane
und die schöne Rätselhaftigkeit
doch in der Einsamkeit der Welten
hat es niemanden
außer sich selbst!

Liebe

Kommt zu mir
denn meine Brust ist ein Bett aus Kindertagen
meine Seele ist eine Gottheit
und meine Hände sind eine Welt
die die Hochherzigkeit
des Brotlaibs über euch ausgießt
und mein Herz ist ein Stern
der eure Schritte lenkt
im Dunkel des Labyrinths!

Zakaria Mohammed *(Palästina)*

1951 geboren. Studierte arabische Literaturgeschichte an der Universität Bagdad. Lebte dann in Syrien, im Libanon, Jordanien, Zypern und in Palästina. Heute arbeitet er in Ramallah, wo er leitender Redakteur der Zeitschrift „al-Karmel" ist.

Der Krieg

Nimm der Ziege das Zicklein weg
bring' es weit fort
und decke das Euter ab, damit es nicht seinen Durst
       stillen kann
laß es blöken
zum Steinerweichen
zum Gotterweichen
und laß das Euter für Wölfe und Katzen tröpfeln
auf daß Krieg ausbricht
und es lichterloh brennt:
zwischen Euter und Mund
zwischen Kind und Mutter
zwischen Gott und Mensch.

Die Gefallenen

Was sind das für hohe Bäume?
Und warum stehen sie da in so endloser Reihe?
Das sind die Gefallenen, mein Sohn
Sie zogen in den Krieg und kehrten nicht zurück
Jetzt stehen sie hier

um ordentlich wie Schulkinder
in die Stadt zu ziehen

Doch die Stadttore sind verschlossen
und die Lebenden steh'n auf den Zinnen
und warten mit Pfeilen und Feuer.

Das Pferd

Das Pferd galoppiert ohne Reiter
Auf seinem Hals und auf seiner Kruppe glänzt
      die Sonne
Das Pferd galoppiert über Stock und Stein
Die Vögel, die es sehen
machen die Augen zu
Die Männer, die es vom Hügel aus erkennen
erstarren vor Angst, als wäre der Blitz eingeschlagen

Alle sehen den Abgrund
nur das Pferd nicht, das auf ihn zu galoppiert

Das prächtige Pferd stürzt hinab in den Abgrund
noch ehe ein Vogel schreien kann
ehe der Blitz sich entfesselt hat
stürzt das Pferd hinab
doch sein Schatten
wird über den Tälern
zu einer schwarzen Wolke.

Eine Taverne

Tote heben die Gläser
Tote nicken mit den Köpfen
Musik mit linnenen Glocken.

Alles

Was ist das für ein Vogel, der mir nicht die Hände
    band?
Was ist das für ein Wind, der da kam und mir nicht
    das Hemd wegblies?
Und was sind das für Mühlsteine, unter denen ich
    nicht Weizen war?

Der Baum

Der Baum wächst in die Leere
und kaut sie, wie Kamele Dornen kauen
Die Leere stürzt zusammen
und wird weggeräumt wie Schnee
und der Baum wächst langsam empor
wie ein Blinder, der die Treppe hinaufgeht:
Er stochert mit seinem Stock
und setzt dann Fuß vor Fuß.
Wohin, du Blinder?
Wohin, du Kamel, das die Äste der Luft kaut?

Der Baum wächst empor
und die Leere gewährt ihm Durchschlupf
und sie quietscht wie eine rostige Tür
die man jahrhundertelang nicht geöffnet hat.

'Abdalmun'im Ramadan *(Ägypten)*

1951 in Ägypten geboren. Studierte Management an der Ain-Schams-Universität in Kairo. Nach 15jähriger Berufstätigkeit in diesem Metie, widmet er sich nun ausschließlich der Schriftstellerei. Lebt heute in Kairo.

Huldigung an die Früchte der Mottenkugeln

Wer stirbt
Wer auf der Straße stirbt
Wer stirbt beim letzten Schlage, der zum Turme führt
Wer stirbt, während sein Kopf über seinen Atem
       gebeugt ist
Wer ohne Wolke auf dem Dach des Hauses stirbt
Wer ruhig stirbt, als wäre der Tod die Zukunft
Wer stirbt, um sich zu läutern
Wer stirbt, damit die ihm nahestehenden Dinge
       aus ihrem Schlaf erwachen
Wer wirklich stirbt
Wer stirbt, während seine Augen aufs leere Glas
       gerichtet sind
Wer stirbt, wenn wir ihm die Lippen mit Hymnen
       waschen
Wer stirbt, weil er auf Schultern gehoben wird
Wer täglich stirbt
Tagtäglich
Ist nicht Jesus
Ist keiner von uns
Nicht der, der die Welt auf den Mund geküßt hat
Nicht der, der verantwortlich ist für unser Verbrechen
       zu lachen
Nicht die Puppe, die über Gottes Schulter hängt

Nicht der Wind, der nicht sieht, was vor ihm ist
Was vor ihm ist
Nicht die Person
Und nicht Gott
Und nicht die geladenen Gäste.

Amulett

Wenn du vorzeitig die Nacht verläßt
verläßt sie dich nur zu ihrer Zeit

Amulett

Hätte die Nacht nicht auf einem Baum gesessen
Hätte sie nicht an Physik gedacht
Dann hätte sie keinen langen Sarg
für den Geruch meiner Mutter gezimmert

Amulett

Wundere dich nicht, wenn die Nacht
dich in eine Taverne sperrt
oder mit einer Frau zusammen
denn so faßt sie Vertrauen zu dir.

Bei Sturm

Wie Büffel gehen die Wörter aus ihren Ställen
und werfen die Haut und den Schmutz ab
plötzlich erglänzen sie auf dem Papier

ein einziges Mal nur gelang es mir
eine Herde von ihnen zu hüten
jetzt aber hüte ich
jedes Wort einzeln
und wenn ich müde werde
begnüge ich mich damit, ihnen zuzusehen
wie sie vorüberziehen
bis ich mich an den letzten Schwanz, der
        vorbeikommt, hänge
Ich achte immer darauf, mir die Hände zu reiben
und mir die Wolken vom Hals zu halten
und auf den Enden meiner Wurzeln zu stehen
aus Furcht, daß ein Geruch meinem Herzen entweicht
der meine Dinge mit dem Nektar der Einsamkeit
        umgibt
ihre Schatten sehe ich dann nicht zum letzten Mal
ich warne den, der mir folgt
ich bin der, der den Schwanz des letzten Büffels packt
ich werde nicht stehenbleiben
auch wenn ich mich verirren
und meine Füße mich an die Grenze tragen sollten
an jenem Ort
werden sich meine Glieder
nicht entspannen können.

Hilmi Salim *(Ägypten)*

1951 in Minufia geboren. Studierte Journalistik an der Universität Kairo. Mitbegründer der Zeitschrift „Ida'a 77". Außer Lyrik hat Salim einige kulturgeschichtliche Studien publiziert. Er lebt und arbeitet heute in Kairo.

In der Nacht, in der man die großen Ereignisse vergessen sollte

Eine Frau wacht in ihrer Vorstellung auf durch einen Gruß, der gar keiner ist, dann lehnt sie sich in einen Arm, der einen Kreis um ihren Kopf beschreibt, den sie dem Sichdrehen überlassen hat. Sie sagt sich: Wie konnte ich meine Nachbarn nur glauben machen, daß ich von einer Häßlichkeit bin, die mir morgens gehört?

In ihrer Vorstellung geht der gutaussehende Biograph zum Obstverkäufer und kommt mit einer Mango zurück, während die Erforscherin literarischer Plagiate die Hähnchenstücke in Ruhe in etwas Öl hin- und herdreht, er küßt ihr die Hinterbacken und kniet sich neben die kleingehackten Zwiebeln, dann stellt der Kellner des Cafés eine Wasserpfeife zwischen zwei Personen, dann kriecht die Meeressonne unter die Stühle, um sich an der Außenseite der Füße zu reiben, in ihrer Vorstellung sagt die Frau, die im Augenblick der Abwesenheit ihres Verstandes von der Abwesenheit ihres Verstandes gequält wird, nicht: "Sei nicht so beherrschend", weil sie den Tawashih* nicht mag, auch nicht den Tonfall der Männer, wenn sie den Frauen zu verstehen geben, daß ihre Zehen für ihre Stimme die Wonne des Aprils besitzen, drum muß in ihrer Vorstellung eine Nachbarin sich selber einreden: "Ich bin die wahrhaft Schöne". Und am gleichen Mittag, an dem sich die Brüder um die geerbte Immobilie streiten, beklagt sich die eine, die sich freut, daß ihr Vater ihretwegen ein Gespräch mit dem Tischler geführt hat, bei einem jungen Mann, der ihr zuhört, daß die meisten sie betrogen haben (ein paar von ihnen waren gutaussehend wie ihr Bruder und andere häßlich wie der junge Mann, der ihr zuhört), in ihrer Vorstellung sieht sie sich nachmittags mutig und nachts zermalmt, und so wie die Hunde, die Erdbeben riechen können, sieht eine Schwester von ihr die Gefahr des Grußes, der den Grüßen entgegenwirkt, dann bereitet sie sich auf die zwei Sätze vor, die sie nach diesem Zusammenstoß auf dem vielen Blau des langen Mantels des Bruders hinterlassen wird:

Der erste: Entweder wir trennen uns jetzt, oder wir werden uns niemals trennen.

Der zweite: Meine Stimme ist heiser geworden, obwohl ich doch schreibe und nicht schreie.

In ihrer Vorstellung leckt der Mann an der guten Tat, während sie zu den Minuten zurückkehrt, in denen der Blinde ihr Gesicht betastet hat wie ein trauriger Bildhauer, und lauscht: Sei untüchtig, damit ich das Ziel erreiche, diese schmerzlichen Beutestücke passen nicht zu mir, gibt es im Viertel Verrat, der in Ecken und Winkeln ausgeheckt wird? In ihrer Vorstellung versteckt sie sich in den Wellen, während sie die reihenweisen Verschwörungen herbeiruft, die sie angezettelt hat und die gegen sie angezettelt wurden, und im Sand sind zwei Augen, die sie vor den Widrigkeiten der Gedärme schützen sollen, und in ihrer Vorstellung seift der Abenteurer sie ein, der sie begehrte, als ein Schicksal dem anderen folgte, und in

ihrer Vorstellung liebt sie eines Abends ihren Vater
und ihre eigenen Beine, dann beginnt sie, Photo-
graphien wie diese herauszusuchen: Vaters Tochter,
die zwei Pausbacken hat, so rot wie Blut, das Blut, das
sie im Traume gesehen hat, und zwei Augen,
geschminkt mit dem Kajal der Frau, die den Bio-
graphen angefleht hat, ihr die Augen zu schließen,
damit sie sich das Brüllen einprägen kann, das nackt
auf dem Balkon vorbeigeht, bekleidet nur mit dem
Ritus, die Brust mit einer Mango einzureiben und mit
der Zunge über sie zu fahren. Wer fürs Dahinscheiden
gerüstet ist, kann derjenigen, die fürs Dahinscheiden
gerüstet ist, erzählen, daß er Körbe aus ihr gemacht
hat, von denen er möchte, daß sie auf der Erde landen,
und er kann seine Aussprache verbessern, und er
schont sie, indem er sagt: Zusammen werden wir der
Erniedrigung entrinnen... In ihrer Vorstellung streitet
er sich mit ihr wegen eines gefleckten Hunds auf der
Brücke, und sie streitet sich mit ihm der Trotzkisten
wegen, doch er trägt sie auf den Armen ins Bad, als sie
ihm vom Verhältnis der Rasierklinge zu den Pulsadern
erzählt, da fragt sie ihn: Ist dies das Gute? Wir sollten
die großen Ereignisse vergessen, keine Frau sollte
durch die Grüße der Natur erwachen, es sollte keine
schlaue Frau in den Schoß eines schlauen Mannes
fliegen, es sei denn mit dem Symbol der Zerstörung,
in ihrer Vorstellung tönt eine Stimme: Wer den
Gesang so, wie er wirklich ist, vernommen hat, der
stirbt, in ihrer Vorstellung tönt eine Stimme: Je t'aime,
in ihrer Vorstellung tönt eine Stimme: Gib mir Löffel
und Teller, denn großartig ist der Gedanke des Tötens:
Wehe uns, wenn wir zu wenig überlegen
Wehe uns, wenn wir den Rücken mit Sperma
     einreiben

Wehe uns, wenn wir Mitleid haben, das sich im Kreise dreht.

Der Hase, der den Gang des Jünglings nachahmt, tritt aus dem Schaum, der sich selber nachjagt, er ist feucht wie eine Vorstellung, die mich überholt hat, während er in einer Turnhose joggte. Er säubert sich alle zwei Tage die Brust, so wie es die Wäscher der Tuberkulosekranken tun oder die, die Wunden von Würmern säubern, hier entdecken die Menschen, daß sie an jedem Finger eine Aufgabe haben, und er fleht sie an, seit die Finger mit oxydiertem Kupfer über die Cräme des Staates fahren, die Menschen entdecken, daß die tiefen Einsichten in zwei Nasen enthalten sind, die sich in Richtung Angina kreuzen, die Glücksspieler entdecken, daß die Knochen eine andere Richtung haben als Verachtung und Angst, in ihrer Vorstellung wäre es schön, wenn ich den verflossenen Liebschaften wiederbegegnen könnte, um zu erfahren, wieviel Labyrinth im Blute steckt, die Vorstellung wächst, wenn die Vorstellung wächst, ich habe Angst vor dieser Tür, mein Lieber, hier wissen die Menschen, daß für Achselhöhlen eine Abgabe fällig ist, die ein Zehntel des Materials des Biographen ausmacht, ich habe Angst vor dieser Tür, mein Lieber, hier sind die beiden, die fürs Dahinscheiden gerüstet sind, sie wissen, daß die Bitterkeit nicht vorüber ist und daß das einzig Mögliche das Erbarmen der einen Generation mit der anderen ist, ich habe Angst vor dieser Tür, mein Lieber, hier weiß die Einsame, daß ihre Erlösung in ihrer Angst besteht, nach endlos langer Zeit dem Einsamen zu sagen: Überlaßmich nicht den Spinnen auf den Wänden, hier weiß die Frau, klein wie ein Köder, daß sie mit den Lenden und

der Kniescheibe in den Angelhaken gebissen hat, ich
habe Angst vor dieser Tür, mein Lieber, hier weiß die
boshafte Frau, die nach jedem Reinfall, den sie
untersucht hat, auf Wachsamkeit setzt, daß ihre Ferse
eine Aufgabe in Ägypten hat.
Deshalb ist sie früh aus ihrer Irrfahrt erwacht und hat
sich die Maske des Igels aufgesetzt, die sie in ihrer
Vorstellung von ihrer Tasche versteckt hat, und hat
beschlossen, die Vorstellung mit zwei Sätzen zu
beenden, auf welche der Standesbeamte im Augen-
blick des Küssens von hinten hingewiesen hat:
"Entweder wir trennen uns" und "Meine Stimme ist
heiser geworden", doch in ihrer Vorstellung hat sie
plötzlich die Gehrichtung der Menschen geändert:
Die Jugend sah sie kniend auf imaginärem Weiß,
während der Futtersack Gottes voll war mit Morgen-
käse und dem Brot für zwei Generationen, die von
einer Tröstung aßen, und während sie mir in ihrer
Vorstellung die Brille reichte:
Seit meinem sechzehnten Lebensjahr habe ich nicht
mehr gebetet.

*arabisch-andalusische Gesangsart
**Für Araber ist der April der Wonnemonat.

Rifat Sallam *(Ägypten)*

1951 in einem Dorf im Nildelta geboren. Studierte an der Universität Kairo Journalistik. Ist heute Kulturredakteur bei der ägyptischen „Middle East News Agency". 1977 beteiligte er sich mit anderen ägyptischen Schriftstellern an der Gründung der Zeitschrift „Ida'a" und gab 1979 die Zeitschrift „Kitabat" heraus. 1993 wurde ihm der Kavafis-Lyrikpreis verliehen.

Getöte

Schön
gehe ich auf der Hüfte der Erde umher
meine Hände: leer
mein Herz: weit geöffnet für den plötzlichen Stich
Denn alles, was der schlauen Begierde ähnelt:
      ist mein
Und mein ist: Bäume, die ich das Schreiben und
      das Singen lehre
dann gehe ich von ihnen fort
- auf der Hüfte der Erde -
getötet.

Eine Feuersbrunst

Sie sagte nichts
und verschwand über die Felder der Versäumnisse
und der Unordnung
um Schutz zu suchen im Schatten
eines Passanten, der ins Leere
geht.

Und sie warf ihren geteilten Schatten
ins Künftige
sie stocherte in der Asche der Erinnerungen
nach einer anderen Möglichkeit oder nach
        einer Frage.
Ich sagte nichts.
Wie konnte nur in meinem Haar ein orangefarbenes
Feuer ausbrechen?

Abwesenheit

Es war kein Fluß.
Es war eine Frau, die in meiner Asche
nach einem erstorbenen Wiehern wühlte
oder nach einem erloschenen Stern
Dann trat sie - langsam - in mich ein
wie eine Blume aus Schlaffheit und Wahnsinn.
Und ich war ein Zeitraum aus Abwesenheit.

Ich war der Herr der Verwüstung.

Eine Frau

Ein schlanker Leib
setzt die Leere mit Vögeln
und frohen Fahnen in Brand.
„Soll ich dich meine nächste Niederlage nennen?"
Sie tischt mir die Länder, die alten Sekten
die Meere, die fernen Städte und
die apokryphen Chroniken auf.
Und weiter: sie gießt mir Kaffee in meine
nächtliche Leere.

Sie schlürft mich
Schluck
für Schluck.

Ich werde nicht alle werden.
Sie wird ihren Durst nicht löschen können.

Niederlage

Jeden Tag fang' ich mir eine Niederlage
ich zähme sie
ich werfe ihr meine Lumpen über, meinen Namen
und meine alten Illusionen.
Sanft kommt sie auf meinen Schoß
Sie sagt: Du bist ein wohliges Ambiente für mich
Sie sagt: Du bist der schöne Mörder.
Und in meinem Leib: sie entwischt mir
und entzündet die Feuersbrunst.

Aql al-Awit *(Libanon)*

1952 im Libanon geboren. Studierte arabische Literatur-geschichte an der Saint-Joseph-Universität in Beirut. Arbeitete dann als Kulturredakteur für mehrere Zeitungen und Zeit-schriften. Heute ist er Feuilletonist bei der libanesischen Tageszeitung „an-Nahar"

Unter der Sonne des verborgenen Leibes
(Auszüge)

Verweilt ein wenig, bis das Gedächtnis
      diese Gegenwart erfindet
und ich eure Abwesenheit mit meinen Händen
      betrachten kann
nachdem ich mich umgeschaut habe
damit die Liebenden ihren Weg zum Hafen finden

Verweilt, bis ich diese Gegenwart für euch erfinde
und Kleider nähe für unsere Tage
und die Wolken zusammenschare als Labyrinth für
      das Gedächtnis.

Ich hätte die Stühle aufräumen sollen
damit sich auf ihnen die Schatten eurer Stimmen
      ausruhen
ich hätte etwas für die Toten tun sollen
die vor Sonnenuntergang schlafen gehen
und hätte sie aufwecken sollen
hätte handeln sollen
als ihre Erinnerungen uns vermißten
ich hätte die Betten machen sollen
damit sie sich ausruhen können

nachdem die Laken von ihrer Weiße geträumt hatten
ich hätte schreien sollen
um die beklemmende Stille zu vertreiben.

[...]

Ich habe nur Chaos angerichtet
und was ich getan habe, tat ich
um den Passanten die Illusion zu vermitteln
ich versteckte eine Blume, die ihre
Abwesenheit verrinnen läßt.

Das Chaos war immer dann Sprachtrieb
wenn der Zaun um meine Liebe zerbrach
und meine Blicke in einen Abgrund stürzten

Wir haben nur Chaos angerichtet
und seine Schatten waren kein Abklatsch
sondern echt.
Auf den Dingen lag die Leere des Schattens
und bittere Träume drangen in unsere Poren
und unsern Leibern entstieg ein blinder Engel
um sich auf den Boden des Zimmers zu setzen.

Ich tat dies, weil das Zimmer mein Café war
und sein langes Schweigen meine Freunde
und die andern, die sich zu ihren Händen schlafen
        legten
mit der Müdigkeit von Toten
ihre Stühle verzweifelten nicht an der Langeweile
sondern betrachteten den Einfall des Lichts in die
Trümmerwüste.

[...]

Es gibt nichts
wirklich nichts
was die Vertiefung des Unterschieds
zwischen Baum und Wald
zwischen Wald und Labyrinth
und zwischen Schlaf und Tod
so festhält wie du, Traum, wie du, wahrer Traum.
Es gibt nichts
was das Elend des Sehens übertrifft
und das Versiegen des Flusses, der in den Wolken
der Erinnerung anwesend ist.

So genügt einem Baum die Luft
und langes Schweigen verdient es
Gast der Jahreszeiten und der anderen Bücher zu sein
so auch
schließt sich die Blume
und es bleibt nur der Abend.

Geneigter Himmel

Meine Augen täuschten sich nicht
als der Regen mich hinderte, hinaus auf die Straße
       zu gehen
und meine Hände sich in einem imaginären Gedränge
       verirrten.
Die Szene war schmerzlich
und die Zeit verlor sich wie ziellose Blicke.
Die Wolken, die da regneten
löschten nicht den Brand, der in einem Café ausbrach
und auch jene Berührungen, die sich auf dem Tische
       türmten, richteten nichts aus.
Der geneigte Himmel

schickte uns abends keinen Mond.
Ratlos standen wir vor den Fensterscheiben
dasselbe taten unsre Hände.
Auch das Reden war schmerzhaft
drum ersetzten wir es durch die Gespräche derer
  die neben uns saßen
und durch Gedanken, die aufstiegen in den Raum
  des Cafés.
Der Kellner, der mich aus dem Winkel seiner
  Zuneigung ansah
wandte seine Augen ein wenig ab
um die zerbrochenen Blicke in neuen Tassen
  aufzusammeln
und dem Brand ein Murmeln hinzuzufügen
das nicht über die Lippen drang.
Die Musik, die im Innern erklang
zog die Tränen der Frau zur Terrasse
dort blieben wir lange
denn der Regen draußen
riß das Leben mit sich bis tief in die Nacht
und als wir dann gingen
sah mich der Kellner noch immer mit all seiner
  Zuneigung an
und er sammelte in anderen Tassen
riesige Scherben ein
und das gleiche tat ich mit den Tränen der Frau.

Eines Tages

Dürftig sind die Gedanken, die wir kennen
weil wir uns an Dinge erinnern, die
in Wirklichkeit gar nicht geschehen sind.
Dennoch erinnern wir uns an sie, so als würden sie

erst morgen geschehen.
Dann wählt das Wort sich seine Geliebten
und sieht sie an, vor Begierde brennend
und das Gedicht wird zu Erinnerungen an Gefühle
      und Situationen
zu denen es vielleicht einmal kommen wird
und wir leben für sie in Häusern, die immer
beleuchtet sind von ihren blinden Gedanken.

Idris at-Tayyib *(Libyen)*

1952 geboren. Journalistik-Studium in Finnland. War dann als Korrespondent und Kulturredakteur tätig. 1978 wurde er verhaftet und zu einer lebenslänglichen Gefängnis-strafe verurteilt. 1988 ließ man ihn vorzeitig frei. Derzeit ist er Kulturattaché an der libyschen Botschaft in Rom. Außer Lyrik hat at-Tayyib Kurzgeschichten veröffentlicht.

Verübung

Es geschieht, daß man einen Tag verübt
der einem nicht ähnlich ist
es geschieht, daß man sich tagsüber ausruht
unter Winden, die einen nicht beschützen
und einem nicht die Möglichkeit bieten
zu seufzen oder zu weinen
es geschieht, daß der Mann sich einen Himmel
        aussucht
aus dem es nicht regnet
daß er sich seinen Wald inmitten der Großen Sahara
        vorstellt
daß er die Datteln der Illusionen zu einer Gottheit
        macht
die zum Verzehr nicht geeignet ist
doch es geschieht auch
daß man den Sarg für den Preis des Brotes
und für die Tränen des Herzens kauft
und für einen Geschmack an Wunden
die tagsüber nur heilen, um nachts wieder
        aufzubrechen
das geschieht bei niemandem
nur bei mir.

Geh fort

Wenn du ein Fleckchen Erde verläßt
ist es, als überließest du es den Winden
die Gedichte sterben dir unter den Händen
um in eine Vergangenheit ohne Wiederkehr zu
      entschwinden
die Wunden des Landes sondern Gebell ab
und du bist allein, mit Bluten beschäftigt
so wag' es, die Spuren ihrer Füße aufzuspüren
wenn diese auf der Brust der Menschen stehen
Ich spreche mit dem Sand der Wüsten
und weine an einer Schulter, die es nicht gibt.
So befreie dich, wenn du kannst, von der Spinne
      der Erlösung
die du dir ausgedacht hast
bekunde - mit den Bekundern - deine Hartnäckigkeit
geh fort und komm' wieder
dann geh weit fort
zu deinem Morgengrauen, das an den Rausch sich
      klammert.

Eine Frage

Was sind Blumen?
Was will ein einsamer Mann
von den finsterblickenden Menschen?
Was ist ein Stern, der einem Verirrten erscheint?
Wie schmeckt dem Durstigen ein Glas Wasser?
Ist diese Wüste ewig, oder hat sie ein Ende?
Was ist die Liebe für den, der ans Ende der Dinge
      geschleudert wird?
Was sind seine Illusionen?

Sieht er eine Fata Morgana oder wirkliches Wasser?
Werden die Dinge altern, oder werden sie vom Ende
       verfolgt?
Ist er verzweifelt, oder wird ihre Freude altern wie
       seine eigene Freude?
Warum hat er diese Frage nicht aufgeworfen:
Wie schmeckt der Kelch des Todes?

Djaudat Fakhr ad-Din *(Libanon)*

1953 im Süd-Libanon geboren. Promovierte 1984 an der Saint-Joseph-Universität in Beirut. Lehrt heute Literaturgeschichte an der Libanesischen Universität. Hat zahlreiche literaturkritische Bücher herausgegeben und war beim Zentrum für Linguistische und Pädagogische Studien in Beirut an der Abfassung einiger Lexika beteiligt.

Ein Eingang in mein Dorf

Ich komme reuig zurück, kümmerst du dich nun um
      mich?
Ich war nur dein Kleiner, den die Zeitläufte
      hinausgetragen haben
immer, wenn er fortging, stürzte die Ferne in
      Verlorenheit
und wenn er reuig zurückkam zu dir
machtest du einen Geliebten aus ihm
Kümmerst du dich nun um mich, so als ob ich dein
      letzter Besucher wäre?
Wie sollte ich da nicht in Freude ausbrechen?
Wie sollte ich da nicht zum Liebhaber werden?

Dort im Winter

1
Ich verschloß den Frauen die Türen
und ließ den Fenstern der Begierden nur einen hohen
      Balkon
und Gardinen der Angst, bestickt mit Verlangen
      und Reue.

Ich verschloß den Frauen die Türen
da hatte ich hinter den Fenstern einen
      heruntergestürzten Balkon.
Eine Wüste tut sich auf oder beherrscht meine
      Obsessionen
und der einzige Puls, den es gibt, ist der Puls des
      Lebenekels.

2

Wer ist unter uns der Dritte?
Ich oder du oder eine Kälte, die Freundschaft mit mir
      geschlossen hat?
Dort im Winter war eine wilde Taube
sie saß gurrend auf einem Ast
- den ich im Traume sah -
dann verschwand sie...
Welche Kälte werden wir künftig zusammen erleben
wenn wir zu dritt sind und nicht wissen, wer unter uns
      der Dritte ist!

Nacht

Mir am nächsten war das Gebet des Gartens
während er Abschied nahm von der Sonne
da zog er ein Kleid aus und ein anderes an
und der Duft waberte wie Visionen in seinen Kleidern.
Und ich... also
soll ich auf der Lauer liegen oder zerstreut sein?
Ich unterscheide da nicht
doch - die Vision ist Unachtsamkeit -
ich werde immer träger werden
So komm denn, Nacht
bald beginnt zwischen uns ein Abendgespräch

das täglich sich wiederholt
bald wird die Nacht mir Zuflucht unter ihrem Kleid
    gewähren
und, soweit sie kann, sich meiner erbarmen
doch rasch wird Müdigkeit dich übermannen
du wirst verzichten auf das, was sie
    an Verlockungen bietet:
ein Buch, ein Glas, ein Päckchen Tabak...
Du wirst mich fahrenlassen, wenn ich Mitternacht
    erreiche
und dich schlafen legen, zusammengesunken
    wie ein Häuflein Asche
...Und ich, ich werde in Schlaflosigkeit verharren.

Die Vögel der Reue

Bin ich es nicht... den mit matten Flügeln
hin und wieder die Vögel besuchen?
Bin ich es nicht... der Zuflucht sucht
in seinen abwegigen Illusionen...
immer dann, wenn die Vögel der Reue
mich wieder einmal besuchen?

Da entferne ich mich ein wenig
sehe mir meine sorglosen Illusionen an
die meinen Augen gelb wie die Krankheit erscheinen.
Bin ich es nicht...
der zu sich selber zurückkehrt
und schläft in der Hoffung auf Schlaf
und zu dem die Vögel der Reue kommen?

'Abdallah Zureiqa *(Marokko)*

1953 in Casablanca geboren. Studium an der Universität seiner Heimatstadt. Verbrachte wegen seiner provokativen Texte einige Jahre im Gefängnis. Außer Lyrik hat er einen Roman veröffentlicht.

Teufelsmensch
(Auszug)

Ich fürchte das Festmahl
denn
wer sich zu ihm versammelt
um zu speisen
versammelt sich auch um zu töten.

Ich fürchte den Menschen.
Er hat zwei Augen.
Ein Auge ißt.
Ein Auge tötet.

Und ich sah
das alles in der Hand.

Und ich sah
die Finger als kleine Teufel.

Und ich sah
den Nagel als Feind
des Fingers

Und das Auge als Feind
des anderen Auges.

Und den Kopf als Feind
des Fußes.

Und ich sah
die Wand als Feind
des Bildes
das an ihr hing.

Und ich sah den Schlüssel.
Er stand da wie ein Gefängniswärter.

Und ich sah die Löcher
gang und gäbe wie Gräber

Und die Brücken
gang und gäbe wie Särge

Und der Tod war
wie das verkohlte Gras.

Und die Deckenlampe schwebte
über dem Kopf wie der gelbe Verdacht.

Und ich erschrak
vor den Zehen meines Fußes
und vor meiner Hand
als sie lange Finger machte.

Und wenn ich gehe
und wenn ich das Licht ausmache
treten die Tiere aus meinem Körper hervor
und bedecken die Erde.

Ich gestehe:
Ich bin der Teufel.
        Nicht ich aber töte
                der Mensch ist's
                        der tötet.

Ich gestehe:
Ich bin der Teufel.
Ich führe euch zu den Orten der heißen Liebe
und nicht in den Krieg.

Ich führe euch ins Gras
und nicht in den Stacheldraht.

Ich führe euch zu Rosen und Bienenwachs
und nicht zum bitteren Wasser.

Ich führe euch zur Brustwarze
und nicht zum Elektroschalter.

Ich führe euch ans Meer
und nicht an den heißen Schwefelfluß.

Ich führe euch in den Tod
in einem entlegenen Garten
und nicht in die Schützengräben.

Ich führe euch ins Gold des Herbstes
und nicht in die Angst.

Ich führe euch zum Teufel
ich, der Teufel
ich führe euch nicht zu den Menschen.

Ich habe keinen Bruder
den ich töten könnte.

Stehe ich
neben einem Baum
dann werde ich dieser Baum.

Ich fürchte die fernen Brunnen
weil sie töten.
Ich fürchte die Hirten mit der Flöte
weil sie Propheten sind.

Ich bin der älteste Verbannte dieser Welt.

Ich besitze keine Geige
doch ich besitze meine Hand.

Ihr seid's, die sich nur in sehr heißem Wasser
          an mich erinnern
des Nachts
auf verbrannter Erde
und ringsum Flaschenscherben.

Ich bin euer verbotener Leib.
Ich bin euer begehrenswerter Leib.

Ich bin der Teufel.

Ihr wachst auf
und werdet zu Greisen.
Ich wachse auf
und werde zum Kind.

Ich bin ihr.
Ich bin eure andere Hälfte
die euch genommen wurde.

Mit diesem
meinem Finger
hab' ich den Leib der Frau entworfen.

Und mit diesem
meinem Finger
hab' ich den Leib der Erde gezeichnet.

Und mit diesem
meinem Finger
hab' ich das Gepäck gezeichnet
das Wasser gezeichnet
die Treppen gezeichnet
die Halbkreise gezeichnet
hab' ich das grüne Gras
im Leib der Erde wachsen lassen.

Und aus dem Gras
sind die Dichter hervorgekommen.

Und aus den Dichtern
sind die Dichter hervorgekommen.

Wenn ihr betet, setzt ihr euch
auf den Teppich meines Leibes.

Wenn ihr eßt
bin ich auf eurer Zunge.

Wenn ihr euch photographiert
werde ich auf dem Bild sein
und nicht ihr.

Wenn ihr in den Spiegel blickt
seht ihr dort mich.

Und in die Kuppeln
in den Wasserhahn
und auf die Bucheinbände
kleb' ich die eine Kraft
mit der anderen fest.

Erinnert ihr euch an mich
wenn ihr Äpfel eßt
Erinnert ihr euch an mich
wenn ihr Blumen arrangiert
Erinnert ihr euch an mich
im Leib des Gartens
in der Begierde des Wassers
in den Träumen
die im Leib der Bäume aufsteigen?

Erinnert euch meiner
erst im Paradies.

Wenn ihr in die Hölle eingeht
vergeßt mich
und nennt niemals meinen Namen.

Als ihr die Treppen des Paradieses herabstiegt
blieb mein Kopf
erhaben zwischen den Früchten.

Meine Hände haben für den Haß keine Finger.
Mein Kopf ist nicht wie der Hals einer Flasche.
Mein Mund ist wie der Lauf des Flusses.

Und wenn ich sprechen will
gehe ich zu dem großen Baum.

Ich bin S... Sa
Sat... S...
S... Sa...
Satan.

[...]

Aus dem Arabischen von Suleman Taufiq

Yussuf 'Abdalaziz *(Jordanien)*

1954 geboren in Jordanien. Abdalaziz ist palästinensischer
Abstammung. Er lebt und arbeitet heute in Amman.

Nebel

Willkommen, Wolf, in den Räumen der Ruhe
Willkommen, alter Vogel
Willkommen, Kamille
du Ermordete.
Willkommen, mein
wortkarger Feind

Hast du mich deshalb
eines Tages zu diesem leuchtenden Staub geführt...
und dann fallen gelassen
ins Dunkel?

Zufall

Auf der Terrasse zittern zwei Bambusflöten.
Mein Herz und der Jasminzweig
zwei zitternde Bambusflöten.

Sie ging vorüber
da zog der Apfelschuß vorbei
es erhellten sich unsere Fenster
und Sehnsucht umzingelte uns.

Und jetzt
zerbrechen die Blumen im Zimmer

und das Meer verläßt seine Wellen
und flieht, sich tötend
in den Spiegel.

Und zufällig
beraubt die Sonne sich ihres Thron.

Tote Blume

Wer bin ich?
Du wirst inmitten von
fünfzigtausend
Propheten
ratlos bleiben.
Du wirst vom Anfang der Liebe
bis an die Grenze des Weinens gehen.

Und du wirst zurückkommen von einer vergeblichen
       Reise
wie alle Frauen
dorthin zurück, wo mein Herz in deinen Händen
       zerflossen ist
wie Bäche starken Weins.

Und dorthin, wo meine blühende Hand
nur eine tote Blume ist.

Und dorthin, wo ich ein
im Freien hausender Stein bin
und wo Vögel nach einem Planeten suchen
der in Blut ertrinkt.

Lebenslauf

Mein Kaffee ist bitter
spärlich sind meine Kleider
und der Morgen, der verlegen
durch die Türe tritt
grüßt nicht zurück.

Seit die Lerchen ihre Zöpfe gelöst
seit das Meer in meinem Leib gewiehert hat
sage ich:
Die Post mit den Liedern ist eingetroffen
und die Tücher aus Haifa hängen auf den Terrassen

Der Abend
brennt... Heft für Heft
die Gedichte läutern mein Herz
und die Blumen an meinem Fenster schlafen nicht.

Ibrahim Nasrallah *(Jordanien)*

1945 in Amman geboren . Wurde als Lehrer ausgebildet und arbeitete in diesem Beruf in Saudi-Arabien, war daneben für einige jordanische Zeitungen tätig. Heute leitet er die kulturellen Aktivitäten der Shoman-Foundation in Jordanien. Träger des Uyais-Preises für Lyrik. Nasrallah hat auch Prosawerke und Kinderbücher publiziert.

Frage

Der Mann, der mich dort
im Spiegel anstarrt
der Mann, der mir gutgelaunt zuwinkt
auf dem Wege zu seiner Liebsten
was wird aus mir
wenn er verschwindet

Überfluß

Ich gehe außerhalb meines
gerahmten Bildes spazieren
ich lebe ja noch.

Gesichtszüge

Harte Gesichtszüge
haben dem Spiegel Schmerz zugefügt
Fremde
als hätten sie sich nie zuvor gesehen
sie sind sich als Fremde begegnet

als die, die ein Spiegel
zusammenbrachte

Einsamkeit 2

Der einzige Fremde
in seinem einsamen Zimmer
in der fremden Stadt
stand, bevor der Tod kam
inmitten seiner zusammengetragenen Spiegel
und er starb
als wäre die ganze Familie um ihn.

Mord

Die Gazelle dort steht ganz ruhig
der Pfeil durchschneidet den Raum
und hinter ihm
zittert der Bogen.

Flügel

Blau
oder grün
oder erdfarben
golden oder silbern
weiß oder schwarz
da ist kein Unterschied
Flügel... und sie können fliegen.

Ich bin der Wind

Und ich weiß, daß ich gehen und gehen
und nicht rasten werde
mein Tanz wird nicht enden, weil
ich schöner bin als ein Mörder und ein Ermordeter
und ich weiß, daß ich meinen Leib
und die Blüten meiner Seele verteilen werde
um nie an einem Grab gesehen zu werden
und ich weiß, daß ich erwachen werde...
und immer wieder erwachen
Doch wird der Wind einen Hügel finden
um den Kopf an seine Brust zu legen
wenn er müde wird
Dieser Wind bin ich.

Mubarak Wassat *(Marokko)*

1954 in Marokko geboren. Arbeitet als Lehrer und Übersetzer. Hat u.a. Werke von Mallarmé und Breton ins Arabische übertragen.

Vorrede

Mit Segeln aus Funken oder zumindest
mit Flügeln des Schmerzes
vermag ich in die leichte Morgendämmerung
      vorzudringen
bis zur Mündung von Flüssen
die tosen vor Träumen.

Ewigkeit

Als ob es die Ewigkeit wäre
die in den Krallen eines Adlers getragen wird:
all dies blutgetränkte Weiß

Als ob ich die lebendige Fortsetzung wäre
eines Sturms
dessen Absichten nicht durchschaubar sind

Soll ich mich in die Seide der Sonne hüllen
und lauschen
auf diesen Tau, der
in den Pupillen
des Lavendels miaut?

Soll ich der Brise folgen
bis zu ihrem Geburtsort
an diesem Tag, der von einem noch tieferen Grün ist
als eine Katastrophe
oder soll ich in diesem Zimmer bleiben, das man
        gesäubert hat
bis auf das Sonntagsblut?

Aufbruch

Als mir das Blut des Abendrots
auf die Stirne floß
überkam mich das Beben
des blinden Augenblicks
meine Hände zogen sich
aus der Kindheit des Goldes zurück
und mein Gesicht begann, fortwährend
dorthin zu reisen, von wo der Schmerz weht

Das Morgengrauen bricht an

Endlich bricht verwundet das Morgengrauen an,
nachdem es seine Flügel aus den Ketten des Mythos
befreit hat. In dieser Zeit fließ tiefrot die Freude aus
unseren Nasen, die uns nicht mehr erkennen.
Wir sind nicht die einzigen Ratlosen!

Ghassan Zaqtan *(Palästina)*

1954 in Bait Djala geboren. Studierte Sport am Institut für Lehrerausbildung der UNRUWA. Unterrichtete dann dieses Fach, bevor er in den Journalismus überwechselte. Hat in Jordanien, im Libanon, im Jemen und in Syrien gelebt und ist heute in Ramallah ansässig, wo er an der Leitung des Hauses der Poesie und an der Herausgabe der von diesem publizierten Zeitschrift beteiligt ist. Außer Gedichten hat er einen Roman veröffentlicht.

Die Toten im Garten

Öffne nicht das Fenster
erwache nicht...
ich bitte dich, erwache nicht
sie haben auf dem Rasen des Gartens getanzt

Als wären sie der Grund für den Garten
oder seine Betrachtung
... und sie haben dort geschrien

Bei Licht...
hat ihr Staub sich aufgelöst.

Es hatte während der Nacht geregnet
... die ganze Nacht!

Nur ein Lied

Dank für das Fließen des Flusses
Dank, daß die Dörfer Früchte sind an den Wegen

die Wege Türen, die im Schlafe umhergehen
und der Schlaf der Schatten des Todes
der Beginn seiner weißen Erde
und daß die Toten bei mir sind
daß sie auf- und abgehen vor meinem Haus
unbewaffnet und friedlich
daß sie „posiert" haben und
und einzeln fortgegangen sind
sie hatten keinen Abend
und kein Unglück...

...Und danke auch für den Abend.

Ein Besucher

Wer ist da gestern gekommen
wer ging da scheu unterm Jasminbusch vorbei
frierend
ein wenig verunsichert vielleicht
und ging wortlos vondannen!
Wer hat da gestern an meine Türe geklopft
wer rief nach mir, und ich wachte nicht auf!
Da hat er Wörter in den Garten geworfen
ein Messer aus schwarzem Silber

Gestern hat es geregnet
ich bin gekommen, doch sie war nicht daheim!

Gebote

Ruf' dem Sänger nicht zu: „Da capo"
ruf' nicht den Weg herbei
laß es geschehen
und dann...
entferne dich.

Mohammed 'Abid al-Harbi *(Saudi-Arabien)*

1955 in Mekka geboren. Arbeitet im Zivilberuf als Ingenieur bei der ARAMCO in Dhahran.

Die Verängstigten

Wären sie dem Zorn der Rose entsprungen
ich wäre hinausgegangen
und hätte den Garten meines Hauses
von eingebildetem Unkraut gesäubert
und hätte den Jasminstrauch gestutzt
der über mannshoch ist
hätte den Rost vom Wasserhahn abgeschmirgelt
der nach Sonnenuntergang Geräusche absondert
hätten sie mich nur gelassen
ich hätte binnen eines Tages meine Kinder
nach draußen geschafft.

Die Verwandlungen des Wassers
(Auszug)

Die zweite Verwandlung
Über der Halbinsel Wolken
und auf meiner flachen Hand der Sommer der Palmen
Meine Nacht ist hedjanisch*.
Das Innere meines Tags ist nedjdisch**.
Dieser Stern dort ist jemenitisch
er erscheint über den Phasen des Herzens
dann schlägt er sich auf dem Augenlid nieder
            wie Tau.

Mein in mein Blut eingeschlossenes Blut
wie soll ich's herausbringen, oh jemenitischer
Canopus?
Wie soll ich mich mit ihm bekleiden und die Sahara
durchqueren?
Oh jemenitischer Canopus
mein eingeschlossenes Blut ist mein Pferd.
Meine Nacht ist hedjanisch
und der Blitz ist ein sich krümmender Rebstock
den die Begierde über die Erde verstreut.
Ich verbrüdere das Herzblut mit der Regenflut.
Ich lege den Überrest der Worte in meine Hand
und singe mit der Traurigkeit junger Mädchen:
Die Erde ist der Ohrring einer jungen Frau
und das Meer ist ihr Fußreifen...

Abendrot fließt aus meinem Fleisch
mein Fleisch ist bitter und trocken.
Und die jungen Frauen der Erde sind mein Wasser!
Oh jemenitischer Canopus
Immer, wenn ich das Wasser pries, traf mich
mein Durst.
Mein Durst ist ein Königreich
und die Regenflut ist mein schöner Palast.
Ich bin nicht aus...
doch ich habe die Sünde geerbt.
Um meinetwillen haben die Sippen sich überworfen.
Die Kamelin war nicht meine Kamelin
und die Weideplätze gehörten nicht mir.
Leidenschaft trieb mich
und die Strahlen der Sonne zogen mich an.
Hier
Familie
und Verwandte.

Ich war geduldig mit meinem Land.
Bei Hitze schenkte ich ihm meinen Schatten
und hielt über seinen Feldern die Regenwolken fest.
Es ist mein Ursprung und der Beginn meines Herzens.
Zwischen mir und dem Absinth steht ein blaues
        Geheimnis und eine Leidenschaft aus Regen.
Ich winke zu den Plejaden hinauf, ihren Schmuck
        herunterzuwerfen
und selber herabkommen
Ich winke zu ihnen hinauf
die Humuserde möge den Boden mit Kajal
        bestreichen
und aufsteigen
aufsteigen in mir.
Ich habe aus meiner Brust ein Feld bereitet.
Ich war geduldig mit meinem Land.
Ich wuchs heran.
Was von mir sollte ich ablegen
um zu singen und fröhlich zu werden?
Ich wuchs heran.
Ich bat das Wasser, meiner Dürre ein Ende
        zu machen.
Ich fand den rechten Pfad /
        Mir wiesen Hunger und Qualen den Weg.
        Eine Frau, mit allen Legenden bekleidet
führte mich auf ihn.
Sie führte mich auf ihn
und der Teufel meines Herzens ward unser Dritter.
Wer von uns wurde von seiner Sorge geleitet?
Wer von uns würde den Ritus der Legende
        von seinem Gefährten bannen?
Ich bat das Wasser, diese Rätsel zu vollenden.
Ich bin ein Beduine, dessen Weideplätze verdorrten
und um den herum die Sanddünen sich bewegten

sie wogten auf und ab, dann zingelten sie ihn ein.
Seine Freiheit ist die Fruchtbarkeit und das
        Umherzieh'n:
Da ist ein Hügel
er riß seine Steine heraus, um eine Barrikade
        zu bauen
in deren Schatten er die Gedichte vortrug
worin er die Datteln der Geliebten pries.

Doch er trug nicht alle seine Gedichte vor.
Da ist ein Tal
er sang für seine Regenflut
Er richtete den Vögeln seine Bäume her
und wurde zu einer Feder in den Flügeln
        seiner Flughühner.
Doch er trug nicht alle seine Lieder vor.
Da ist eine Ebene.
Frei ließ er seine Beine über sie laufen.
Er faltete die Sonne über seinen Arm wie ein Tuch
und das Weltall wurde ein halbes Bett.
Er trug nicht all seine Träume vor.
Er verriet nicht all seine Qualen.
Doch bot er dem Wasser immer noch an, das halbe
Bett mit ihm zu teilen.

*aus Hedjas, einer saudi-arabischen Region am Roten Meer
**aus Nedjd, dem arabischen Hochland

Aus dem Arabischen von Suleman Taufiq

Faradj al-Ascha *(Libyen)*

1955 geborenin Libyen. Arbeitete lange Jahre in Libyen und Zypern als Journalist und Mitherausgeber mehrerer Zeitschriften. Lebt heute als anerkannter politischer Asylant in Deutschland.

Dichter

Wenn er zürnt
wirft der Wind sich vor seinen Füßen nieder
wie ein treuer Hund.
Wenn er mit den Fingern schnippt
verbeugen sich die Wolken vor ihm
wie ein höflicher Kellner.
Wenn er lächelt
rollt die Sonne über die Straße.

Poesie

Ein prachtvoller Jüngling
widersetzte sich seiner Mutter
und vermählte sich mit dem Feuer.

Baum

Knüppel
Hinweistafeln
der Baum
ein Tisch mit zwei Stühlen fürs Abendbrot
ein Boot und zwei Ruder.

Wahnsinn

Eine Herde von Begierden
weidet auf eingezäunten Koppeln
sedierendes Gras wiederkäuend
unter Aufsicht gestrenger Hirten
die betäubende Stöcke
und weiße Kittel tragen.

Lachen

Ein Fenster zum Herzen
in welchem ein frischer Traum
eine lebenslängliche Strafe verbüßt.

Frau

Ich bewohne den Wind.
Im Herbst feg' ich im Garten das Laub zusammen.
Den Winter über weine ich.
Im Sommer kämme ich mir die Haare
nackt
und das Meer ist mein Spiegel.
Der Frühling springt durchs Fenster
in mein Zimmer
wie ein charmanter Dieb.

Mann

Ein Fluß
verschmutzt vom Unrat der Städte.
Fieberhaft windet er sich
Richtung Meer
zieht seinen verschmutzten Wassersäbel
          und reckt ihn empor.
Er kehrt zum Waschen hierher zurück.

Teufel

Er ist der Dieb der heiligen Lüste
die aus Feuer und Frau bestehen.
Er ist des Dichters Führer zum Verführen.
Er ist ein verbotener Apfel vom Baum der Erkenntnis
baumelnd wie ein Fragezeichen.

Aus dem Arabischen von Suleman Taufiq

Bassam Hadjar *(Libanon)*

1955 im Süd-Libanon geboren. Dichter, Feuilletonist und literarischer Übersetzer, vor allem aus dem Französischen (u.a. Georges Bataille); er übertrug aber auch Werke von Christa Wolf und Peter Handke. Hadjar hat mehrere Prosa- und Gedichtbände veröffentlicht.

Die Geschichte von Yussuf

Ich verspreche dir zu schlafen
doch wenn ich schlafe, fehlt mir dies Schweigen
ich verspreche dir, auf den kommenden
Morgen zu warten, bedingungslos, ohne Hoffnung
Ich hab' einen Mann namens Yussuf gekannt
der den Schlaf nicht liebte
und weder auf den nächsten noch auf den
        übernächsten Morgen wartete
Er war hager, vertrug keinen Lärm
saß schweigsam auf einem Stuhl
oder ging schweigsam auf der Veranda umher
Er mochte mich gern
und das Herumgehen auf der Veranda.

Ich verspreche dir zu schlafen
doch ich bin gezwungen zu reisen
ich war im Irrtum
ich war ein Traum
drum glaube nicht an mein Lachen oder mein Weinen
oder mein schweres Atmen
glaube nicht meiner Sanftheit oder meinen Kleidern
nicht einmal meiner Langeweile.

Ich arbeitete als Diener meiner Seele
die ich verzehrte
im Herumgehen zwischen Zerstreutheit und Wachen
Mich brachte etwas zum Lachen
das gar nicht zum Lachen war
und zum Weinen, das gar nicht zum Weinen war
und ich ließ die Zeit verrinnen
wie Sand zwischen meinen Fingern
und ich liebte
und ließ meinen triefenden Schatten auf den Gehsteig
und auf die Wege sinken
und ich liebte Yussuf, als er mich verließ
so wie er mich liebte, als ich ihn verließ
und ich liebte seine zärtliche Hand
auf den Veilchen
und seine Augen
und seine Gestalt, die schwankte wie Zypressen
im Wind.

Er sprach nicht mir mir
doch er gab mir sein Hemd
er hielt mir nicht die Hand, doch er sagte:
Wisch das Dunkle von meinen Augen
wenn ich sehe
bin ich gerettet
und Rettung ist der Wunsch der Toten

Ich starb und wurde nicht gerettet

Er sagte: Glaube nicht
an diesen bitt'ren Geschmack in meinem Mund
da ist ein Rest von Schlaflosigkeit
von Lärm
und von betäubten Atemzügen

der Rest eines Traums
den ich gestern hatte.

Und er sagte: Glaube nicht
daß wir die Diener unsrer Seelen sind
und ihre Härte, die Brennholz aus uns gemacht hat
das Asche hinterläßt und keine Glut
Erde und keine Pflanzen.

Ich verspreche dir zu schlafen
doch ich bin müde
und die Mühsal ist in meinem Herzen
und nicht auf dem Weg
und das Dunkle in meinen Augen
in meinem Gehör
in den Jahren, die nacheinander vergingen
und die ich nicht gesehen habe.

Ich hab' einen Mann namens Yussuf gekannt
der nicht viel sprach
er war schweigsam wie ein Brunnen
er saß auf einem Stuhl, hatte ein
schönes Gesicht mit versonnen blickenden Augen
und erzählte, er habe gar nicht gelebt
denn er habe seine siebzig Jahre
als Diener seiner Seele verbracht
er gab ihr, was zu geben ist
und er ging in den Zimmern umher
inmitten von Gerüchen und Lärm
und er wurde alt
und zählte die Augenblicke der Nacht
und liebte nicht den Schlaf.

Ich verspreche dir zu schlafen
ich habe nichts mit all dem zu tun
ich hab' Yussuf gekannt, und er starb
und ich war ihm an keinem Tag nahe.

Yussuf mochte es gern, sich selbst einen Traum
      zu erzählen
er lachte oder weinte dabei oder blieb
nachdenklich stehen
und erzählte
daß die Müdigkeit Müdigkeit sei
und daß der Tag Mühsal sei
und daß die Nacht Nacht sei
und daß er sechzig Zigaretten am Tag geraucht
und nicht eine Silbe geschrieben habe
und daß er den Balkon, die Veranda und den Gehsteig
die Zypresse und das eiserne Schultor geliebt habe
und daß er gelebt habe und gestorben sei
und daß er gestorben sei, weil der Tod
      eine Geschichte sei
und die Geschichte sei das, was bleibe
oder vergehe
oder was überliefert werde
er wußte es nicht, denn Sprechen ist Mühsal
wie das Umhergehen auf der Veranda
wie das Schlafen im Bett
wie das augenblicklange Erwachen
wie die Betäubung, sickernd
aus einem Licht, das wie die Schläfrigkeit ist
aus blasser Schläfrigkeit, die wie das Licht ist
das die Fäden des Staubs erhellt
in einem Zimmer, nackt wie ein Tunnel
kalt wie die Tracht der Krankenschwestern
unterdrückt wie ein Husten.

Ich verspreche dir zu schlafen
auf den nächsten Morgen zu warten
und auf den übernächsten
doch ich bin jetzt gezwungen zu reisen
nicht wegen einer Arbeit, eines Termins
zum Spazierengehen oder dergleichen
denn ich bin müde und habe meiner Seele gedient
so gut ich konnte
Ich hab' einen Mann namens Yussuf gekannt
der hatte keine Zeit
er liebte mich so, wie ich's wollte
und ich liebte ihn so, wie er's wollte
und er schrieb meine Lebensgeschichte auf
und er wollte, daß ich Abschied nähme von ihm
und er wartete auf mich
und wenn mich einer sehen will
so sag' ihm, ich stünde dort
auf der Schwelle
im Hauseingang
oder sage
vorher hätte ich diesen Mann nicht gekannt
nur aus der Geschichte
der Geschichte von Yussuf, diesen Mann
der ihn liebte
schweigend, und Yussuf verließ ihn
als sei er gestorben.

Sabah al-Kharrat-Zwein *(Libanon)*

1955 im Nord-Libanon geboren. Arbeitete nach der Reife-prüfung als Flughafenangestellte der Middle East Airlines. Seit 1986 ist sie freie Mitarbeiterin der Tageszeitung „an-Nahar". 1990 ging sie für vier Jahre nach Kanada. Heute arbeitet sie als Literaturkritikerin für „an-Nahar".

Wie die Entfernungen ausgelöscht werden

Ich kann das Wort nicht mehr bündeln, und die Poesie ist wie blaue Stricke geworden. Ich versuche immer wieder, die Richtung zu ändern, doch das Schreiben weigert sich stets.

- Ich sehe nur, daß in den Fenstern das Licht erloschen ist, und ich sehe nur, daß sich hinter ihnen Buchstaben bewegen.

- Oder als löschte dies Gefühl nichts aus und als hüllte mich heute ein sehr niedriger Himmel ein.

- Was werden wir mit unsern Händen sammeln, was werden wir sammeln, um ein wenig lebendig zu bleiben.

- Wie die nächste Äußerung gehören meine kleinen Dinge nur mir.

- Was habe ich bis jetzt gesagt, um mein Fortgehen zu fühlen? Um blasse Symbole und Farben in der Luft zu fühlen?

- Wieviel Zeit bleibt mir, um einige meiner Wörter wieder einzusammeln, um zu einem kleinen Etwas im Herzen der Dinge zu werden?

- Die Schlaflosigkeit ist weiß geworden, und jeden Tag um die gleiche Zeit werde ich etwas von mir an Orte werfen, die ich noch nicht besitze.

- In diese oder jene Richtung, und wohin stell' ich mich selbst, wenn die Ecken und Winkel abhanden kommen?

- Vom Geschriebenen werden nur ein paar Stimmen übrigbleiben. Ich bin außerhalb der Symbole, und mir bleiben nur trockene Buchstaben, es sind meine letzten.

Bild 2

Das Bild, das meine Aufmerksamkeit erregte, das Bild eines dunkelbraunen Gesichts, hing an der Wand zwischen anderen Bildern, an der Wand zwischen Bildern von Freunden, links von mir, wo ich in jenem Sessel saß, an dessen Farbe ich mich nicht mehr erinnere, das Bild an der Wand, die ich zum ersten und zweiten Mal in meinem Leben sah, der Tisch, der an jene lange Wand gerückt ist, auf der das Bild der Brünetten, die noch weinte und fortging, die Härte der Situation ausdrückte, ich sah zu dem Tisch hinüber, es war das erste Mal, und an ihn grenzend die Wand und ein sehr großes Fenster, da schwieg ich, Halluzinationen suchten mich heim, und ich wußte nicht mehr, warum ich tat, was ich tat, und warum ich hier war und warum ich den Verstand verlor und warum ich mich abschloß, statt abzureisen, und warum ich nichts sagte, mich hinsetzte und sitzen blieb und tief in mir der Schmerz war.

Isa Machluf *(Libanon)*

1955 im Libanon geboren. Studierte Soziologie in Beirut und Paris. Übersetzte Lyrik und Prosa aus dem Französischem und Spanischen u.a. Borges, Bonnefoy, Char. Arbeitet heute als Journalist in Paris.

Warten

Dann setzte ich mich hin und malte eine Person in einem Wartezimmer. Ich malte einen Mann, der auf eine Frau wartet, und eine Frau, die ein Kind erwartet, und ich malte Kinder, die auf Kinder warten, und ich malte ein düsteres Haus, ein Auge in der Dunkelheit. Was tat das Auge so allein im Dunkeln? Und ich malte einen schlafenden Soldaten, der davon träumte, kein Held zu werden.
Und was habe ich sonst noch gemalt?

Weckt nicht das Warten

Weckt nicht das Warten, damit es
sich nicht einsam fühlt
und beschädigt die Schale der Nacht nicht
damit die Unachtsamkeit des Tages
nicht ruchbar wird
und ihr Engel
wer hat euch aufwärts fliegen lassen?
Die Freuden, die wir teilen
sind eine Kerze, damit der Tempel sich zurechtfindet
Die Genüsse, die wir teilen, und dieser Felsen
der jetzt herunterstürzt.

Die Zauberer und die Scharlatane

Den Zauberern und den Scharlatanen
folgt eine Schar von Dichtern
Sie sagen unverständliche Dinge
und gehen davon

Die Mädchen, Liebhaberinnen
des Marmors und des Jasmins
untersuchen ihre Gebärmutter
in Erwartung der Wehen

Vor ihnen Kinder, in ihren
Betten spielend.

Ich klopfe an ihre Tür

- Klopfe an meine Tür
Ich klopfe an ihre Tür und trete ein. Ich
ziehe ihre Kerze zu mir und lösche sie aus
ich höre feuchtes Geflüster
das aus den Poren sickert
einen Schuß, dessen Spur sich in der Luft verliert.

Strecke dich auf meiner Erde aus

Strecke dich auf meiner Erde aus, schöner Blitz
da liegt eine Frau, die zwischen zwei
zusammengepreßten Lippen hindurchgeht.

Amjed Nasser *(Jordanien)*

1955 in Jordanien geboren. Lebte im Libanon, in Zypern und in London, wo er heute als Feuilletonist der arabischen Tageszeitung „al-Quds al-Arabi" tätig ist.

Himmelfahrt des Liebenden

Du bist mit diesem Namen geboren, damit du
  eine Erinnerung hast
sie wird wiederholt
von langen
schweigenden Regen.
Mit diesem Namen geboren, damit Passanten
  zu dir kommen
deren Gesichtszüge aus Flieder sind
und vereinsamt
und besiegt.

Wir kehren in deine Hände zurück
um zu erzählen von ihrem Wissen von der Zerstörung
und von ihrem Sieg über die Liebe
deren Wunde du berührst und die dir dann entgleitet
die lange währende Wunde der Liebe
mit ihren grünen Schatten
aus lauter Reue.

Mögen die Fäuste sanft werden
während sie uns zwischen die Säulen schieben
ohne Hoffnung
die Frucht zu erreichen, erhellt durch
die Glut der Tiefen.

Unsre Augen sind weiß vor Freude
als wären wir blind und sähen dich riechend
und berührten dich atmend.

Unser aller Frau
wir sind am Erkennen des Äthers gescheitert
und als du die Hand hobst
streckten wir die unseren aus
und es war dort kein Spiegel
Deine Luft berührte und verwundete uns
wir kamen auf allen Wegen zu dir
und waren nie allein.

Unser Tisch
unser Öl
unser Brot
und das Salz
wir rochen dich zwischen den Bäumen
wir folgten dem Geruch
er führte uns zu deinen Kleidern
wir rieben unsre Gesichter an ihnen
und sogen den Duft ein mit vollen Lungen.

Du warst dort
doch wir sahen dich nicht
wir erkannten dich am Duft, erkannten dich
        an dem Glas
das kurz danach vom Servierer abgeräumt wurde
ohne daß er ahnte, was er da angefaßt hatte.

Wir ertasteten auf dem Tisch deine Spuren
und leckten deinen Speichel vom Rand des Glases
es war ahnungslos weggestellt worden

und neidisch wischte eine Jungfrau
die Schatten deiner Finger vom Holz.

Unter uns hebt uns am Tage
das Licht ein paar Stufen höher
und bringt uns als Verantwortliche
zu unsern Beschäftigungen zurück
Wir haben Gewicht in den Korridoren
und wenn wir kommunizieren
unsre Ehre ist geschützt
bei den Zusammenkünften
Wir sind erhaben in unserer Ausdrucksweise
wir sprechen, und die Theologen unsrer Zeit
      sie hören uns zu
in ihren vor Schlaflosigkeit ganz sauren Kleidern
wie uns
zieht der Tag sie geschwächt
aus dem Netz der Intrige.

Es frohlockte der, der dich sah
der eine Hand auf die Kniescheibe legte
der einen Finger in den Nabel steckte
und ein Geheimnis witterte
es frohlockte der, der einen Ellbogen
auf die knochige Hüfte stützte
der zur Quelle vordrang und sah.

Der mit der weißen Blesse
verströmte den Geruch eines schlafenden Löwen
er stand da, um genommen zu werden
sich weigernd und erschrocken.

Unser aller Frau
vieler sind ihrer am Tage

und eine einzige nur in der verbleibenden Nacht
du lachst, und wir werden müde
du hängst unsre Schicksale an deine Brauen
da fallen wir durch ein Zittern, das
mit Fieber verglichen wird und dem
die Gefangenschaft folgt.

Wir sehen dich auf dem Bett
und du trägst deine schwarzen Strümpfe
dein Haar wogt auf und ab
und dein nackter Rücken lodert
Da sinken wir zu Boden
trunken
und doch nicht trunken.

Zeig' uns dein Gesicht, damit wir
in den Spiegeln schöner werden
und mit Palmzweigen aufwärtssteigen
damit wir eine gute Meinung von den Gliedern haben
wenn sie zur Arbeit gerufen werden
damit wir beruhigt sind.

Wir bekommen dich und verlieren dich wieder
wir umstellen dich von allen Seiten
mit Zweigen und Lanzen
da bedienst du dich einer List
weil deine Hand über unseren Händen ist.

Unsre Frau
das einzige, was wir gemeinsam wünschen, ist Schlaf
mach' uns zum Abbilde dessen, was du gesehen hast
schmücke uns mit den Waffen
erwähle uns aus der Menge
damit wir erstarken.

Dieser Schlaf ähnelt nicht dem Dunkel unsrer Augen
dein Atmen im Schlaf, es ähnelt nicht
unserm kalten Zubettgehen.

So enthüllen wir die Unklarheit des Mundes
und verleihen dem Schließen der Lippen
        verschiedene Bedeutungen
wir wittern diese Lippen
wir küssen sie
wir waschen sie mit Speichel
um die Biene zu wecken
und den Mond zu küssen, der zwei Wangen hat
wir glätten seine Runzeln
und berühren die Grube unweit des Grases
der versteckt ist und den kein Auge entdeckt.

Wir haben uns schlafend
in den Schoß unsrer Frauen ergossen
da floß in die Baumwolle Hitze
und Kokosmilch befleckte die Laken.

Deine beiden mutigen Prinzen
(sie wurden am Königshof des Kronensmaragds
        erzogen)
mit dem Erobern von Gold überhäuft
sind dem Kronprinzen nicht Gehorsam schuldig
und von der Eifersucht der Diener befreit
sie steigen über den Zaun des Ungeheuers
und erhellen die Finsternis seines Herzens
es frohlockte der, der sie sah
mit Fußreifen geschmückt
ihre Wipfel tragen Früchte
es frohlockte der, den sie an sich zogen
und der den Blütenstaub küßte.

Unser aller Frau
du bist mit diesen Augen geboren, damit du andere
	siehst, nicht uns
sie stützen sich auf, und ihr Rascheln kommt näher
und Früchte platzen auf
wir sind Fremde unter ihnen, wir steigen Treppen
	hinauf
dorthin, wo deine Luft mit den Köpfen spielt
und wo Lanzenspitzen
am Marmor zerbrechen
Inmitten unsres Volkes sind wir voller Ehren
der Zauber, siegreich und weiß, hat uns um den
	Verstand gebracht
und die Opiumblume ließ uns erschimmern
duftend in der Spalte.

Glückseligkeit stützt sich auf die Lehne
wir sind nah
und geneigt
wir behauchen den Kristall
und wir sehen das Allerherrlichste.

Das Opfern von Weintrauben in die Enge
zäh fließt der Saft
die Goldmähne bebt
Das Maß ist nun voll
und es neigen sich die Köpfe.
Haben wir den Duft von Äpfeln gerochen
als wir hinaufgestiegen sind?
Haben wir Beduinen mit kurzen Säbeln gesehen
die einen Weg bahnten zwischen den Bäumen?
Haben wir Sklaven gehört, die durch Blashörner
befreit wurden?

Sind wir an Liebenden vorbeigekommen, die Diebe
            zu dem Schatze führten?
Haben wir dich gewonnen, weil wir machtvoll sind
weiß
ohne
Arg?

Ist das die Wonne
von Menschen, die zurückkehren
von den Himmelfahrten
in warme Betten in Häusern?

Schattenpflanzen

Die Liebe war nicht möglich, so wie die Frau
die ihren Geliebten mit Assoziationen eingeweiht hat
wie die Paprikablüten, die dem Garten
            die Männlichkeit
des Geruchs wiedergaben
Der Mann nieste und ging zwischen weißem
und schwarzem Faden und verliebte sich nicht
Denn die Liebe ist nicht möglich, so wie das Schlafen
im Lichte der Raumschiffe
wie die Sprache, die sich eines tropischen Mittags
            schälte
Da ließ sie sich nieder
auf dem Thron der diakritischen Punkte.

Und als wir vorübergingen und sie über die Liebe
            stritten
sprang eine Frau aus einem tiefgelegenen Fenster
den Eindruck erweckend, als wäre der Krieg
im restlichen Viertel des Glases noch im Gange.

Damals waren Fußreifen als Mittel der Verführung
noch nicht in Gebrauch, doch
als wir auf den Rücken der Pferde saßen, hörten wir
ein Schluchzen, so laut wie wie das Prägen
       von Münzen
und wir scherten uns nicht um das Zittern am Hals
       der Pferde
und gaben ihnen die Sporen
Doch der Tag brach an, und das Schluchzen
in den Büchern blieb laut.
Ein Mann sprach zu uns: Sie waren zu dritt
und der Vierte war ihr Hund.
Und ein anderer sprach: Sie waren zu viert
und der Fünfte war der Hund.
Und eine Frau, die nach Kamille roch, sprach:
Nahe dem Berghang ist Wasser
wascht eure Kleider und geht dann zu Bett.
Und bald darauf war der elektrische Strom wieder da
       und grüßte
und die Liebe war nicht mehr möglich im Dunkel
der Schattenpflanzen, die in den Ecken der Zimmer
       standen.

Shauqi Shafiq *(Jemen)*

*1955 in Aden geboren. Lebt und arbeitet heute in der Haupt-
stadt Sanaa.*

Ich finde meine Liebesekstase im Dichten

Eine heimliche Liebesekstase hat von mir Besitz
      ergriffen
in mein Inneres ist tief das Feuer gedrungen
das Leuchten des Leibes
auf den Wegen der Sehnsucht hat mich gefesselt

Ich rufe: Du Königin über die Zeit
gewähre mir Sicherheit
Schwindlig kehrt meine Stimme mit stolpernden
      Schritten zurück
Ich rufe: Du Köni...
Tonlos kehrt meine Stimme zurück, du Königin über
      die Zeit
mein Gesicht ist schlammbeschmiert
und vom Brote der Poesie mich ernährend
leg' ich jetzt die Entfernung zurück zu den Wüsten
die zwischen Herz und Gedicht sich erstrecken...

Du strahlst, und ich gehe

Du gehst vorüber... alle prächtigen Pferde sind
      gesattelt
Im Grün der Jahreszeiten werden alle Entfernungen
      kürzer
Im Augenblick der Liebe ist alles schön, was man sagt!

Du trittst hervor, oh Frau, deine Brüste
sind eine Oase der Vereinigung
du trittst hervor aus meinem Herzen... aus
der Heiligkeit eines leuchtenden Buchstabens...

Es ist das Feuer, das mich andächtig macht...
Du bist mein Feuer
in dessen Winkeln ich Schutz suche im Augenblick
      der Liebe...
Du trittst aus dem Innern meines Blutes hervor
Zwischen deiner Liebe und dem Tod entscheide ich
      mich für deine Liebe und den Tod in ihr
Du trittst... oh Frau, dein Gesicht ist ein Ort
wo Liebeslieder um sich greifen...
In deinem Schoße gelangen die schwierigen
      Augenblicke an ihr Ende.
Du bist ein Säbel, der in meinem Herzen schläft
Ich liebe dich, du Blume des Traums
„Steh auf und tritt aus meinem Blut hervor"

Du stehst auf... alle Entfernungen schrumpfen
Da bist du nun zwischen der Fortdauer meiner süßen
      Wunde
und der Heiligkeit eines leuchtenden Buchstabens...
      du leuchtest
Da bin ich nun zwischen deinen Brüsten, und der
      Traum läßt mein Gesicht ergrünen...
Die erwachenden Buchstaben richten sich auf
da öffne ich mein Herz, du Schöne
so breite dich aus in meinem Blut...

Und du breitest dich aus... ich liebe dich... ich
bin die Verkörperung der Landkarte der Liebe

dein Gesicht erstrahlt im Augenblick der jungen
      Flammen.
Greif' um dich... dringe tief in mein Blut
ja, du greifst um dich... ich lege den Arm um einen
      Traum und gehe...

Yussuf Abu Loz *(Jordanien)*

1956 in Jordanien geboren. Arbeitet heute als Kulturredakteur der Tageszeitung „al-Khaleej" in den Vereinigten Arabischen Emiraten. 1995 erhielt er den Literaturpreis „'Arar".

Lebenslauf

Ich hab' den Geschmack von Frauen gekostet
Zunge für Zunge
Schulter für Schulter
Doch ich bekenne
nur in deinen Achselhöhlen fand ich alle Meere
Ich kostete das Salz und den Sommer
ich benetzte mit ein wenig Wasser den Hals des Tages
Ich rief der Hüterin der Wellen zu, sie solle
      nicht verschwinden
sie solle ihre Schafe auf den Wasserweiden frei
      umherlaufen lassen
und ich füllte ihr Tuch mit Muscheln
Sie sagte: Dein ist die Wasserfrau
Ich sagte: Dein ist das besondere Blau.
Ich zog in der Welt umher, und die Pferde kamen nicht
      zur Ruhe
und Schweiß troff von den Wagendeichseln
und der Weg war voller vom Hunger getriebener
      Wölfe
Ich war der Mutigste unter den Reisenden, ich band mein Pferd am Flußufer fest, gab ihm das süßeste Wasser zu trinken, ließ es in Quellen baden. Dann bereitete ich auf kleinem Feuer mein Abendessen zu, ohne mich vor den wilden Tieren zu fürchten, und schlief, mit meinen Händen und meiner Waffe als

Kissen. Und fast schon in der letzten Phase der Nacht entsann ich mich, von einem Frauenheld geträumt zu haben, von einem Fleckchen Erde, das ich durchstreifte, und von einem Pferd, dem ich das Zaumzeug abnahm. Ich entsann mich, von einem Wolf geträumt zu haben, mit dem ich im Freien rang, ein Kampf zwischen zwei Titanen, die durch Härte und Liebe verbunden sind.

Ich war der Mutigste unter den Reisenden
und der elendeste Jüngling, zerstört
      von eigener Hand.

Die schamhaften Äpfel

Sie entkleideten uns im Apfelgarten
Frau für Frau
Mann... für Mann.

Da bedeckten wir unsere Scham mit den Händen
und verdeckten mit den Schultern die Brüste
      der Frauen
doch
die Äpfel erröteten vor Scham.

Die Schwarze

Ich betrachte ihre Gestalt, ihre schwarzen Ufer
da spüre ich ein wenig - etwas beklommen -
      ihre Rundungen
Was für Rundungen... sie sind nicht zu ertragen
ich bin in der Hölle, ich ertrinke in Wein

und das Wasser ist in meiner Hand
und neben mir sind die Diener des Feuers
meine Befehle werden befolgt
und mein Thron ist Seide
Am Dienstagabend war ich nirgends
da war nichts Arabisches... und Afrika
ganz Afrika
war in meinem Bett.

Gespräche

Wir sprachen über Bäume, die wir ums Haus herum
        pflanzen würden
über Kinder, die wir in Bälde zeugen würden
über Fahnen, die wir auf grünen Hängen hissen
        würden
über Bücher, die wir lesen würden, oder über Musik
die wir nachts abspielen würden
damit die Bäume in unser Zimmer kommen
alle Vögel der Welt mitbringend
und glücklich saßen wir im Café
Fremde, die sich durch Zufall begegnet waren.
Wir sprachen
über große Pläne
ohne einen Himmel, der uns schützen würde
oder ohne
ein Zimmer.

Nuri al-Djarrah *(Syrien)*

1956 in Damaskus geboren. Arbeitete für arabischsprachige Kulturzeitschriften in Beirut, Nikosia und London. War Redakteur der Zeitschrift „an-Naqid". Gründete dann in London die Zeitschrift „al-Katiba".

Wiegenlied des Apfelbaumwalds
(Auszug)

Für Rami

Ich fing einfach an, ohne auf irgendetwas
zu hoffen, ich staunte sogar
wie gefügig doch Illusionen sind!

Schlaf', mein Liebling, schlaf'
die Boote sind zurückgekehrt
und im Hafen zittern die kalten Kais
schlaf'

Die Blume des Abendrots hat sich geöffnet
schlaf'

Schlaf', mein Liebling, schlaf'

Die Freundlichen sind durch die Türen getreten
sind quer durch die Zimmer bis zu den Betten
        gegangen.

Schlafe den Schlaf der Knaben
die Buben spielen im Wasser, und der Kies

er glänzt und sagt
schlaf'

Das Wasser blättert die Seiten um
und die Bilder entschwinden
schlaf'

Die Fische gleiten umher
und der Fuchs kommt wieder
und läßt dir den Hasen zurück
schlaf'

Schlaf'
Ihre Augen sind geschlossen
und ihren Händen entströmt ein Duft von Paradies
schlaf'

Schlaf', damit ich aus deinem Schlaf gehen kann
der Mond zerbröckelt
und meine Erinnerungen sind weiß

Schlaf', mein Liebling, schlaf'

Tod eines Sommers

1
Der Sommer ist vorüber
Das Blut steigt die Treppen herauf
und hinein in die Zimmer
und die unberührten Laken
sind dort von einer Hand
glattgestrichen worden
Das Blut ist glänzende Tropfen.

2

Der Sommer ist vorüber
Die Liebe, sie ließ mir keine Geliebte
Mein Herz ließ mich zu dir hinuntersteigen.

Ich werde dir nicht folgen
denn du hast keine Spur.

Mein Schlaf sieht mich
und er sieht dich.

Ich werde, wenn du stirbst
untröstlich um dich weinen
Ich werde zu dir schreien, meine Stimme wird zu dir
        dringen
und sie wird mich beschreiben
in meiner Ruhe
allein
auf der Welt
und mein Schlaf wird weiß sein und lang.

Zahir al-Ghafiri *(Oman)*

1956 in Oman geboren. Studium im Irak. Lebte dann in Marokko, in den USA und heute in Schweden.

Blumen in einem Brunnen

Da endlich steigt die Wahrheit zwischen deine Hände
      herab:
Eines Tages rochen deine Träume nach Ewigkeit
Ich schaute dich an wie jemand, der jungfräuliche
      Steine anfleht.
Ich war dein einstiger Schatten.
Dein Spiegel, der im Brunnen deine Blumen
      reflektiert.

Jetzt bin ich der Fremde, wie viel hab' ich geweint
      über dich, über die Früchte der Nacht.
Und deinetwegen, wegen eines Schicksals, das einem
      vergifteten Paradiese ähnelt
kann ich nur noch auf Messers Schneide schlafen.

Auf das Pferd von Hans Arp

Hinterm Fenster sind der Blitz und die Nacht
und Wein und das Brot der Taufe auf dem Tisch
und auf dem Wege schläft ein vertrockneter Ast.
Da plötzlich
hör' ich das Wiehern, das herauftönt aus dem
      Brunnen der Erinnerung.
Es ist also da!

Das Pferd von Hans Arp ist gekommen, die Bahn
        der Nacht kreuzend
im schwarzen Nieselregen.

Spaziergang in einem Spiegel

Der Schatten lag nicht hinter der Schwelle
die Begierde auch nicht im Gras der Dunkelheit.
Die Nacht war dein Spiegel und die Reue über deine
        Vergangenheit, die in Freiheit verziehen ist.
Ich kam zu dir mit dem Licht der Hände
und mit der Leere der Sprache
ich kam, um dem Gold des abendlichen Gesprächs zu
        lauschen
und den Geheimnissen des Gartens, so als schliefe ich
und als wirbelte aller Staub aus meinen Träumen auf.

Nach langem Warten

Treu ist diese Nacht, die nach langem Warten
        an meine Türe pocht
treu wie eine nackte Geliebte, die sich leiten läßt vom
        Dampf der Lüsternheit und von den Kräutern
        der ersten Begierde
Früher war ich allein
wie der Asket, der seinen Weg durch einen Wald
        aus Donnerschlägen geht.

Ich entsinne mich jetzt, wie ich eine Feder geschenkt
        bekam aus den Tränen einer Geliebten
die durch die Stürme frühzeitig gereift war.
Ich entsinne mich des Lichts ihrer Hände, in dem ich

wie ein Schlafender umherging, da führte es mich
zum Schlund des Abgrunds.

Vielleicht aber, sagte ich mir, vielleicht war ich
vor lauter Leidenschaft und Liebe ihr Feind.
Und da kam diese Nacht noch einmal zurück
sie kam nach langem Warten zurück, um mich
an mein Schicksal zu erinnern.

Khalid al-Maaly *(Irak)*

1956 in as-Samawa geboren, 1979 Flucht nach Frankreich aus politischen Gründen, lebt seit 1980 in Köln. Mehrere Buchpublikationen auf arabisch. In deutscher Sprache erschienen: Gedanken über das Lauwarme, *Prosa, 1989,* Mitternachtswüste, *Gedichte, 1990,* Klage eines Kehlkopfes, *Gedichte, 1992,* Das halbe Sein, *Prosagedichte, 1993,* Eine Phantasie aus Schilf, *Gedichte, 1994,* Landung auf dem Festland, *Gedichte, 1997. Zahlreiche Lyrikübersetzungen aus dem Arabischen und aus dem Deutschen, u.a. von Badr Shakir as-Sayyab, Mahmud Darwisch, Sargon Boulus, Gottfried Benn, Paul Celan. Herausgeber der arabische Literaturzeitschrift* Uyoun *und der Gesamtwerke von Günter Grass in arabischer Sprache. Gründer und Mitinhaber des Al-Kamel Verlags für Publikationen in arabischer Sprache.*

Rückkehr in die Wüste

Ich kehrte noch einmal zurück in die Wüste
ich versäumte, die Dunkelheit zu sehen
und so zu erscheinen, als ginge ich über den Sand
       davon
auf meinem Weg zu den fernen Brücken.

Ich wollte den Tag sehen
an dem es so schien
als würde alles von neuem erzählt
An dem dort drüben verwirrt der Wolf stand
und die Erinnerungen raschelten
an dem die Fäden zerschnitten wurden ab
      und die Spur sich verlief.

Ich kehrte noch einmal zurück in die Wüste
alle beleuchteten Wege hinter mir lassend
den Stock des hohen Sinns in der Hand
und der verwirrte Blick trat auf mein Gesicht.

Von welchem Wege kehrt' ich zurück
und an welchem Ort werd' ich das Unterwegssein
        ablegen
um an einem Brunnen
zu rasten und ein wenig zu schlafen?

Der Weg in den Abgrund

Mich hat selbst die Erinnerung vergessen
damals suchte ich Schatten unter Dattelpalmen
und jetzt weiß ich nicht mehr, wohin die Illusionen
jene Zeichen und dieses Licht entschwunden sind.

Jeden Tag, so scheint mir, bin ich verschollen
der Stock des Aufbruchs hat mich verloren
und ins Tal ist meine Seele geworfen.
Dort haben meine Hände die Zweige verloren
der Tag wurde Dunst
und mein Bett wurde Asche
der Wolf, er pirschte sich an mich heran
und es war kein Platz mehr für das Bedeuten
denn der Schrecken hatte meinen Ort
        in die Irre geführt
Wind kam auf und streute Staub umher
der Buchstabe zerschnitt mir die Stirn
da erblickte ich einen langen Weg
der mich in den Abgrund führte.

Abschied vom Hund

Die Hand hat aufgehört zu winken
der Wind ist vorübergeweht und
der Sand von der Reise in das Exil zurück
mit einem Rucksack voller Trauer
und etwas Nacht und kleinen Monden.

Seitdem ist der Weg abhanden gekommen
der Stern ist verschwunden
die Sonne hat jede Bedeutung verloren
und der Hund bellt nicht mehr.

Lied eines heimgekehrten Soldaten

Ich kehrte heim
und erhielt nur den Zufall des Mißerfolgs
ich wollte nichts mehr
und meine Augen kannten
nur noch die Farbe des Staubs
Von hier bis dort
hörte ich nur die Klageweiber
selbst die Weise des Wegs war nicht klar
so als würde alles sterben
Doch der Zufall des Mißerfolgs
brachte mich wieder zurück mit schleppendem
        Schritt
ich weiß nicht wohin
denn ich habe vergessen.

Die Heimkehr

An diesem Tag
wurde der Weg zur Hoffnungslosigkeit gesperrt
So drehte mein Leben dort seine Runden
und ich kehrte verwelkt zurück mich
an einem einzigen Buchstaben klammernd
   aus der Vergangenheit
und sitzend wartet meine Nacht.

Da kehrt die Erinnerung wieder:
Der Rabe flog
und landete weit weg von hier
dort erschien hinter der Fata morgana
heimkehrend ich.

Sa'if ar-Rahbi *(Oman)*

1956 geboren. Verließ seine Heimat als 14-jähriger. Studierte in Kairo Journalistik. Danach hielt er sich in mehreren europäischen und arabischen Ländern auf, wo er als Journalist und Schriftsteller tätig war. Seit 1992 lebt er wieder im Oman und gibt dort die Kulturzeitschrift „Nizwa" heraus. Sein erster Gedichtband ist 1980 erschienen. Später veröffentlichte er etwa ein Dutzend weiterer Prosa- und Lyrikbände.

Wüste

In dieser ungebärdigen Wüste
dieser Wüste, die mit der Sonne verschmilzt
  wie Dünen
und Dämonen, pflanzten sich die Vorfahren fort
ein Großvater nach dem andern.
Wir keimten als Harz von Felsenbäumen
umherrennend zwischen dem Strand und den Bergen
barfuß und mit verwundetem Herzen.

Wir wuchsen auf mit Kamelen und Eseln
wir trieben die Herde bis zum Eingang des Tals
und wir sahen die Flughühner mit der Fata Morgana
  entschwinden
Wir legten Fallen aus für die Füchse
und andere für die Hirsche des Unsichtbaren
Und als wir in ferne Länder reisten
fanden wir in unseren Kleidern keine Spur
  von Opfergaben
und wir fanden das Ziel der Sehnsüchte nicht.

Die Nabatäerin

Als wäre das Leben explodiert
schlagartig aus der Enge heraus
als hätten die Jahre ihre Armeen bis an die Grenze
      geführt
als wäre das Meer
als wären die Bars und Cafés
und die Abende in den großen Städten
      bis an die Grenze geführt.

In deinen Augen spielt der Tiger des Waldes
während du hinaus auf ein stürmisches Meer blickst
neben den dunklen Ewigkeiten
und dein offenes Haar weht im Wind
So als kämst du aus anderen Zeiten
zeigst du die Gier des Wolfs nach der Beute
und des Reisenden Zweifel über den Weg
Aus anderen Zeiten kommend
bist du voll lastender Träume
mit einem Blick, unter dessen Hängen die Zeiten
      sich türmen
die vergangenen Zeiten, in deren Hallen die Pferde
      wiehern
Du warst allein, geschwächt durch Schläfrigkeit
      und Kälte
Die Hotels, sie waren gefüllt mit ihren eleganten
      Gästen
und die Gänge unter der Erde mit ihren Obdachlosen
und der Himmel mit Engeln und Wundern
und du bist gefüllt mit der Wüste
mit dem Branden der Nabatäer
die von den Felsenufern kommen.

Als wäre das Leben
mit einem Schlag entstanden
als wir uns erstmals begegnet sind
in dem Lande fern der Geburt der Sonne.

Die Glocken werden nicht läuten

Der Sturm wird sich heute nacht nicht legen
vor meiner Tür
seine fünf Armeen haben die Tür zu den Richtungen
      zugeschlagen.

Im blassen Licht der Kirchen
seh' ich die Mönche die Wagen ziehen
sie fliehen in die Berge
mit Pferden, geschmückt im Wind
wie in byzantinischer Zeit.

In dieser in uralten Zeiten wurzelnden Nacht
werden die Glocken von heute an nie mehr läuten
der Sturm wird sich nicht legen.

Seit sechsundzwanzig Jahren

Jeden Morgen
wenn du aus dem Schlaf erwachst, der voll ist von
      Gemetzeln und Träumen
fragst du dich
Jahr für Jahr
vor einem stummen Stück Land und einem
      abgesperrten Archipel
fragst dich seit sechsundzwanzig Jahren:

Was tust du nur in diesem Land?
Sechsundzwanzig Jahre vergingen
und du mißt den Horizont aus mit gebrochenem Fuß
und in der Hölle versunkenem Kopf.
Am Anfang der Reise
wirst du träumen, daß dort eine Bleibe ist und Bücher
und Revolutionen vielleicht, die das Gesicht der Welt
      verändern.

Du bist fortgegangen und hast alles hinter dir
      gelassen
das Weinen deiner Mutter auf den Stufen zum
      Brunnen
das dich noch immer verfolgt bis in die Städte
      und Kontinente
und deines Vaters zornige Blicke
die Spielstätten deiner Kindheit zwischen den Bergen
      und Sternen
das Quellen des Erdöls zwischen den Gebeinen
      der Ahnen
Du folgtest deinem Ruf in einer Nacht
in welcher der Wind wehklagte
in einem verwaschenen Morgengrauen
Es würde eine Bleibe geben
Frauen und Revolutionen
und auf deinem Weg durch die Wüste
sahst du Hunde, sahst Beduinen, die Feuer machten
die ihr Hab und Gut im Sand vergruben
sahst du die Prospektoren, die Landkarten
      von der Insel in die Wipfel der Bäume hängten
und riesige Geräte, die die Bewohner als Zeichen der
      Apokalypse ansahen
sahst die Erde beben
als läge sie auf der flachen Hand eines Dämons

und du sahst ein Kamel seinen Herrn verschlingen
so wie die Wüste die Stürme verschlingt.

Bald wirst du auf dem Weg zu den Träumen die Steppe
 durchqueren
bald wirst du die magische Sperre passieren
und die Trägerinnen der mythischen Seile
doch der Saum der Steppe führt nur in die Tiefen
 des Abgrunds
und die Wüste weitet sich, und der Staub läßt
 den Führer erblinden
und die Karawane verschwindet
ein Herbst geht vorüber, und Städte zerstieben
wie von Sternschnuppen zwischen den Galaxien
 gelöschtes Feuer
und wie Meere, die sterben an Herzversagen.
Und du zählst die Jahre
davon träumend, die Enge zu passieren
dein Haar ist ergraut
und dein Körper quält sich mit einem rätselhaften
 Schmerz
als hätten stürmische Winde ihr Gedärm
in deine Tiefen geschleudert.
Du blickst auf zu einem blassen Stern
inmitten eines öden Himmels, in dessen Spiegel
 nacheinander
die Frauen, die Gesichter und die Freunde
 erscheinen.
Welcher Ort ist Bleibe geworden
welche Kindheit hast du gehabt?
Und in welcher Zeit schossest du
deine Pfeile in die Augen der Dämmerung
so daß die Vögel der Ewigkeit herunterfielen?
Du erinnerst dich an nichts

du vergißt nichts
gefesselt an die Pfähle der Berge
gehst du mit geschlossenen Augen
über Wege, die wimmeln vor Wölfen

Wie oft hast du in Bahnhöfen geschlafen
wie oft haben dich die Fäuste der rassistischen Polizei
        gepackt in kalten Räumen
mit Fremden wie du?
Vielleicht geschah dies im Andrang der Alpträume
in denen nach langem Schlaf die Schlange erwachte
um das Paradies und die Möglichkeiten
in es zurückzukehren, zu verschlingen.
Ich sagte, das tue nichts zur Sache
das Wichtigste sei doch, daß wir auf dieser Erde sind.

So
ohne Träume und Wunder
sind wir auf Gottes und der Menschen Erde
der Erde... es genügt, daß Platz auf ihr ist
für ein Bett und ein Grab
und dazwischen für ein schwarzes Lachen.
Doch zuvor
gibt es lange Wege, die führen in ein Dunkel
dem Flüsse entspringen und Gärten entstammen
tief in jedem Garten ist eine Frau, die aufheult
        vor Verlangen
und Freunde sind dort, denen es nicht an Verrat
und an Urin auf die Leichen fehlt.
Du kannst dich von den Strapazen der Reise erholen
und ein Hotel im Zentrum der Stadt beziehen
wo du allmorgendlich auf dem Balkon sitzt
Kaffee und Wein trinkst
und den Toten und Lebenden zusiehst

Menschenmassen, die ihr Gekröse durch die Gassen
        schleppen
und wo du Kriege verfolgst, die in der Phantasie
        entbrennen.
Oder womöglich denkst du an gar nichts
nur an die Tasse Kaffee
dessen Oberfläche übersät ist mit Sternen
denn immer gibt es einen
in der Stadt, im Dorf oder in der Kaserne
der allmorgendlich aufsteht und aufbricht
        zu einem Ziel
die Tavernen öffnen
(du siehst zu, wie der Kellner die Tische abwischt
im dämm'rigen Hurenlicht)
und die Angestellten strömen zusammen auf den
        Plätzen und in den Büros
die Arbeiter auch
die Priester und die Ertrinkenden
sie brauchen weder Karawane
noch Führer.

Ein Hammer dringt tief in die Goldmine ein

Du warst nicht die Priesterin der Epochen, auch nicht
die Frau der Verborgenheit
als unsre Schatten sich auf dem Baumstamm trafen
in dem Wald, in dem die Fremden zusammenstoßen
du warst eine leichtbekleidete Frau
ich ging neben dir her
auf Wegen, die für das Schweigen die steilsten sind
ein Mann und eine Frau ritzten
ihren Schatten in eine Mauer.

Und wie eine Seele ihre Glieder einsammelt
im dunklen Morgendämmern
so berührte meine Schulter die deine
vor dem fliegenden Händler, unter seiner bleichen
        Sonne
wir folgten den Spuren der Zauberkünstler
        und der Passanten
wir begegneten uns und trennten uns wieder
jeden Tag auf dieselbe Weise
unter der riesigen Kuppel des Zufalls
zwei Fremde in einem Wald
deren Schatten einen dritten Schatten berührten
und der Wald drehte sich unter der Mauersonne
dort, wo die zwei Münder ein einziger waren
und die zwei Hände ein Vogel der Hilferufe:
Das war nicht die Erinnerung an einen flüchtigen
        Sommerkuß
es war ein Hammer, der tief in eine Goldmine drang
ihren in der Tiefe glühenden Speichel einsaugend.

Der Taumel des Schmerzes

Der Taumel kehrt bei vollem Bewußtsein zurück
heute nacht
auf seinem Wege alles mit sich reißend
sogar das spärliche Licht des Fensters
mit einem Mut, um den ihn die Feinde beneiden
er bindet den Kopf des Opfers an einem Grabstein fest
oder an den Mast eines sinkenden Schiffs...

Der große Bruder der Ruinen
kommt immer aus der Gegend der Berge
        und ihrer Ausläufer

um mich in weit entlegene Steppen zu schleudern
weit auch für das Gedächtnis.

Kein Land, das wir aufgesucht haben

Keine Frau, die wir geliebt haben
die nicht schon von unseren Feinden geliebt worden
     wäre.

Kein Land, das wir aufgesucht haben
das nicht von einer Feuersbrunst zerstört
     worden wäre.

Keine Wunde, die wir mit unseren Augen gepflegt
die sich nicht gänzlich geöffnet hätte.

Keine Arena
kein Kind, das wir unter den Hufen der Pferde
     gebärten (welcher Pferde?)
kein Horizont oder kein Gedächtnis, die nicht ihre
     Knöpfe
in der Halle dieses Horizonts geöffnet hätten.

Keine Kindheit, und wär' sie so fern wie Saturn
kein Löwe, er ging mitsamt seiner Grube bei
     Tagesanbruch davon
und die ewigen Stätten der Berge versanken
ich hörte nicht das Krächzen der Raben auf den
     Arakbäumen
und die Adler wurden von den Gipfeln gehenkt
keine Echos und weiter nichts.

Awlad Ahmed *(Tunesien)*

1957 in Sidi Bouzid geboren. Entstammt einer Beduinen-familie. Lebt heute in Tunis. 1993 gründete er die Maison de la Poésie, *die er auch einige Jahre leitete.*

Blatt Papier

Ich wurde von der Poesie geheilt
Ich bin nicht länger krank.
Ich fürchte nur noch um eine beunruhigte Nation.
Doch etwas Einfaches macht mich ratlos:
Die Bedeutung des Gedichts hängt am Galgen.
Ich bin mehrmals zum Grab gegangen
doch sie haben mich fortgejagt.
Nur das Blatt Papier könnte mich noch ertragen.

Ich habe keine Probleme

Ich habe keine Probleme
jeden Kater, den ich allein umherstreunen sehe
den küsse ich
und sage zu ihm:
Du bist mein prachtvoller Sohn
und ich gehe...
in meine künftige Einsamkeit.

Allezeit
habe ich keine Probleme.
Nach zehn grünen Karaffen
gründe ich meinen Idealstaat
und stelle meinen Zechkumpanen an seine Spitze

und meine Gedichte werden zu seinen Gesetzen.
Ich bringe die Soldaten zu ihrer Herzenspflicht
        zurück.
Und ich gehe wieder...
zu meinem stehengelassenen Trinkgefäß.

Ich habe keine Probleme.

Als ich starb...
ging niemand hinter mir her außer meinem
        Schreibgerät
meinem Schuh
und dem Wunsch der Mörder.
Jetzt muß ich meine Tränen zurückverlangen
vom Fluß
vom Meer
von ihrer Wange
von dreißig freudlosen Jahren
von der Frucht der Ähre.

Ich habe keine Probleme.

Die Himmel:
Ob es sieben wären
oder fünf
der Regen würde kommen.
Und die Erden:
Ob es sieben wären
oder fünf
für die Menschen würden sie reichen.

Ich habe keine Probleme.

Ich gehe, um Gott allein zu sehen.
Ich werde zu ihm sagen:
Oh du Vielgeliebter

ich möchte einen Platz
außerhalb der Erde
der Hölle
und des verriegelten Paradieses.

Allezeit
habe ich keine Probleme.

Wenn die Blumen meine Hosentaschen anstacheln
zeichne ich sie mit dem Stift.
Und die Fahne...
ich zerfetze sie Stern für Stern
falls meine Kinder nackt werden sollten
und bedecke mit ihr
ihre Nacktheit, die des einen nach der des andern
und küsse die Erde ohne Basmalla*.

Ich habe keine Probleme.
Ich habe keine Probleme.

*das Aussprechen der Formel "Im Namen Gottes, des Barm-
herzigen"

Stein

Sie stahlen mir mein Buch
dann meinen Sohn
dann mein Brot
dann meinen Grund und Boden

und was sonst noch?
Den Mond.
Mir sind nur geblieben ein Stein
meine Hände
und eine Schleuder.
Wer von ihnen stellt sich mir jetzt?
Und ich sage es noch einmal:
Hinter mir stehen Millionen Frauen
die mich mit Felsbrocken und Kieseln versorgen.
Hinter mir steh'n alle Berge
und meine Geliebte
oder die Perlen ihrer Kette
als Munition für meine Schleuder
falls sie mir die Steine stehlen.

Aus dem Arabischen von Suleman Taufiq

Inaya Djabir *(Libanon)*

1957 im Libanon geboren. Sie studierte Politologie an der Libanesischen Universität in Beirut. Arbeitet heute als Kulturredakteurin der libanesischen Tageszeitung „as-Safir".

Spiel

Ich bin die Sünderin auf meinem festen Boden
und das Sein der Welt in meinem Zimmer ist alles
   was ich brauche
alles, was ich mit lauter oder leiser Stimme sage
ist ein und dasselbe
und ich werde weiter zürnen
bis ich die Ursachen meiner Angst
   zusammengetragen habe
und meine Kissen, die meinen Kopf nicht kennen

Ich fühle nirgends Vertrautheit
es war ein Spiel
deine Schönheit, die nicht zu ertragen war
und dein böses Gerede, das der Luft
ihren süßen Duft verlieh
sie waren zu süß, um Bestand zu haben
es waren die Schatten des Spiels
und es war der Winter
und es war das Jagdwild
und alles war lebendig und vorläufig.

Zärtlichkeit

Ich bin nicht freundlich, auch gutmütig nicht
und ich gebe nicht das Äußerste meiner Leidenschaft
       preis
als ob ich wüßte
daß es ein Spiel der tändelnden Zärtlichkeit ist
ähnlich einem harmlosen Freudenfeuer.

Mein Herz ist eine einsame Grube
inmitten verschiedener Einsamkeiten.

Solange die Welt so ist
wie sie im Augenblick ist
ihre weit entlegenen Orte einschließend
und die verwelkten Phantasien.

Tadel

Mein Herz hätte
die Verbannung erleben sollen
auf vielen Füßen laufend
die dahintraben in ihrem Edelmut.

Ein Kuß

Der Himmel ist blau
und da ist keine einzige Berührung des Todes
das Licht fällt auf meine Haut
ich bin gänzlich vergessen
als wär' ich ein schlechter Traum
und ich bin dankbar

weil jemand mich zu einem fernen Punkt begleitet hat
        zu einer Art Morgen
beschwert mit Äther, den die Bienen lieben
dieser Jemand atmet die Luft
seiner Abneigung und seiner eigenen Schande
        zum Trotz
er verlangt beinahe geräuschlos nach dem Kuß
doch seine Finger vermögen nicht die Schlösser
        zu ihm zu öffnen.

Fauzia as-Sindi *(Bahrain)*

1957 in Bahrain geboren. Studium der Mathematik an der Universität Kairo. Arbeitet heute als stellvertretende Direktorin in Bahrain. Aktives Mitglied des Schriftstellerverbandes von Bahrain und des Vereins „Nahdat Fatat al-Bahrain".

Tadle niemanden
(Auszug)

Wer sonst traut dem Betrug der Wolken
Wer sonst zieht sich so grundlos zurück
Wer sonst verliert vor der Türe seine Sandalen
Wer sonst erklärt die Kälte des Papiers in seinem Ofen
Wer sonst zwingt die Welt zu sich hin
Wer sonst, der nichts hat
Wer ist dir gleich, du Leib.

So wendest du dich, streng wie eine Straße, ab von
       ihnen, um nicht anzukommen
damit sich deine harten Schuhe auf eine Lehre
       stürzen, die nichts von dir weiß
und sobald du dich auskennst mit ihren listigen
       Steinen übst du deinen Abstieg wie einer
der sich mit seinem Mantel vor spätem Schneefall
       schützt und du steigst ab
beendest du so den Tag deines Freitods?
[...]

Danach
(Auszug)

Während die Liebe über die Unachtsamkeit der Nacht
       herfällt
damit sie mich schleichen sieht wie eine blinde Feder
flicke ich den Eigensinn des Dachs mit Fingern
die einander vertrauen, und mit schwebender
       Sehnsucht.

Während ich dem Entschleiern der Einsamkeit
       gehorche
und Trauer dem Schweigen des Todes folgt
verabschieden meine Glieder den Schnee des Grabes
damit ich die Hitze dieser Zeit nicht vergesse.

Während...
sehe ich dich als Engel, der seine Schritte zu einem
       Grashalm lenkt
der sich in einem Schatten tarnt, der dir
wie eine der Unachtsamkeit der Wolke vorbehaltene
       Rose erscheint
und diese liebt die Falle des Taus wie die Nelken
die sich für den Nektar der Bienen entflammen
um auf dem Ast deiner Arme einzuschlummern.

Hilf mir...
Ich war immer die, die wegen des Irrgartens der
       Nacht gescholten wurde
und wegen Buchstaben, sobald diese
       den Säbel der Zeile berühren
zucken sie von einem Stich zusammen, der die
       Knochen in Brand setzt.
[...]

Abduh Wazin *(Libanon)*

1957 in dem Dorf Dekouaneh im Libanon geboren. Studierte arabische Literaturgeschichte an der Saint-Joseph-Universität in Beirut. Arbeitet heute als Kulturredakteur bei der Tageszeitung „al-Hayat" in Beirut. Außer Lyrik hat er arabische Übersetzungen von Arthur Rimbaud, Paul Eluard u.a. herausgebracht.

Abwesenheit

Da ist die Tür, die noch niemand geöffnet hat.

Die Besucher, die so oft an sie pochten
kehrten aus dem Garten ihrer Abwesenheit
          nicht zurück.

Die Spuren der Passanten, die an ihr
vorübergingen, lösten sich in Luft auf.

Doch es ist noch häufiges Klopfen zu hören.
Da ist die Tür, die noch niemand geschlossen hat
hinter ihr scheint eine seltsame Sonne
hinter ihr gleißen die Schätze der Nacht.

Die Lampe der Fremden

Der Himmel wartet nicht auf seine Fremden

Wenn sie sich zu seinem Festmahl verspäten
bleiben sie in der Türe stehen
sie zählen ihre Wunden wie Zweige ihre Blätter.

436

Die Fremden sitzen in der Einsamkeit des Weges
sie warten auf einen Stern oder vielleicht auf Regen
taucht ein Licht auf
löschen sie die Ratlosigkeit ihrer Blicke
und gehen den Weg zu Ende.

Die Fremden benötigen als Begleiter
keinen Baum und kein Gebet.

Ihr Weg, wie lang er sich hinziehen mag
endet immer im Wald ihrer Träume.

So

So ist es in der Geschichte, die noch keiner erzählt hat
wer die Türe hinter sich zumacht, läßt nicht Spuren
       seiner Hände zurück
er hinterläßt nicht einmal ein Wölkchen.

Wer die Türe hinter sich zumacht, dreht sich nicht
       einmal
nach seinem Schatten um, hört nicht einmal seine
       eigenen Schritte.

So ist's in dem Traum, den noch keiner geträumt hat:
Wer des Nachts in sein Bett zurückkehrt, findet es
       nicht
er findet die Nacht nicht, deren Blumen über
       das Fenster fließen.

Ein Traum

Jener, der seinen Traum verließ, fand nicht den Wald, worin er in der Fremde Schatten gesucht.

Als er zum Himmel aufsah, gefiel seine Bläue ihm nicht. Er flüsterte dem silbernen Vogel zu, der ihm jedoch keine Antwort gab. Und der Hirte, der ihm den Weg erhellte, hörte seine Stimme nicht.

Als er zurückging zu seinem Traum, fand er ihn nicht mehr. Sein Traum eilte ihm voraus in das Land, das er gesehen hatte, ohne sich zu erinnern, wann und wie.

In jenem Land unterscheidet der Vogel sich nicht von der Blume, die Blume auch nicht vom Baum.

Dhabia Khamis *(VAE)*

1958 in den VAE geboren. Studierte in den USA Politik-
wissenschaften, dann in England Literaturgeschichte und
Anthropologie. War an der Gründung des Schriftsteller-
verbandes der Vereinigten Arabischen Emirate beteiligt,
weshalb sie in Abu Dhabi für einige Monate inhaftiert wurde.
Seit 1989 arbeitet sie bei der Arabischen Liga in Kairo.

Romanze

Dieser Mond dort oben scheint, als wäre er der
                Bewacher der Dunkelheit.
Er scheint, und ich weiß nicht
ob das, was ich sehe
das Gesicht eines Vollmonds
oder
ein runder Schädel ist.

Diese Frau ist mir bekannt

Als ich mich in ihren Händen befand
war ich nackt
und schrie.

Sie war angekleidet
und lächelte.
Ich kannte sie nicht.
Als meine Lippen ihre Brustwarzen berührten
lachte ich. Ich erkannte sie.
Sie war meine Mutter.

Der Schnee

Ich betrachtete ihn
er war dicht und weiß
er glänzte unter den Strahlen der Sonne.
Er war mir nicht fremd.
Er war wie Zuckerwatte, unsere Lieblingsleckerei
Ich führte ihn mit der Hand zum Mund
und begann, ihn zu kauen.

Buchstabe

Was sagte die Liebe, als sie sprach?
Sie sagte so manches...
Sie sagte in ihrer Einsamkeit
„lauter, züchtig und süß
und das reine Geheimnis des Seins".

Das Mädchen und die Beschneidung

Sieben Jahre hatte ich hinter mir
ich jagte den Hähnen nach
ich spielte mit den Schafen
ich ahmte das Muhen der Kühe nach.
Ich entwendete Süßigkeiten
und das Kleid meiner jüngeren Schwester.
Ich las die Zeitschriften meines ältesten Bruders
Ich schüttelte überm Kopf meines älteren Bruders
das Kissen aus.
Sieben Greisinnen kreisten mich ein.
Die Klinge kroch zu meiner Blume
Als das Blut floß

und die Weiber trillernd jubilierten
sah ich meine verängstigte Schwester an
und ich jagte nicht mehr den Hähnen nach.

Das Mädchen und seine Farbe

Sie kauerte am Boden
in der Vormittagssonne.
Sie wusch Wäsche
und ich mit meinen kleinen Händen hängte sie auf.
Sie sah auf mein weißes Höschen.
Plötzlich rief sie mich lächelnd zu sich.

Sie sagte zu mir:
„Warum hast du mir nichts davon gesagt?"
Ich fragte sie:
„Wovon?"
Sie wies auf den Blutfleck.
Ich stritt ihn ab.
Lachend küßte sie mich auf die Stirn.

Kanarienvogel

Ich kannte eine Frau
die rauchte wie ein Schlot.
Sie hatte ständig Kopfweh.
Sie war ständig im Aufbruch.
Sie war fortwährend traurig.
Ständig explodierte sie.

Ich kannte eine Frau
die war sonnenverbrannt von den Wüsten

ihre Schritte waren vermint.
Sie trug einen Krug für die Liebe bei sich
und einen für den Haß.
Sie ging fort. Beim Gehen
ließ sie Flüche aus ihrem Schatten fallen.

Ich kannte eine Frau
die träumte und rauchte.
Sie träumte und machte aus ihren Brustwarzen
        rote Tinte.
Eine Frau träumte und weinte viel.
Sie kreuzigte auf ihr Herz
die Schreie der Worte.

Ich kannte eine Frau, die wurde vom Gedanken
        gewürgt
Sie kämpfte mit Hilfe der Trauer
und wußte nicht
was ein Kilo Zucker kostet.
Eine Frau, die im ganzen Königreich
nach einem Dolche suchte.

Aus dem Arabischen von Suleman Taufiq

Maisun Saqr *(VAE)*

1958 in den VAE geboren. Studierte Politikwissenschaften an der Universität von Kairo. Lebt abwechselnd in Kairo und in den Emiraten.

Auffallende Ähnlichkeit

Die Lust der Nacht läßt sie nicht los
doch immer, wenn sie ihr Kleid auszieht
nimmt ihre Begierde zu
sie ähnelt dann den zwei Füßen
die in die Dunkelheit in ihr selber laufen.

Es sollte... eine Frau

Es sollte hier und heute eine weitere Frau geben
die die Türe schließt
damit Abende, denen wir keine Beachtung schenkten
       durch ihre Händen rinnen
und die vier Wände sich zu einer unreifen Zärtlichkeit
       begeben.
Immer, wenn sie das Licht anknipst
stellen wir fest, wie sehr unsre Möbel sie begehren...
Wir sollten nicht mitten zwischen zwei Hälften stehen
Ihr Schatten und der Ort geh'n vorüber
Sie werden sich in den Minuten verstecken, welche
       verloren gehen werden
und wir werden auf nichts außer
       auf unser Dahinscheiden achten.

443

Die lastende Luft

Ein wenig Licht
im schwarzen Zelt
Äste umgekickter Bäume
und ein wenig gelagerter Wein
Sicheln für Körper, die sich liebend begegnet sind
und die lastende Luft
wird bisweilen zu einem Stern
dann zum Achselhaar einer der beiden Leichen.

Weiche Hälse

Sie schwamm auf die Jagd
Jahrelang übte sie sich darin, die Wellen
          aus unserem Meer zu zupfen
und sie wurde zu Perlen an weichen Hälsen
und zu auf Gischt geklebten Leichen.

Mein Geliebter ist nicht bei mir

Ich kenne keine Grenze
und dieser Fuß geht zum Krebs
diese Brust brüllt des Nachts
auf der Suche nach einer Beute, die meinen Schlaf
          stört
Immer, wenn ich diese Hand geschliffen habe
überrascht sie mich
und mein Geliebter ist nicht bei mir, damit ich
          beruhigt bin
bei mir sind nur diese in mir schlafenden Leichen.

Fauzia Abu Khalid *(Saudi-Arabien)*

1959 in Riad geboren. Studium der Soziologie in Riad, Portland/Oregon und Manchester. Arbeitet heute als Dozentin für Soziologie an der König-Saud-Universität in Riad.

Die Frage

Für wie lange werden sie dich
am Hochzeitstag entführen?

Sie überzog Land und Meer
mit schamlosen Fragen
und wählte ihren Tod.

Nabelschnur

Meine Mutter zog einen Seidenfaden
aus der Wüste
und band ihn an meinen Nabel
und so wurde ich
wie weit ich mich auch entfernte
wie ein Eimer
der vergebens versucht
den Mond
zu schöpfen, der reflektiert wird
im Wasserspiegel des tiefen Brunnens.

Kaum geboren und schon lebendig begraben

Zart sind die Adern ihrer Füße „frisch"?
Ihr Hals läßt ihre Seele durchscheinen
zart sind die Finger ihrer Hände
sehr rostig sind ihre Windeln
deren Fäden verrottet sind
sie hängen heraus wie Galgenstricke.

Wechseljahre

Er legte seine Falle aus
an der Rundung ihrer Schulter
doch die Gesetze des Alters besiegten ihn...
...und auch die Pflichten der Politik
immer dann, wenn er müde oder von einem
          Hustenanfall geschüttelt wurde
demütigte ihn das Opfer
durch Kapitulieren, wie ein wilder schwarzer Dorn
der abbrach in seinem Mund.

Das Frauengedicht
(Auszug)

Welchem Paradies sind die Frauen entschlüpft
und haben die Fata Morgana
über... den Schlaf der Passanten gegossen
Wir haben im Dunkel des Abends das Himmelswasser
          geschmuggelt
Wir ließen eine kupferne Sonne auf die Blässe
          der Wüste tröpfeln

Wir steckten unsre Finger in den Diamanten
        der Schwanzknochen
Welcher Schlaf bekämpft die Wachheit der Mädchen?
Wir ließen das Herz lebendige Sehnsucht
        und siedenden Nektar regnen
wir ließen die Zeit Leben und schöne Langmut
        regnen
wir ließen die Wege...
ein Heimatland regnen
das vertrieb die gemeinsame Einsamkeit
Welche Winde rissen die Segel fort
Wir vermischten die Sintflut mit fliegenden Träumen
und wir brachten von jeder Spezies zwei Paare
        zusammen.
[...]

Rätsel

Ihre Erde besteht aus Edelsteinen
und ihr Antlitz aus Nahrung
und ihre Glut ist aus Maulbeeren
und jeder, der sie liebt
liebt sie
aus Lust am Leben
oder liebt sie
um zu sterben.

Wafa' al-Amrani *(Marokko)*

1960 geboren. Studierte an der Mohammed-V.-Universität in Rabat Literaturgeschichte und arbeitet heute am Institut für Literatur der Universität Muhamadia.

Der achte Tag
(Auszüge)

"Er sagte zu mir:
Der Todestag ist der Hochzeitstag und der Tag des Alleinseins ist der Tag der Geselligkeit."
An-Niffari*

1 Wurzel
Ich bin aus dem Gefühl geboren. Das ist nicht
     wie die Liebe
nicht wie der Haß, sondern ähnelt sehr dem Hochmut.
Sie wollten mich nicht, doch ich kam, kam dennoch
     hervor als ich es wollte.
Schon vor allem Anfang war ich eine Rebellin.
Ich brachte zum Ausdruck, daß ich und das Zeitalter
     am Rand der Fremde zweierlei Dinge sind
daß ich und die Zeit stets zweierlei sind.

2 Schöpfung
In innerer Betrachtung
beginn' ich mit meiner Schöpfung.
Ich lege mich in etwas noch Engeres als ein Nadelöhr.
In meinen Innersten kleide ich mich in ein Drängen.
Der Wind aus der Senke
ist weder maghrebinisch noch syrisch.
So gehe ich fort

ohne daß mich das Fortgehen wegschleppt
auch ohne daß mir die Durchquerung entgeht
oder daß mich die Ankunft verschüttet.

3 Körper

Wenn die Stimme des Körpers ausschweift
reift die Weiblichkeit der Weisheit
und deckt sich an manchen Stellen mit Blumen
zu Stellen, die träumen aus Scham
Dann sattele ich das Schreiten zur Begierde.

4 Liebe

Ich habe mein junges, freies Herz
an den höchsten Gipfel des Atlasgebirges gehängt
weil die stinkenden Hyänen
sich bergab zu bewegen pflegen.
Die Höhe verursacht ihnen gewöhnlich
Schwindel und Übelkeit.

Mein Herz ist eine duftverminte Blume
doch der Pflückende ist ein chronischer Schnupfen.

[...]

7 Eintönigkeit

Gäbe es doch einen Sinn
gäbe es doch eine Farbe
gäbe es doch einen Tag außer der Post am Montag
 der Eisenbahn am Dienstag
 dem Wäschewaschen am Mittwoch
 der Versammlung am Donnerstag
 dem Ekel vor dem Freitag
 der Einsamkeit des Samstags
 der Last des Sonntags!

Oh, der Sonntagmittag!
Gäbe es doch ein Gesicht anstelle eines Gesichts
gäbe es doch eine Nummer anstelle einer Nummer
gäbe es doch ein Alter anstelle dieses Alters
gäbe es doch eine Zeit anstelle dieser Zeit
gäbe es doch eine Sonne anstelle der Sonne
gäbe es doch eine Erde anstelle der Erde
gäbe es doch tatsächlich Luft wie die Luft...

Was um mich herum ist, ödet mich an,
manches von mir, ich selbst und ich ganz.
Es ödet mich an, die Muse der Dichter zu sein
es ödet die Erde mich an, die mich nicht an die Zügel
zu nehmen vermag, und auch der Himmel.
Es ödet mich mein Kollege an, der übel über mich
          redet
die Straße, die mir lästig ist, und mein Bruder, der
          mich ausfragt, doch nicht über mich.
Es öden mich an meine Wohnung und meine Zeit.
Es öden mich an die Langeweile und ich selbst.
Ich leugne all diese Zustände ab. Auch das Ableugnen
          ödet mich an.
Gäbe es doch einen Tag
gäbe es doch eine Farbe
gäbe es doch einen Sinn...

8 Blumenkrone
Was sagt die Weisheit des Körpers?
"Die Fremdheit ist vertrauter als die Langeweile
weicher als der Stein."

Deshalb gehört mir der achte Tag
damit mich der Buchstabe einpflanzt in ihn
und ich werde verdoppelt

damit mich der Tod an ihm ausspricht
und ich werde heil.

*mittelalterlicher arabischer Mystiker

Exil

Einst kam eine Schwalbe ihrem Schwarm abhanden
sie kleidete sich in das Trugbild der Sonne.
Um sich bemerkbar zu machen
zündete sie das Alphabet des Universums an.
Sie verließ sich nicht auf die Bäume.
Sie hüllte sich nicht in die Ränder des Abends
sträubte ihr Gefieder
nannte die Wolke Exil
und gab sich dem Liebäugeln ihrer Glieder hin.

Aus dem Arabischen von Suleman Taufiq

Hassan Nadjmi *(Marokko)*

*1959 in Marokko geboren. Studierte arabische Literatur-
geschichte und promovierte in Rabat. Neben seinen dichte-
rischen Arbeiten veröffentlichte er einige Romane. Nadjmi ist
Feuilletonist der marokkanischen Tageszeitung „al-Ittihad al-
Ischtiraki", außerdem Vorsitzender des marokkanischen
Schriftstellerverbandes.*

So

Du bist schön.
So gut.
So leicht.
Warum stellst du dich aufrecht, wo sich doch die
Linien nackt aufgerichtet haben? Warum windest du
dich, wo die Stricke sich doch um alles winden?
Warum schmiegst du dich so an, wo doch gar kein
Bedarf besteht an weiterem Aneinanderhaften?
Bleib' in der Natur
so ist deine Natur
schön
und spontan

Bleib' so
wie du bist. So -
Weshalb beugst du dich... wo um dich doch so viele
       Bögen sind?

Der Verfall der Zeit

Plötzlich befiel mich der Verfall der Zeit
und weil es in dieser Ödnis keine Orte gab
blieb ich allein.

Plötzlich war ich ohne Sonne
ohne Abend.

Kleine Frau

Sie stand da in der Regennacht und weinte
weinte wie der wehrlose Regen

Ich blickte nicht auf von dem Buch
und wischte ihr keine Träne ab

Bevor ich mich niederlegte zum Schlafen
erschien sie im letzten Romankapitel.
. . . .
Um nicht zu weinen -
schloß ich das Buch... mit dem Kopf auf dem Kissen.

Eine Meinung

Und was wäre, wenn du im Nu deine Zeit vergäßest?
Würde das Zittern der Tinte dich an sie erinnern?!

Und was wäre, wenn du nicht die Zementvorhänge
 beiseitegeschoben hättest?
Wäre dann der Blick aus dem Fenster vollkommen?!

Was wäre, wenn du vergäßest, die Vorhänge
   aufzuziehen?
Wäre dann die Landkarte zu dir gekommen?!
. . . .
. . . .
Was wäre, wenn die Winde sich ihrer Quellen
   entsännen -
hätten wir dann all diese Zeit benötigt?

Zweizeiler

In der Nacht deiner Augen hilft mir kein Licht
außer der Lampe meines Leibes.

Auf welchem Bein soll ich tanzen mit dir
wo in meinem Leib doch alle Flöten verstummt sind?

Warum der Schwall der Worte? Und der Schwall
des Schweigens... wie säubere ich meinen Leib
   davon?

Alles in mir erlischt, wenn ich ausgelöscht werde.
Nichts bleibt nach der Auslöschung meines Leibs.
Nur er: mein Leib.

Ahmed al-Mulla *(Saudi-Arabien)*

1961 geboren. Lebt und arbeitet heute in Saudi-Arabien.

Jeden Abend

Sie sagte zu ihm
der Himmel höre ihm zu.
Die Bücher verfolgten ihn
und dann sprang er jeden Abend die Treppe hinauf.
Er suchte sich nach jedem Wort
einen glitzernden Stern aus
da vermochte er nicht mehr den verständnislosen Tag
       zu sehen
. . . .
. . . .
Er begann, seine Heerscharen nachts
       umherzuführen.

Marmor des Schattens

In deinen Händen Musik
Wellen meißeln an ihr
während der Marmor der Schatten
an seinen Ufern rissig wird.
Deine Augen haben ein Feuer
das verirrten Liedern nachjagt
Ist dies eine Hymne, von den Dattelzweigen
versteckt, damit sie nicht vertrocknen?
Oder eine Wolke, die meinen Lungen entstieg?

Verschließe nicht deine Füße dem Weg

Dies ist deine Nacht.
Verschließe nicht deine Füße dem Weg
laß dein Herz bis zum Äußersten seiner Finsternis
und bis zu seinem schwersten Atem gehen
Dies ist deine Nacht
treibe sie zu tiefstem Dunkel
vielleicht wirst du eines Tages
den Schrei eines Fensters hören
das gerade zur Welt kommt.

Nudjum al-Ghanim *(VAE)*

1962 in den VAE geboren. Lebt und arbeitet zur Zeit in Dubai.

Schmerzlos

Ich lud euch ein
als ich sah, wie in den Stalleingängen
die Pferde gesattelt wurden
während die Boten des Todes
ihren Wohnort eilends verließen
in Scharen zu meiner Klause strömten
und die Winde ihre Sandalen anzogen
um mich davonzutragen.
Da begriff ich, daß ich fraglos fortgehen würde
und so rief ich euch zu, hierher zu kommen
oder eure Boten zu schicken
damit ich in aller Form von euch Abschied nehmen
und euch dann meine Ratschläge geben könnte.
Meine Todesbotin überraschte mich
      mit zwei dunkelblauen Händen
und einer Lampe, die aussah wie ein Stück Mondlicht
und bevor meine Lippen sich öffnen konnten
hatte sie mir schon die Stimme aus dem Mund
      gezogen.
Meine Augäpfel drückten sich mit zwei verwundeten
      Tränen aus
ich hatte noch nicht ganz den Rücken gekehrt
da überraschten mich die Hände der Botin
und ließen meine Augen im Dunkel der Ewigkeit
      zurück.
Mir fielen die Glieder ab
mein Herz sank in den Brunnen meines Herzens

und ich hätte den Sinn all dessen
nicht zu begreifen vermocht
hätte sie sich nicht herabgebeugt, um mir ins Ohr
       zu flüstern:
So wie wir dich losließen bei deiner Geburt
nehmen wir dich nun schmerzlos
oder ohne Gedächtnis zurück.

„Das letzte Abendmahl"

Ich nahm nur wenig Nahrung und Wasser zu mir
und badete zeitig
um euch tags darauf entgegentreten zu können.
Ich bereitete meinen Träumen ihr Schlafen zu
da beeilten sie sich, mich zu töten
ehe die Dunkelheit wich.

Schmerzen

Nach dem Lärm der weinenden Frauen kehrte
       ins Haus wieder Stille ein
da atmeten die Wände auf
und unsre Zimmer erholten sich
von dem Kommen und Gehen.
Die Blumen blühten
eine Weile in ihren tönernen Vasen
und das Leben kehrte zurück
uns an sich ziehend
und dennoch, immer wenn wir nach oben gingen
tadelten uns die verwaisten Zimmer
und beweinten ihre Phantome.

Mohammed al-Harithi *(Oman)*

1962 geboren. Studierte Geologie und Meeresbiologie. Einige
Jahre lang betätigte er sich auf diesem Gebiet, bevor er sich
ausschließlich der Literatur widmete.

Zwischen zwei Vögeln

Mit derselben Lilie, die zwischen
zwei Vögeln steht in einem Park
beginnen wir diesen Tag
und mit einem Glas aus Sprache
und einem Tisch aus Zeit
um zu vergessen
um uns zu erinnern
an die vergangenen Tage
die vollen Tage
als kehrten sie
aus dem Abend der Vergangenheit niemals zurück
als kämen sie
aus dem Morgen der Zukunft niemals zurück
jene Tage
mit derselben Lilie
die zwischen
zwei Vögeln
in einem Park steht.

Ohne Schlüssel

Eine Hand im Schlaf
ein Nagel im Hals.

Dreißig Jahre lang
in Wasserketten
in purem Gold
winkt er seinesgleichen zu
mit dem Leuchten seiner Adern
dabei behaut er die Finger des Windes
mit einem Meißel, sinnend in einem Wald
er besticht die Härte
mit Nägeln und Lachen
immer dann, wenn ein Blick seine Nacht durchstreift
zu dem Pulver
oder
wenn die Knochen seines Namens Stück für Stück
zerfallen
in den Kristallen der Schatten

Dreißig Jahre lang
an einem Schlüsselring
ohne Schlüssel
treibst du
einen Nagel in den Schlaf
und eine Hand in den Hals.

Wasserdenkmal

Der Morgen beginnt damit, daß er die Geschichten
des Wassers, die in den Adern der Bäume schlafen
      mit reinen Küssen wiegt
die in den Augen seiner Lippen leuchten
Immer, wenn er ein Glas küßt und an eine Frau
dabei denkt an ihre dunkle Milch
wiegt er seine Sehnsucht mit einem Denkmal
      aus Wasser

auf der anderen Waagschale
einer unvollendeten Geschichte schmelzt er seinen
    Schatten ein.

Warten in Babylon

Er zäunt den Mittag des Galgens
mit einem Bug aus Lachen ein

Er läßt die Wonnen der Argumente
das Nichts einnebeln
nachdem er alle listigen Leichen verbrannt hat

Er schickt den Zopf der Wölfe ganz unbekümmert los
mit der Ruhe dessen, der sich um nichts mehr schert

Er wartet in der Wolle des Lichts
auf den gestrigen Traum
wie eine glatte Sandelholzlanze
die die Gewässer in Babylons hängenden Gärten
    durchspäht.

Ahmed Rashid Thani *(VAE)*

1962 in Khorfakan geboren. Studierte an der Universität von al-Ain. Hat für mehrere arabischsprachige Zeitungen gearbeitet. Ist heute bei der „Cultural Foundation" in Abu Dhabi tätig.

Die Wasser sind am tiefsten

Die Gärten sind am tiefsten
in den Spiegeln
die Spiegel sind am tiefsten
in den Wassern
die Wasser sind am tiefsten
in mir
die Wasser sind am tiefsten.

Erklärung
Für sie

1
Ich spreche von einer Schlange
die sich zwischen zwei Brüsten wand, die quollen
      beim Diskutieren hervor.

2
An der Türe ein Klopfer
vor ihr Vagabunden

3
Wohin du dich auch wendest, da ist etwas, das besorgt
im Gedächtnis klimpert wie Fußreifen

4

Manchmal verschließen wir die Türe vor einem
Gesicht, wüßten wir, wie es erfüllt von uns zu uns
kam, dann ließen wir jedes Haus zurück und folgten
ihm.

5

Erstmals klebt ein Plakat am Gartenzaun, das
einzelne Weinbeeren zu einer langen Nacht mit
einem vertrockneten Glück einlädt.

6

Dring' vorwärts, Axt, tief in mein Blut, damit ich dich
sehe.

All diese Zeit

Bei Gott, ich tropfe vor Zärtlichkeit
Bei Gott, es gibt keinen Grund für mich
Bei Gott, ich bin unglücklich.

Zerbrochen liegt der Abend
auf meinem harten Knie
in meinen Armen die Frau der Verzweiflung
und wie reichlich Wasser
fließt all diese Zeit dahin
wie Wasser
das die Gipfel des Berges durchdringt
wie der steile Berg
über zwei Schluchten
die trinken das Meer
und stoßen mit dem Himmel auf.

Mit der Nacht

1
Die Nacht tritt ein
wie eine zahme, tote Wölfin
die Nacht, sie summt.

Die Nacht tritt ein
in unsere Zimmer im Märchen
in die Gärten unsrer Glieder
wo sich die Brunnen vor unseren Seelen verbergen.

Die Nacht tritt ein
in unsre gebeugten Leben
wie Bögen in das Scheitern.

2
Einsam bist du zwischen deinen Händen
du fühlst der Welt den Puls
wo immer du hereinbrichst

mit der Nacht
über unsere Körper
unterhalb der Sprache...
Die Krüge des Lebens
die gefüllt sind mit Schweigen
trinken von dir
mein weicher Mund
sie trinken statt deiner mein Blut.

Was danach geschah

Ich erinnere mich deutlich
der Nacht, in der ich die Luft erkundete
Ich erinnere mich deutlich
des folgenden Morgens
der neurotischen Hand meines Vaters
auf meinem Gesicht, der blutigen Moral
nach dem Hüten der Tiere
vor dem Spielen am Meer
ging's in die Schule
und sobald ich in der Nähe von Bäumen war
die noch zu hoch waren für ein Kind
traf ich einen alten indischen Sänger
er wandelte auf Buddhas Wegen
und ließ die Wolken tanzen

Ich erinnere mich deutlich
an das, was danach geschah
es war dort niemand mehr
der meine Nähe suchte
und auch meine Nähe
suchte niemanden mehr.

Lina al-Tibi *(Syrien)*

1963 in Damaskus geboren. Lebte in Kuwait, Beirut, Dubai und Nikosia. Während des libanesischen Bürgerkriegs war sie für die Organisation der Murabitum tätig. Seit 1986 ist sie in London ansässig, wo sie als Kulturredakteurin bei der Tageszeitung „az-Zaman" tätig ist.

Hier lebt sie
(Auszüge)

I

Der Mai geht dahin
seine Gärten gehen
und mir bleibt nur meine gelähmte Hand.
Wenn die Vergangenheit kommt wie ein Berg
      von Trauer
lärmen deine Gelüste
ich packe jene am Saum und finde den Weg nicht
Der Kuß ist schlafende Freude
ich lasse jene wieder los
dein Traumbild wirft Schatten über die Leere
ich höre stumme Wesen mit ihm sprechen
und spreche mit dir.

Im Mai drehst du dich um zum Wasser
und ich sehe dich nicht
ich strecke die Hand aus und bekomme nur die
      Stimme zu fassen
die Farben sprechen
und meine weichen Finger brennen vor Salz.

Erzähl' mit mir von dem fehlenden Tag
und von der zerbrochenen Zärtlichkeit.
Mein Boot wird gerettet werden.
Gestern nacht bin ich in einem schwarzen Kleid
          hinausgegangen
ich glättete die Erde
ich sagte, ich würde einmal der Felsen sein, an dem
          mein Leben zerschellt
und jetzt steige ich hinab in andere Welten
und hacke Holz, das mein Bett war.

Der Tod ist ein Souvenir, wir richten seine Laube her
und stellen ihn auf diese Erde.
Die Passanten stehen da wie verängstigte Wellen
Kein Unterhalter
Kein Band, das durchschnitten wird
Keine weiße Leinwand, kein Himmel...
Wir ziehen die Vorhänge zu
und bestrafen den Tag.
Und nun kehr' ich zurück
in jeder Stimme und in jeder Luft
und in der Sonne, wenn sie zerfressen wird
          wie tote Wesen
und wir kehren im Tod zurück
als Lachen aus glücklichen Zeiten.

Ein dürftiger Orient stürzt vom Himmel
Blumen, die den Tod bewerfen
ich sage, dies ist mein Himmel
und meine Zitrone, die mein Schicksal ist
mein mir vorgezeichnetes Erbe
die Klinge des langen Tages, die in die fragilen
          Adern reist.
[...]

III
Und da bin ich die Spitzhacke meines Lebens
wie ein einsamer Gärtner grabe ich
eine schwer getroffene Erde um, die meine Erde ist;
und ich wachse wie Unkraut
und reiße mich wieder aus
ich trage meine Spitzhacke, mein schweres Leben
und gehe mit dem vondannen, was ich nicht liebe
ich grabe andere Erde um, Gärten, die
die nicht die meinigen sind...

Und da der Sieg stets ein Pyrrhussieg ist
geh' ich ans Meer
Die Wellen stürzen übereinander
Ich zieh' mich zurück wie ein Stoß der verfluchten
         Erde
ich lösche das Bild
und lösche mit hier und da zusammengeraffter Zeit
         und mit einer sicheren Rettung
die Jahreszeiten des Neides.
Das Wasser ist mein Spiel
ich sammele es in Fetzen zerfallenden Stoffs
und so hoch wie das keuchende Atmen heb' ich die
         Sonne empor
der Weltraum empfängt sie
ich erwache... und gebe nicht auf
ich verwunde meine Verzweiflung mit Schmerz
und bevor sie in mir um sich greift
klappe ich einen aufgespannten Regenschirm zu.

Hinter mir leere Ruhesitze
an Ränder genagelt, die im Schatten sind.

[...]

XXI
Im ersten Jahr wurden die Schleier zerrissen
ich kam in einer weißen Umhüllung zu ihnen
und schlief auf vielen Armen
ich sprach mit archaischer Stimme.

Im Jahr darauf
konnte ich laufen
die Familie war hocherfreut
und es lauerte ein Versprechen auf mich...

In den folgenden Jahren
umfing mich Ratlosigkeit
doch dann nahmen tüchtige Lehrer sich meiner an.

Im siebten Lebensjahr
fiel unser Baum um
unser Boot brach auseinander
und was folgte, war pures Mitleid.

Bassit Ben Hassan *(Tunesien)*

1964 in Tunis geboren. Ist eute er Leiter des Arabischen Instituts für Menschenrechte und Chefredakteur der von diesem edierten Zeitschrift.

Diese Nacht wird nicht zu Ende gehen

Diese Nacht wird nicht eher zu Ende gehen
als bis sie sich gänzlich gerächt hat
Rostfarbene Mäuse werden aus ihrem Gekröse
       kriechen
ins alte Kleid ihrer Erbarmungslosigkeit gehüllt
sie schlagen ihre Zähne in die Bäuche der Embryonen
Sie schleppen den Rest der angenagten Leben fort
und gelähmte Träume, die sie in ihrem gierigen
       Speichel wälzen

Niederträchtige Menschen steigen von den fernen
       Gipfeln herab
sie schlagen ihre Krallen in die schwindsüchtige
       Lunge des Tages
sie zertrampeln die Früchte der Hoffnung
und schicken die verspätete Post der Seelen
       in die Hölle

In den Häusern nistet
das Krächzen der Begierde
die Penisse verschwinden
in den Händen des Todes
und die Scheiden schließen sich über ihrem Groll
wie die Muscheln des Nichts

Die Wörter, die dem Schweigen ihre Frische verliehen
die Wörter, die bellen wie räudige Hunde
gehen kampflos ihrer Niederlage entgegen
und verfehlen stets die Wege der Rückkehr

Die Küsten des Lichts
jene, deren Freudenkränze zu brackigen Teichen
      fliehen
jene, die den Reisenden Scheiben Salz und
die Langeweile der alten Sinflut zu essen geben
bluten Gift in die brausenden Quellen der Welt

In der Nacht der Hungersnot
reinigen sich die Menschen mit Scheitern
und suchen sich einen Ort zum sicheren Verfaulen
In der Nacht der Hungersnot
wird es den Schreien in der Brust der Kinder zu eng
und ein Gott regelt die Entsorgung der Kadaver
und er wäscht die Erde mit Wasser ab
das keinerlei Lärm verursacht...

Lebenslauf

Der Schmerz
Die Lust
Die Luft
sind meine einzigen Begleiter
wenn die Wolke der Erinnerung an meine Türe pocht
und an den Kreuzungspunkten meines Lebens
die Schlüssel zur Leere abhanden kommen

Der Schmerz
Die Lust

Die Luft
In Lyrikbänden
in vergilbten Reisebüchern
stoße ich manchmal auf meine Kindheit
seziert auf den Kieselsteinen der Gassen
und den Phasen des Staubs
oder in einem schlichten Traum
der aus einem Suppenteller fließt
Oft verdränge ich meine hochfahrende Kindheit
indem ich mit den Buchstaben spiele
oder das Trugbild der Blätter erwürge
. . . .
Ach, mein Unglück
ich hab' mich einem leichtsinnigen Greisenalter
          geweiht

Ach, meine Verzweiflung
ich hab' das Gift meiner Ahnen geschlürft
aus Kelchen der Angst
und von den Lippen der höllischen Blumen
das Gift hat mich zerfressen
und verätzt
da habe ich öde Szenen gemalt
für eine letzte Erlösung.

Sa'adiya Mufarrih *(Kuwait)*

1964 in al-Djahra geboren. Studierte an der Universität von Kuwait arabische Literaturgeschichte. Mufarrih arbeitet heute als Kulturedakteurin bei der Tages-zeitung „al-Qabas".

Beschäftigung

Das Meer mit seiner Bläue schmuggelte meine Angst
und ich war dein fertiges Gedicht
dich mit Gedichten beschäftigend
verschobst du mich auf den Anfang
Gedichten, die vom Meer gefürchtet werden
denn es flüchtet in die Bläue ihrer
verträumten Augen und schiebt seinen Anfang
      hinaus.

Er war kein Kavalier

Er war kein Kavalier
und auch kein Lotosbaum, bei dem die schönen
      Mädchen landen
und kein Liebhaber starker Frauen.

Die Sonne trug nicht Schwarz
und auch die schönen Mädchen übten nicht
      die Trauerzeremonie
denn die bitteren Jahre hatten ihn eines Tages
      lachend
und damals hatte die Erde mit Staub für ihn
      nicht gegeizt.
Allein die magere Frau

zeichnete ein edles Gesicht von ihm
und kam mit einem ungebärdigen Fohlen, das sie
        sattelte
und als es sich ins Sonnenlicht drehte
wandte sie sich ihrem Herzen zu
sie gab sich ihm hin
dann schmolz sie
wie ein trauriger Abschied
als sie es fortlaufen sah.

Irrgarten

Ich zersplittere mich in der Berührung
        der Buchstaben
in eine rauschhafte Sprache zwischen den trockenen
        Blättern
und zwischen den Wörtern in Buchstaben, die sich
auf dem Schnee der Blätter widerborstig gebärden.
Ich zersplittere mich, um mich in Poesie
        umzuwandeln
deren Grün in ewigem Nebel in mir wogt
und die sich widerspenstig zeigt, wenn ich
mir wünsche, nach ihrer Musik zu singen
die zaub'rische Fülle ist
Ich zersplittere mich in einen Fluß, der
den Atlas nicht gut kennt
und der sich aufmacht, durstige Wüsten
        zu durchqueren.

Liegender Spiegel

Die Gärten, die er unlängst zu malen begann
haben keine Bäume, und es fließen in ihm
keine Flüsse aus Milch und Honig
die Himmel über den Gärten, welche er malt
dulden nur ein blasses Blau
so als wären sie nichts als
ein auf dem Rücken liegender Spiegel
dem Himmel zugewandt
der übersät ist von Bäumen
die uns gegenüber mit ihren überreifen
          Früchten geizen.

Irgendein Mann

Immer, wenn sein Wasser nach oben verdampfte
fiel reichlich Regen
Er ist ein nie austrocknendes Meer.

Iman Mirsal *(Ägypten)*

1966 in Mansura geboren. Lebt heute in Kanada.

Nur Schlafen

Wütend preßt er die Lippen zusammen
er weiß nicht mehr warum
er schläft tief und fest
den Kopf zwischen beiden Händen
So ähnelt er den Soldaten
des Zentralen Sicherheitsdienstes*
in den Mannschaftswagen am Ende der Nacht
wenn ihnen die Augen zufallen über den Bergen
   von Fotos
ihre Seele dem monotonen
Motorgebrumm überlassend
um plötzlich zu Engeln zu werden.

*Spezialeinheit der ägyptischen Polizei

Das Kardiogramm

Ich hätte Ärztin werden sollen
um mit eigenen Augen
das Kardiogramm verfolgen
und feststellen zu können, daß der Infarkt nur eine
   Wolke ist
die sich auflöst in ganz normale Tränen
falls nur etwas Wärme vorhanden ist
Doch ich bin niemandem nützlich
und Vater, der außerhalb seines

eigenen Betts nicht schlafen kann
schläft nun tief und fest auf einem
Tisch in einem geräumigen Saal.

Die Achtung vor Marx

Vor den hell erleuchteten Ladenfenstern
hinter denen es blühte vor Unterwäsche konnte ich
        nicht umhin
an Marx zu denken.

Die Achtung vor Marx
war das einzig Gemeinsame
unter denen, die mich liebten
und denen ich - unterschiedlich dosiert - erlaubte
die Baumwollpuppen zu kitzeln
die in meinem Körper versteckt sind.

Marx
Marx
das werde ich ihm nie verzeihen.

Schreien

Stumme Frauen
bevölkerten den Weg zu dir
sie bereiteten ihre Leiber auf ein Ritual vor
das den angesammelten Rost
aus ihren Kehlen entfernen würde
die sich nur in Massengebrüll betätigen können.

Sulaima Rahhal *(Algerien)*

1970 in Ain Wsara geboren. Studierte an der Universität Algier arabische Literaturgeschichte. Rahhal arbeitet derzeit beim staatlichen algerischen Hörfunk. Ihre Gedichte sind verstreut in Literaturzeitschriften und Anthologien erschienen.

Die Hure

Die Huren sollen sich heiligen lassen vom Feuer
    des Schmerzes
denn es ist eine Flittchenzeit
sie sollen sich auf dem Leichnam der Ehre verteilen
der hingestreckt ist auf der Fortsetzung von Unheil
    und Tod
sie sollen um diese Ehre trauern
sie beweinen mit der verlockenden Träne
und mit dem Stöhnen der Lust
sie sollen auf Gottes Brust sich stützen
sich in seiner Gegenwart züchtig verhalten
und dann diesem tief in Kälte versunkenen Gott
    ihre Körper schenken
in ihm die Lust zur Liebe und zur Vereinigung
    wecken
sollen schlafen mit ihm
eine nach der andern
damit er Ehre mit ihnen zeugt
für diese Stadt, überschwemmt mit quälenden
    Geschichten
mit tränenumflorten Zaubersprüchen
eine Ehre, die sich mit lauterem Schmerz an ihn
    richtet

mit Lobpreisungen, die erfüllt sind von Salz
      und Sittsamkeit
mit Gebeten und gottesfürchtigem Schmerz
sie umgibt die Stadt mit den Freuden
      der Fruchtbarkeit, die trillernd jubilieren
und mit dem Blut der Entjungferungsschreie
sie straft die Frauen mit Stillschweigen
und befleckt mit Glück die in Gottes Räumen
      wandelnden Turbane
sie entzündet die Morgen, die sich dem einen Auge
      Gottes öffnen, das geschmückt ist
mit Kindern und dem Schlaf des jahreszeitlich
      wiederkehrenden Schmerzes
dem Auge, das mit dem Wogen und der Wonne der
      Wellen
und der Bläue des Endes verschmilzt
das in den Morgen ragt!
Da, das Auge Gottes... betrachtet die Wunden
die vor Blutungen zittern... vor Angst... vor Erwartung
Er, Gott, liebkost sie mit der Wimper
      der Barmherzigkeit
er verheißt ihnen
daß sie aufbrechen werden.

Begierde

Dein Mund ist Glut... und dein kühler Speichel
facht in meiner Seele
das Leuchten der Liebe an, die in Wahnsinn
      entflammt ist und lodert
Oh Jüngling, der du mich umwirbst
ich verstehe mich selbst nicht
die Idee der Unnahbarkeit fällt von mir ab

die Illusion des Besitzens auch
die weibliche List
und ich gehe zu dir
wende mich dir zu
dringe durch die Grenzen der Fruchtbarkeit
tief in deine Arme
und säe in die wogende Brust
mein Feuer
und mein Leben, das bewölkt ist mit blühenden
        Wünschen
mit Künftigem: Nebel
mit Gott: dem Schmerzenden
mit sorgloser Ungläubigkeit
und mit Melancholie
Oh Jüngling, der du
mich tötest mit Liebe und Poesie
und unglaublichem Leichtsinn
du weckst im tiefsten Innern
die Leidenschaft der strauchelnden Liebe
über die Grenzen meiner Jugend hinaus
du Mann, der du mit der Waffe der Leidenschaft
        gegen mich kämpfst
ich pariere den Stich mit Liebe
mit Liebe
und nochmals Liebe
dein ist die obszöne Freude
und das Unmögliche, das sein Haupt vor den
        Wünschen senkt
dein ist der Schmerz: das Leben
dein ist der Traum: die Bitterkeit
und die Freude
und das Seufzen
und die Lieder

dein ist, oh Mann
der du mich in die Fluten
      des Rausches hineinziehst
dein ist jetzt...

Huda Ablan *(Jemen)*

1971 in Ab im Jemen geboren. Studierte an der Universität Sanaa Politikwissenschaften. 1998 erhielt sie den Lyrikpreis der Andiyat al-Fatayat in al-Sharjah/Vereinigte Arabische Emirate.

Ein Versuch, sich an das Geschehene zu erinnern

Im Augenblick Null
weitete sich das Gefäß des Herzens
Gott legte das fiebrige Holz hinein
nahm ein Streichhölzchen Zärtlichkeit
und entzündete mich an seinem nächtlichen Gesicht
der Morgen brach auf
sein Lächeln zwitscherte in meiner Hand
dann zerkaute es mich, als die Sonne sank
der Augenblick wurde ein ganzes, dem Wind
       geweihtes Leben
und das Herz ein zerbroch'nes Gefäß

An dem Ort, der ein Dach war und zwei Hände
und ein Meter Liebe
war nicht mehr als eine im Namen des Herrn
der Finsternis zugefügte Wunde
nicht mehr als zwei Stühle auf der Glut
nicht mehr als eine Tasse Blut
und ein Aschenbecher
und eine erloschene Frau.

Ein Winkel

In einem dunklen Winkel im Zimmer meiner Wunde
sehe ich einen Schatten
zwei Schatten
tänzelnde Dunkelheitsfäden und
Feuernadeln
die an der auf die Schwelle geworfenen Kälte stricken
ich ziehe sie mir an
da erbebt meine Sehnsucht.

Dinge

Ich hatte ein Haus
und ein Bett aus verträumtem Holz
und einen Schmerz auf dem Wandbrett
und einen Wasserhahn voller Erinnerungen
und Glut, auf der ich immer dann mein Herz
hin und her gewendet habe
wenn Kälte es überkam
und hatte viel Rauch
doch ich war tür-
und fensterlos

Überlegenheit

Gott stützte sich auf meine Träne
als er Adam alles Traurige lehrte.

Textnachweis

Lamia Abbas Imara: al-buʿd al-aḫīr, California 1987; lau anbaʾanī al-ʿIrāq, Beirut 1980.

Yussuf ʿAbdalaziz: dafātir al-ġaim, Beirut 1989.

Ahmed ʿAbd al-Muʾti Higazi: dīwān Aḥmad ʿAbdalmuʿṭī Ḥiğāzī, Beirut 1973; ašǧār al-asmant, Kairo 1989.

Salah ʿAbd as-Sabur: dīwān Salāḥ ʿAbdas-ṣabūr, Beirut 1986. Übersetzung: Salah Abd as-Sabur: Der Nachtreisende [Komödie], Berlin 1982.

Salah Abd as-Sabur: Der Tod des Mystikers [Drama], Berlin 1981.

Mohammed ʿAbdelhayy: mawāqif, Vol. 24-25 Beirut 1972, 1973.

Mohammed ʿAbid al-Harbi: riyāḥ ǧāhila, Beirut 1992.

Shauqi Abi Shakra: maǧallat šiʿr, Vol. 33-34 Beirut 1967; yatbaʿu s-sāḥir wa yaksur as-sanābil rākidan, Beirut 1979.

Huda Ablan: muḥāwala li-taḏakkur mā ḥadaṯ, Scharjah-Kairo 1998.

Nazih Abu ʿAfash: ayyuhā az-zamān aḏ-ḏayiq, ayyatuhā l-arḍ al-wāsiʿa, Damaskus 1978.

Fauzia Abu Khalid: māʾ as-sarāb, Beirut 1995.

Yussuf Abu Loz: ḏaġar al-ḏiʾb, Beirut 1992.

Adonis: Das Gedicht *Zeichen* ist dem Band Die Gesänge des Mihyârs des Damaszeners, Zürich 1998 entnommen; al-āṯār al-kāmila, Beirut 1971, Abdruck mit freundlicher Genehmigung des Ammann Verlags. Übersetzung: „Der Baum des Orients" [Gedichte], Berlin 1989; „Leichenfeier für New York" [Gedichte], Berlin 1995; „Gebet und Schwert" [Essays], Berlin 1995; 1998. Chronique des branches [Gedichte], Giromagny 1991. Le livre de la migration [Gedichte], Paris 1982. Soleils seconds [Gedichte], Paris 1994. Mémoire du vent [Gedichte], Paris 1991. Le temps les villes [Gedichte], Paris 1990. Célébrations [Gedichte], Paris 1991. Tombeau pour New York [Gedichte], Paris 1986. Chants de Mihyar le Damascène [Gedichte], Paris 1983.

Mamduh ʿAdwan: lā durūb ilā rōmā, Damaskus 1990.

Mohammed ʿAfīfī Matar: al-aʿmāl aš-šiʿriya, Kairo 1998.

Awlad Ahmed: laisa lī muškila, Tunis 1988

Aqil ʿAli: ǧanāʾin ādam, Casablanca 1990; ṭāʾir āḫar yatawāra, Köln 1992.

Wafa' al-Amrani: al-anḫāb, Rabat 1991.

'Aisha Arna'ut: al-waṭan al-muḥarram, Kairo 1987; 'ala ġimd warqa tasquṭ, Damaskus 1986.

Faradj al-Asha: BarFly, Limassol 1992.

Aql al-Awit: taḥt šams al-ġasad al-bāṭin, Beirut 1991; lam ad'u aḥad, Beirut 1994.

Fadhil al-Azzawi: Auf einem magischen Fest, Berlin 1998.

Shauqi Bagdadi: lail bilā 'uššāq, Beirut; al-quds al-'arabī, London 15.12.1993.

Salim Barakat: al-maġmū'āt al-ḫams, Beirut 1981

Abdul-Wahhab al-Bayyati: Aischas Garten, Berlin 2000.
Übersetzung: Autobiographie du voleur de feu [Gedichte], Paris 1987.

'Abbas Beidun: ḫalā' hāḏa al-qadaḥ, Beirut 1995; zuwwār aš-šatwīya al-ūla, Beirut 1985; li-marīḏin huwa al-amal, Beirut 1997.

Bassit Ben Hassan: 'uṭr wāḥid lil-mauta, Casablanca 1989; aṣ-ṣabāḥ lā yubādilunā ġawāhiruhu, Paris 1996.

Mohammed Bennis: waraqat al-bahā', Casablanca 1988; kitāb al-ḥub, Casablanca 1995.

Mohammed Bentalha: sōdōm, Casablanca, 1992.

Sargon Boulus: al-awwal wa-t-tālī, Köln 1992; ḥāmil al-fānūs fī lail aḏ- ḏi'āb, Köln 1996.
Die Gedichte: Der Leichnam und Wenn die Worte leben sind unveröffentlicht.
Übersetzung: Ein unbewohnter Raum" [Erzählungen], Berlin 1996, und „Zeugen am Ufer" [Gedichte], Berlin 1997.

Mahmud al-Brikan: Maḥmūd al-Brīkān, dirāsa wa muḫtārāt, Beirut 1989; al-aqlām, Vol. 3-4 Bagdad 1992, Vol. 1-3 1994. Die offizielle irakische Literaturzeitschrift „al-Aqlam" widmete ihm in ihrer Doppelnummer 3/4, 1994 ein ausführliches Dossier.

Shauqi Bzigh: šahawāt mubakkira, Beirut 1998.

Paul Chaoul: aurāq al-ġā'ib, Beirut 1992.

Sharbal Dagher: taḥt šarqī, Beirut 2000

Mahmud Darwish: Weniger Rosen, Berlin 1996; ara mā urīd, Casablanca 1990. Übersetzung: „Tagebuch der alltäglichen Traurigkeit", Berlin 1978, „Ein Liebender aus Palästina", Berlin 1987, und „Weniger Rosen. Gedichte", Berlin 1996. Rien qu'une autre année [Gedichte], Paris 1984. Une mémoire pour l'oubli [Gedichte], Paris 1987. Plus rares sont les roses [Gedichte], Paris 1989. Au dernier soir sur cette terre [Gedichte], Paris 1994. La terre nous est étroite [Gedichte], Paris 2000. Palesine mon pays, l'affaire du poème, Paris 1988.

Inaya Djabir: umūr basīṭa, Beirut 1997.

Hasb al-Schaich Dja'far: aṭ-ṭā'ir al-ḥabašī, Bagdad 1972; ziyārat as-sayyida as-sōmariya, Bagdad 1974.

Amal Djarrah: ṣafṣāfa taktub ismahā, Beirut 1986

Nuri al-Djarrah: ka's saudā', Beirut 1995; und unveröffentlichte Gedichte.

Ali al-Djundi: al-aʿmāl al-kāmila, Beirut-Damaskus 1998.

Amal Dunqul: al-aʿmāl aš-šiʿriya al-kāmila, Beirut 1985.

Salah Fa'iq: tilka l-bilād, London 1978.

Mohammed al-Faituri: dīwān Muḥammad al-Faitūrī, Beirut 1979. Übersetzung: Musik eines wandernden Derwisches [Gedichte], Berlin 1987.

Djaudat Fakhr ad-Din: auhām rīfiya, Beirut 1980; mafāza lil-ġarīq, Beirut 1996.

Zahir al-Ghafiri: aṣ-ṣamt ya'tī lil-iʿtirāf, Köln 1991; azhār fī bi'r, Köln 2000.

Nudjum al-Ghanim: manāzil al-ġullanār, Beirut 2000.

Kassim Haddad: qalb al-ḥub, Beirut 1980; ʿuzlatu l-kalimāt, Manama 1992.

Djad al-Hadj: ḫamsa, London 1994; al-ḥayāt 14.7.1996

Unsi al-Hadj: Die Liebe und der Wolf, die Liebe und die Andern, Berlin 1998. Das surrealistische Gedicht, Frankfurt/M. Zweitausendeins 1985. Eternité volante [Gedichte], Paris 1997.

Bassam Hadjar: biḍʿat ašyā', Köln 1997.

Boland al-Haidari: al-aʿmāl al-kāmila, Kuwait-Kairo 1992. Übersetzung: Songs fo the tired guard [Gedichte], London 1977.

Mohammed al-Harithi: ʿuyūn ṭiwāl an-nahār, Casablanca 1992; kull laila wa ḍuḥāhā, Köln 1994; abʿad min zanǧibār, Kairo 1997.

Khalil Hawi: dīwān Ḫalīl Ḥāwī, Beirut 1979.

Fauzi Karim: qaṣā'id muḫtāra, Kairo 1995.

Samih al-Kassim: dīwān Samīḥ al-Qāsim, Beirut 1973.

Yussuf al-Khal: al-aʿmāl aš-šiʿriya al-kāmila, Beirut 1979.

Hamda Khamis: 'uzlat ar-rumān, Beirut 1999; aḍḍād, Amman 1994.

Dhabia Khamis: as-sultān yarğum imra'a ḥubla bil-baḥr, London 1988.

Sabah al-Kharrat-Zwein: mā zāla l-waqt ḍā'i', Köln 1993; al-bait al-mā'il wa l-waqt wa ğ-ğudrān, Beirut 1995.

Walid Khazendar: suṭwat al-masā', Beirut 1996.

Khalid al-Maaly: Landung auf dem Festland, Berlin 1997; ṣaḥrā' muntaṣaf al-lail, Beirut 1999.

Mohammed al-Maghut: dīwān Muḥammad al-Māġūṭ, Beirut 1973.

Isa Makhluf: 'uzlat aḍ-ḍahab, Beirut 1992.

Nazik al-Mala'ika: dīwān Nāzik al-Malā'ika, Beirut 1986.

Sami Mehdi: al-a'māl aš-ši'riya, Bagdad 1986.

Iman Mirsal: mamarr mu'tam yaṣluḥ lil-raqṣ, Kairo 1995; al-mašī aṭwal waqt mumkin, Kairo 1997.

Zakaria Mohammed: ašğāl yadawiya, London 1995; aṭ-ṭaur wa l-warda, Beirut 1993.

Sa'adiya Mufarrih: kitāb al-āṭām, Kairo 1997; āḫir al-ḥālimīn kāna, Kuwait-Kairo 1992; muğarrad mir'āt mustalqiya, Damaskus 1999.

Abdalaziz al-Mukaleh: aurāq al-ğasad al-'ā'id min al-maut, Beirut 1986.

Ahmed al-Mulla: ẓill yataqaṣṣaf, Beirut 1995.

Hassan Nadjmi: ḥayāt ṣaġīra, Casablanca 1995.

Ibrahim Nasrallah: al-a'māl aš-ši'riya, Beirut 1994.

Amjed Nasser: aṭar al-'ābir, Kario 1995.

Nizar Qabbani: al-a'māl aš-ši'riya al-kāmila, Beirut o.J.

Saif ar-Rahbi: mu'ğam al-ğaḥīm, Kairo 1996.

Sulaima Rahhal: dīwān al-ḥadāṭa, Algier o.J.

Abdulmun'im Ramadan: qabla l-mā', fauqa l-ḥāfa, Beirut 1999; ġarīb 'ala l-'ā'ila, Casablanca 2000.

Fuad Rifka: Tagebuch eines Holzsammlers, Eisingen 1990; Gedichte eines Indianers, Eisingen 1994. Abdruck mit freundlicher Genehmigung des Heiderhoff Verlags.

Wadi Sa'ade: bisabab ġaima 'ala l-arğaḥ, Beirut 1992; muḥāwalat waṣl ḍifatain bi-ṣaut, Beirut 1997.

Suad al-Sabah: imra'a bilā sawāḥil, Kuwait-Kairo 1994; ḫuḍnī ilā ḥudūd aš-šams, Kuwait-Kairo 1997; fī l-bad' kānat al-lā-šai', Kuwait-Kairo 1997

Hilmi Salim: sarāb at-trīkō, Kairo 1995.

Rifat Sallam: innahā tūmi' lī, Kairo 1996.

Maisun Saqr: taškīl al-aḍa, Kairo 1997.

Taufiq Sayigh: al-maǧmūʿāt aš-šiʿriya, Beirut 1995.

Badr Shakir as-Sayyab: dīwān Badr Šākir as-Sayyāb, Beirut 1971. Übersetzung: Die Regenhymne und andere Gedichte. Berlin (Das Arabische Buch) 1995. Le golfe et le fleuve [Gedichte], Paris 1977.

Leslie Tramontini: Badr Šākir as-Sayyāb, Wiesbaden 1991.

Hashim Shafīq: mašāhid ṣāmita, Damaskus 1995; und unveröffentlichte Gedichte.

Shawqi Shafīq: taḥawwulāt aḍ-ḍau' wa l-maṭar, Aden 1983; šark šāhiq, Sanaa 1999.

Mohammed ʿAli Shams ad-Din: amirāl aṭ-ṭuyūr, Beirut 1992; ṭuyūr ila aš-šams al-muhāǧira, Beirut 1984.

Fauzia as-Sindi: malāḏ ar-rūḥ, Beirut 1999; āḫir al-mahabb, Beirut 1998.

Mohammed Suleiman: bil-aṣābiʿ al-latī kal-mišṭ, Kairo 1997.

Idris al-Tayyib: kuwwa lil-tanaffus, Rom o.J.

Ahmed Rashid Thani: ḥāfat al-ġuraf, Beirut 1998.

Lina al-Tibi: hunā taʿīš, Beirut 1996.

ʿAbdur-Rahman Tuhmazi: ḏikra l-ḥāḍir, Bagdad 1974; taqrīẓ aṭ-ṭabīʿa Bagdad 1986; akṯar min naš'a li-wāḥid faḥasb, Köln 1995.

Fadwa Tuqan: al-aʿmāl aš-šiʿriya al-kāmila, Beirut 1993.

Mohammed Umran: dīwān Muḥammad ʿUmrān, Damaskus 1989; madīḥ man ahwa, Damaskus 1998.

Mubarak Wassat: unveröffentliches Manuskript: maqāhin ta'ummuhā l-burūq.

Abduh Wazen: abwāb an-naum, Beirut 1996.

Sa'adi Yussuf: al-aʿmāl aš-šiʿriya, Beirut 1979; ḫuḏ wardat al-ṭalǧ, ḫuḏ al-qairawānīya, Beirut 1987. Übersetzung: Loin du premier ciel [Gedichte], Paris 1995.

Ghassan Zaqtan: tartīb al-waṣf, Jerusalem 1998; istidrāǧ al-ǧibāl, Beirut 1999.

ʿAbdallah Zrika: farāšāt saudā', Casablanca 1988.

Die Übersetzer

Khalid Al-Maaly (siehe S. 414)

Heribert Becker, geboren 1942 in Leverkusen. Ab 1963 Studium der Germanistik, Romanistik, Theaterwissenschaft und Kunstgeschichte in Köln. 1969-1973 Studienaufenthalt in Frankreich (Nancy und Paris). Seit 1977 freier Publizist, Autor, Herausgeber (Das surrealistische Gedicht, Erotik des Surrealismus) und Übersetzer von 40 Büchern (u.a. Breton, Prévert, Jarry).

Suleman Taufiq, 1953 in Syrien geboren, studierte Philosophie und Komparatistik. Lebt als freier Schriftsteller und Publizist in Aachen. Neben seinen eigenen Veröffentlichungen (mehrere Gedichtbände und Erzählungen), übersetzte er Werke von einigen arabischen Schriftstellern ins Deutsche.

Inhalt